Schriften zum
Planungs-, Verkehrs- und Technikrecht

Herausgegeben von Michael Ronellenfitsch und Klaus Grupp

Band 20

ISSN 1615-813X

Michael Ronellenfitsch / Ralf Schweinsberg (Hrsg.)

Aktuelle Probleme des Eisenbahnrechts XI

Vorträge im Rahmen der Tagung am 7.-8. September 2005
in Tübingen

Forschungsstelle für Planungs-, Verkehrs- und Technikrecht
an der Eberhard-Karls-Universität Tübingen
in Verbindung mit dem Eisenbahn-Bundesamt
2006

Verlag Dr. Kovač
2006

VERLAG DR. KOVAČ

Leverkusenstr. 13 · 22761 Hamburg · Tel. 040 - 39 88 80-0 · Fax 040 - 39 88 80-55
E-Mail info@verlagdrkovac.de · Internet www.verlagdrkovac.de

Bibliografische Information Der Deutschen Bibliothek
Die Deutsche Bibliothek verzeichnet diese Publikation
in der Deutschen Nationalbibliographie;
detaillierte bibliografische Daten sind im Internet
über http://dnb.ddb.de abrufbar.

ISSN: 1615-813X
ISBN-13: 978-3-8300-2621-1
ISBN-10: 3-8300-2621-8

© VERLAG DR. KOVAČ in Hamburg 2006

Printed in Germany
Alle Rechte vorbehalten. Nachdruck, fotomechanische Wiedergabe, Aufnahme in Online-Dienste
und Internet sowie Vervielfältigung auf Datenträgern wie CD-ROM etc. nur nach schriftlicher
Zustimmung des Verlages.

Gedruckt auf holz-, chlor- und säurefreiem Papier Alster Digital. Alster Digital ist
alterungsbeständig und erfüllt die Normen für Archivbeständigkeit ANSI 3948 und ISO 9706.

Vorwort

Der vorliegende Band der Schriftenreihe zum Planungs-, Verkehrs- und Technikrecht enthält die Referate, die auf der vom Eisenbahn-Bundesamt und der Forschungsstelle für Planungs-, Verkehrs- und Technikrecht gemeinsam vom 7. bis 8. September 2005 in der Eberhard-Karls-Universität veranstalteten, von uns geleiteten Tagung „Aktuelle Probleme des Eisenbahnrechts XI" gehalten wurden. Die Tagungsthemen verdeutlichen, dass sich das Eisenbahnrecht in einer Umbruchphase befindet, in der es im wahrsten Sinn des Wortes gilt die Weichen richtig zu stellen. Daher versteht sich das Eröffnungsreferat auch als Beitrag zur Föderalismusreform und als Mahnung, nicht durch eine Zersplitterung der Eisenbahnaufsicht ins Postkutschenzeitalter zurückzufallen. Die weiteren Themenblöcke des Tagungsbands decken wie der Vorgängerband das breite Spektrum des internationalen und nationalen Eisenbahnrechts in den Spezialgebieten der Eisenbahnaufsicht, der Planfeststellung und des Netzzugangs ab. Ferner werden zahlreiche weitere Problemkomplexe aus unterschiedlicher Perspektive behandelt. Für den effektiven und reibungslosen Ablauf der Tagung sorgten in bewährter Weise die Mitarbeiterinnen und Mitarbeiter am Lehrstuhl für Öffentliches Recht, insbesondere Frau Dr. Rebecca Dorn, Herr Dr. Nikolai Warneke, Frau Christina Maier und Herr Andreas Wax. Frau Marietta Jährling trug erneut Verantwortung für den organisatorischen Part der Forschungsstelle für Planungs-, Verkehrs- und Technikrecht. Vom Eisenbahn-Bundesamt war Herr Feit in die organisatorische Gestaltung der Tagung eingebunden. Die redaktionelle Gestaltung des Tagungsbands oblag Frau Christina Maier. Ihnen allen gilt unser Dank.

Tübingen und Bonn, 22. Juni 2006   Michael Ronellenfitsch
                                        Ralf Schweinsberg

Inhaltsverzeichnis

Grußwort des Präsidenten des EBA zur Fachtagung „Aktuelle Probleme des Eisenbahnrechts XI" vom 07.-08. September 2005 in Tübingen
Armin Keppel..1

Die Eisenbahnsicherheit im Bundesstaat
Prof. Dr. Michael Ronellenfitsch..7

Neue Rechtsprechung zu § 4 Abs. 2 AEG
Wilko Wilmsen..69

Inbetriebnahmegenehmigung versus Planfeststellung
Dr. Andreas Geiger...87

Zulassungsentscheidungen öffentlicher Stellen als Gegenstand einer Untersagung im Sinne des § 12 ROG
Dr. Hendrik Schoen...119

Entgeltregulierung – ein Vergleich zwischen Strom, Gas und Eisenbahn
Andreas Neumann..155

AEG-Novelle: Chancen und Risiken für den Eisenbahnmarkt - Bewertung aus Sicht der Deutschen Bahn AG
Christopher Rother..179

AEG Novelle: Chancen für die Eisenbahnen? Bewertung aus der Sicht der Wettbewerber
Dr. Jan Werner..207

Schienennetz-Benutzungsbedingungen von Infrastrukturbetreibern nach dem neuen Eisenbahnrecht
Dr. Sven Serong...227

Förderfähigkeit der Pflege von Ausgleichs- und Ersatzmaßnahmen
Eleonore Lohrum..241

Aktuelle Entwicklungen aus dem Eisenbahnrecht
Dr. Urs Kramer...257

Armin Keppel, Präsident des Eisenbahn-Bundesamtes

Grußwort des Präsidenten des EBA zur Fachtagung „Aktuelle Probleme des Eisenbahnrechts XI" vom 07.-08. September 2005 in Tübingen

Sehr geehrter Herr Prof. Ronellenfitsch, meine sehr verehrten Damen und Herren, liebe Kolleginnen und Kollegen des Eisenbahn-Bundesamtes,

ich begrüße Sie hier in Tübingen ganz herzlich zur 11. Fachtagung „Aktuelle Probleme des Eisenbahnrechts".

Dieses Jahr werden in Vorträgen neben den aktuellen Themen im Bereich der Eisenbahnaufsicht und der Planfeststellung insbesondere auch die Konsequenzen der AEG-Gesetzesnovelle zum Netzzugang aufbereitet und beleuchtet. Ich möchte deshalb an dieser Stelle auch den Vertreter der Bundesnetzagentur für Elektrizität, Gas, Telekommunikation, Post und Eisenbahnen, Herrn Otte begrüßen. In diesem Jahr haben Sie noch im Auditorium Platz genommen. Vielleicht müssen Sie im nächsten Jahr schon als Mitinitiator dieser Veranstaltung mit auf dem Podium sitzen.

Meine Damen und Herren, das vergangene Jahr und auch das laufende Jahr 2005 haben maßgebliche Veränderungen im Eisenbahnwesen mit sich gebracht. Zu nennen sind hier insbesondere:

1. Die Umsetzung der Richtlinie über die Interoperabilität des konventionellen transeuropäischen Eisenbahnsystems durch die KONVEIV und die Novellierung des AEG.

2. Die Arbeiten an der Umsetzung des 2. Eisenbahnpakets:
Sicherheitsrichtlinie,
Einrichtung von Unfalluntersuchungsstellen nach den Vorgaben des europäischen Rechts,
Änderungen bestehender Interoperabilitätsrichtlinien (z. B. HGV),
Gründung der ERA und
der Netzöffnung für den grenzüberschreitenden Güterverkehr.

Damit werden für Europa und somit auch in Deutschland weitere Meilensteine für ein einheitliches europäisches Eisenbahnnetz gelegt, das keine Grenzen mehr kennt.

Europaweit sollen einheitliche technische Standards und Zugangsrechte die Freiheit des Eisenbahnverkehrs gewährleisten.

Eine wichtige Neuerung auf Deutschland bezogen ist - neben den inhaltlichen Regelungen - sicherlich die Übertragung der Regulierungsaufgaben vom Eisenbahn-Bundesamt auf die Bundesnetzagentur. Dies ist eine gute, aber m. E. keine optimale Lösung. Gleichwohl hoffe ich, dass durch die Aufgabenübertragung keine besonderen Anlaufschwierigkeiten in der Zusammenarbeit zwischen den beiden Behörden entstehen. Da das beim EBA vorhandene Fachpersonal nahezu vollständig zur Bundesnetzagentur überwechselt, gibt es aus meiner Sicht keinen Grund zur Skepsis. Die notwendigen Absprachen und Vorbereitungen sind bereits weitgehend getroffen, so dass der Aufgabenübergang zum 01.01.2006 vollzogen werden kann.

Aber noch einige andere Dinge kommen auf uns im nächsten Jahr zu:

Insbesondere die Umsetzung der Richtlinie über die Eisenbahnsicherheit wird gewichtige Umwälzungen für das Eisenbahnrecht mit sich bringen. Hierbei wird wesentliche Frage sein, ob sich die Bundesrepublik Deutschland 17 Sicherheitsbehörden leisten will und kann. Oder, ob man - der Eisenbahnrealität Rechnung tragend - die Genehmigungs- und Aufsichtsbefugnisse beim Eisenbahn-Bundesamt bündelt. Also auch für den Bereich der NE-Bahnen.

Über Kurz oder Lang gibt es hierzu m. E. ohnehin keine Alternative. Es hat sich beim Eisenbahn-Bundesamt inzwischen eine umfassende eisenbahntechnische Kompetenz herausgebildet, wie sie in Deutschland an anderer Stelle kaum mehr zu finden ist. Sie werden es wissen und als Beispiel möchte ich nennen: Von den 16 Ländern haben bereits heute 13 die Wahrnehmung der Landeseisenbahnaufsichtsaufgaben an das EBA übertragen.

Wie reagiert das EBA intern, um die anstehenden Entwicklungen gezielt anzugehen und auch personell umzusetzen? Beim Eisenbahn-Bundesamt ist bereits im vorigen Jahr eine Arbeitsgruppe gebildet worden, die sich mit den zukünftigen Entwicklungen intensiv auseinander setzt.

In dieser „AG Zukunft" ist Hauptthema die Entwicklung des EBA in den nächsten 5 Jahren. Diese Entwicklung gilt es unter Berücksichtigung der künftigen Rechtsetzung der EU im Sektor Eisenbahnen, deren Umsetzung in nationales Recht und der Veränderung der Personalbedarfszahlen beim Eisenbahn-Bundesamt aufgrund der Vorgaben im nationalen Haushaltsrecht konkret abzubilden.

Dabei spielt eine entscheidende Rolle, dass sich die Umsetzung der angesprochenen EU-Richtlinien für den konventionellen Bereich auf einer Zeitschiene bis 2008/2009 vollzieht. Also in den genannten nächsten 5 Jahren.

Das zeitversetzte Inkrafttreten des neuen Regelwerks bedingt, dass auch Personalbedarfsbetrachtungen mit konkreten Ergebnissen nur in mehreren Schritten durchgeführt werden können. Zur Umsetzung der jetzt angestoßenen EU-Regelwerke ist erheblicher Personalbedarf im Zeitraum bis Ende 2009 beim EBC erforderlich. Nur teilweise wird dieser Personalbedarf durch Aufgabenübertragung vom EBA zum EBC auch vom EBA gedeckt werden können.

Daneben sind EBA-weit bis 2009 knapp 110 Planstellen (von rund 1200) im Rahmen der jährlichen Personaleinsparung aufzubringen. Um diesen Personalabbau ohne entstehen einer Sicherheitslücke bewältigen zu können, soll u. a. eine Sachverständigenverordnung verabschiedet werden, in der die Betreiberverantwortung deutlicher betont wird.

Meine Damen und Herren, das europäische Eisenbahnsystem wächst zusammen. Mit der Gründung der ERA und den jetzt zu bildenden Arbeitsgruppen bei der ERA, wird die Erarbeitung der europäischen Regelwerke auf eine neue Basis gestellt. Dabei ist wichtig, dass durch geschickte Platzierung in den zunächst geplanten 13 Arbeitsgruppen der ERA versucht wird, deutsche Positionen nicht nur zu vertreten, sondern möglichst weitgehend auch durchzusetzen. Zu diesem Zweck werden auf deutscher Seite zu den eingerichteten ERA-Arbeitsgruppen sogenannte Spiegelgruppen gebildet, um die nationale Position festzulegen. Diesen Spiegelgruppen übergeordnet ist ein Lenkungskreis, in dem der Verband der Deutschen Bahnindustrie, der Verband Deutscher Verkehrsunternehmen, die Deutsche Bahn, das Eisenbahn-Bundesamt, die Länder und das BMVBW vertreten sind. Hier soll versucht werden in strittigen Fragen den Meinungsausgleich auf deutscher Seite herbei zu führen. Auf diese Weise sollen alle nationalen Player im Bereich Eisenbahnen in der Meinungsbildung beteiligt und eingebunden werden. Damit wollen wir bei der ERA von deutscher Seite mit möglichst einer Zunge sprechen und auf diese Weise unseren Einfluss verstärken.

Ich meine, ich hätte im vorigen Jahr bereits entsprechendes angekündigt: Dem weiter zunehmenden Einfluss von Europa hat das Eisenbahn-Bundesamt Rechnung getragen. Neben Eisenbahn-Cert, der fachlich unabhängigen Benannten Stelle beim Eisenbahn-Bundesamt, wurde im Eisenbahn-Bundesamt das Referat 10 „Internationale Angelegenheiten" neu aufgestellt. Eine Aufgabe des Referates ist es, die bereits angesprochene Koordinierung und Abstimmung einer gemeinsamen deutschen Position für die Vertretung Deutschlands in internationalen Gremien und Arbeitsgruppen.

Meine Damen und Herren, der Wert dieser Fachtagung kann gerade auch im Hinblick auf die neuen Entwicklungen und Herausforderungen des Eisenbahnrechts nicht hoch genug eingeschätzt werden. Dabei geht es zum einen um den Austausch von Informationen und sicherlich auch Meinungen und Standpunkten. Zum anderen bietet eine solche Fachtagung eine gute Gelegenheit um gemeinsam ganz konkret an der Fortentwicklung des Rechts zu arbeiten. Es gilt, miteinander Lösungen zu entwickeln, die unter Berücksichtigung der gesetzlichen Vorgaben ein Umfeld schaffen, das Herstellern und auch Eisenbahnen die nötige ökonomische Freiheit lässt, um das System Eisenbahn voranzubringen. Dies ist keinesfalls eine Binnenaufgabe des EBA bzw. BMVBW. Es bedarf hierzu eines Diskurses aller beteiligten Kreise, was ein Ziel dieser Tagung ist. Dabei ist die Lösung juristischer Problemstellungen nie Selbstzweck sondern immer Mittel zum Zweck.

Ich möchte Sie daher einladen, mit uns zu diskutieren und wünsche uns allen eine erfolgreiche Tagung, spannende Vorträge und anregende Debatten.

Prof. Dr. Michael Ronellenfitsch, Universität Tübingen

Die Eisenbahnsicherheit im Bundesstaat

I. Vorbemerkung

1. Aufgabenstellung

a) Thema

Das Thema „Die Eisenbahnsicherheit im Bundesstaat" bedarf der Erläuterung. Wie der Kontext "im *Bundesstaat*" zeigt, geht es um die *Verantwortlichkeit staatlicher Organe* für die Eisenbahnsicherheit, d.h. um die *Eisenbahnaufsicht*. Aufsicht markiert im Gewährleistungsstaat den Kompetenzbereich der Verwaltung. Da „Eisenbahnaufsicht" in der Gesetzessprache aber nur auf ein Segment staatlicher Eisenbahnverkehrsverwaltung beschränkt wird[1], wurde diese Bezeichnung durch „Eisenbahnsicherheit" ersetzt. „*Eisenbahnsicherheit*" meint in diesem Zusammenhang nicht nur die Sicherheitspflichten, wie sie etwa in RL 2004/49/EG[2], § 4 Abs. 1 AEG und der EBO[3] angesprochen sind, und die ihren

---

[1] § 3 Abs. 1 Nr. 2 Bundeseisenbahnverkehrsverwaltungsgesetz – BEVVG – vom 27.12.1993 (BGBl. I S. 2378, 2394) zuletzt geändert durch Art. 2 des Dritten Gesetzes zur Änderung eisenbahnrechtlicher Vorschriften vom 27.4.2005 (BGBl. I S. 1138); § 5 Allgemeines Eisenbahngesetz – AEG – vom 27.12.1993 (BGBl. I S. 2373, 1994 I S. 2439) zuletzt geändert durch Art. 1 des Viertens Gesetzes zur Änderung eisenbahnrechtlicher Vorschriften vom 3.8.2005 (BGBl. I S. 2270).
[2] Richtlinie 2004/49/EG des Europäischen Parlaments und des Rates vom 29.4.2004 über Eisenbahnsicherheit in der Gemeinschaft und zur Änderung der Richtlinie 95/18/EG des Rates über die Erteilung von Genehmigungen an Eisenbahnunternehmen und der Richtlinie 2001/14/EG über die Zuweisung von Fahrwegkapazität der Eisenbahn, die Erhebung von Entgelten für die Nutzung von Eisenbahninfrastruktur und die Sicherheitsbescheinigung (Richtlinie über die Eisenbahnsicherheit) (ABl L 164 vom 30.4.2004); berichtigt ABl. L 220. 16 vom 21.6.2004).
[3] Zum "Sicherheitsnachweis" nach der EBO *Pätzold / Wittenberg / Heinrichs / Mittmann*, Komm. zur Eisenbahnbau- und Betriebsordnung (EBO), 4. Aufl., 2001, S. 43.

rechtlichen Ausgangspunkt in Art. 2 Abs. 2 Satz 1 GG nehmen[4]. Vielmehr ist generell die Verantwortung von Bund und Ländern für das *Eisenbahnwesen* angesprochen.

b) Kontext

Den letztjährigen Beitrag begann ich mit dem Bekenntnis zum juristisch geprägten *Staatsgedanken* im Eisenbahnwesen[5]. Mein Beitrag zur Tagung 2003 trug den Untertitel „Besinnungen auf den harmonischen Bundesstaat"[6]. Daran knüpft der heutige Beitrag an. Nunmehr geht es um den *Bundesstaat*, und zwar um den Bundesstaat als *Rechtsbegriff*. Ein Rechtsbegriff impliziert Rechtsfolgen. Ich werde daher nicht nur deskriptiv die Eisenbahnaufsicht in unserer föderalen Ordnung darstellen, sondern zeigen, wie sie sich systemgerecht darstellen *muss* oder jedenfalls *sollte*.

2. Föderalismusdiskussion

a) Recht und Politik

Damit lässt sich ein Ausblick auf die *Föderalismusdiskussion*[7] nicht vermeiden, zumal der Bundespräsident, als er den 15. Deutschen Bundestag am 21. Juli 2005 auflöste[8], äußerte: „Die bestehende föderale Ordnung ist überholt". Za-

---

[4] Hierzu *Hoppe / Schmidt / Busch / Schieferdecker*, Sicherheitsverantwortung im Eisenbahnwesen, 2002, S. 43.
[5] Eigensicherung der Eisenbahnunternehmen, in: Ronellenfitsch / Schweinsberg (Hrsg.), Aktuelle Probleme des Eisenbahnrechts X, 2005, S. 27 ff.
[6] Planerische Vorfestlegungen für die eisenbahnrechtliche Fachplanung (Bundesverkehrswegeplanung, Schienenwegausbauplanung, Raumordnung) zur Wahrung der föderalen Daseinsvorsorge, in: Ronellenfitsch / Schweinsberg (Hrsg.), Aktuelle Probleme des Eisenbahnrechts IX, 2004, S. 21 ff.
[7] Kommission zur Modernisierung der bundesstaatlichen Ordnung (Bundesstaatskommission) bzw. Föderalismuskommission scheiwerte Mitte Dezember 2004; *Fischer / Weidmann*, Neuregelung der Auftragsverwaltung im Bundesfernstraßenbau, ZRP 2005, 57 ff.; *Brink*, Unreformierter Föderalismus, ZRP 2005, 60 ff.
[8] Hierzu BVerfG, Urteil vom 25.8.2005 –2 BvE 4/05 und 2 BvE 7/05.

strow sprach in einem Leitartikel in der FAZ von einem „fanfarenhaften Satz", der wohl nicht gegen das Staatsstrukturprinzip des Art. 20 GG gerichtet sei, aber auch kein gedankenloses Dahergerede bedeute[9]:
„Dieser Präsident handelt aus Überzeugung. Er macht Politik".

Politik bezeichnet den Prozess, durch gezieltes Handeln mehrerer Akteure zu allgemein verbindlichen Entscheidungen zu kommen. Es geht also um Vorgang und Ergebnis eines Ringens um Macht, Legitimität und schließlich Souveränität. *Carl Schmitt* leitete seine berühmte Schrift: „Der Begriff des Politischen" von 1932 mit dem Satz ein: „Der Begriff des Staates setzt den Begriff des Politischen voraus"[10]. Nun kann man mit *Zastrow* einwenden, „ausgerechnet Carl Schmitt", und erwähnen, dass dieser in der genannten Schrift die heftig kritisierte Freund-Feind-Theorie[11] entwickelt hat. Die Grundaussagen bleiben gleichwohl richtig, vor allem, dass Politik und Staatlichkeit untrennbar zusammenhängen - nicht von ungefähr bezeichnete der Ausdruck „Politik" über Jahrhunderte hinweg die Staatskunst[12] - und dass die staatliche Rechtsordnung nur als geronnene Politik zureichend begreifbar ist.

---

[9] *Zastrow*, Prediger des Notstands, FAZ 176 / 1.8.2005, S. 1.
[10] *Carl Schmitt*, Der Begriff des Politischen, Text von 1932 mit einem Vorwort und Corollarien, 1962, S. 20. Zur Kontroverse um das Werk *Carl Schmitts*, vgl. bereits *Ronellenfitsch*, Verfahrensrechtliche Reformfragen im Atom-, Immissionsschutz- und Gentechnikrecht, in: Blümel / Pitschas (Hrsg.), Reform des Verwaltungsverfahrens, 1994, S. 303 ff. (305 f.); dort auch zur Berechtigung der Freund-Feind-Theorie.
[11] Ebd. S. 26 ff.
[12] Dies gilt auch für die Gemeinwesen, die noch nicht die Merkmale des modernen Staates erfüllen. Die Expansionspolitik, die den Mittelmeerraum zum römischen Imperium zusammenfasste, wurde mit dem Sicherheitsbedürfnis Roms und seiner Bundesgenossen legitimiert. So bezeichnete ein Beschluss der Amphiktyonen in Delphi aus dem Jahr 182 die Römer als „Wohltäter der Gemeinschaft" (*Daux*, Delphes au IIe et au Ier siècle, 1936, S. 295). Ein Volksbeschluss von Pergamon rühmte, dass „die Römer für die gemeinsame Sicherheit aller Menschen die Kämpfe auf sich nehmen und sich darum mühen, ihre Verbündeten und Freunde in sicheren Frieden zu versetzen". Hierdurch ließ sich der Krieg gegen „Schurkenstaaten"

Damit soll die Eigenständigkeit der Rechtsordnung nicht bestritten werden, der eine spezifische Systematik zu Grunde liegt.

b) Wertsystem des Grundgesetzes

So ist es gerechtfertigt, von einem *Wertsystem* des Grundgesetzes auszugehen[13], das sich zunächst aus einer Gesamtschau des positiven Verfassungstextes ergibt[14]. Ganz aus sich selbst heraus, allein unter Berufung auf den Grundsatz der Einheit der Verfassung, lässt sich das Grundgesetz allerdings nicht interpretieren. Selbst die Ewigkeitsgarantie des Art. 79 Abs. 3 GG ist von einem bestimmten verfassungspolitischen Vorverständnis getragen, das den Ausgangspunkt des Wertsystems bildet[15]. In dieses Vorverständnis fließen als fundamentale Gesamtentscheidung staatsorganisatorische Erwägungen und ein grundsätzliches Grundrechtsverständnis ein, die miteinander in Bezug gebracht werden müssen. Unter Berücksichtigung dieses durch Auslegung der positiven Verfassungsnormen zu ermittelnden und hinterfragbaren Vorverständnisses lässt sich das Grundgesetz selbst zum *Maßstab* für das von ihm begründete Wertsystem nehmen. Das Wertsystem des Grundgesetzes wird dann durch die in Art. 1 und 20 niedergelegten Grundsätze sowie durch die Gliederung des Bundes in Länder und deren grundsätzliche Mitwirkung bei der Gesetzgebung determiniert.

(z.B. die „tierhaften" Karthager) legitimieren; *Volkmann*, Griechische Rhetorik oder römische Politik?, Hermes 82 (1954), S. 465 ff.

[13] *Ronellenfitsch*, Aktive Toleranz in der streitbaren Demokratie, in: Festschrift für Martin Heckel, 2002, S. 427 ff. (432).

[14] In diesem Sinn bereits *Hensel*, in: Schreiber (Hrsg.), Die Reichsgerichtspraxis im deutschen Rechtsleben, Bd. 1, 1929, S. 1 (16). Eine andere Stoßrichtung verfolgt die Gleichsetzung von Norm und Wert bei *Kelsen*, Reine Rechtslehre, 2. Aufl., 1960, S. 16 ff.; hierzu allgemein *Nogueira Dias*, Rechtspositivismus und Rechtstheorien – Das Verhältnis beider im Werke Hans Kelsens, 2005.

c) Staatlichkeit Deutschlands

Das Wertsystem des Grundgesetzes ist von der Entscheidung für den *Verfassungsstaat* als Organisationsform des sozialen Zusammenlebens getragen. Die typusprägenden Merkmale des Verfassungsstaats werden nur verständlich, wenn man berücksichtigt, dass Staaten historische und konkrete Gebilde sind. Erst im Ausnahmezustand der religiösen Bürgerkriege bildete sich die einheitliche innere und äußere Souveränität als Wesensmerkmal der Staatlichkeit heraus. Die Unterwerfung unter diese Staatsgewalt entsprach dem *Sicherheitsbedürfnis* der Bevölkerung. Die Entstehung des frühmodernen Staates trug der damaligen politischen Situation Rechnung. Mit dem Schwinden der Ausnahmesituation setzte eine Gegenbewegung ein, die den Schutz *durch den Staat* in den Hintergrund treten ließ und unter der politischen Leitidee des Schutzes *vor dem Staat*[16] in den rechtlich geordneten Verfassungsstaat mündete. Der Gesichtspunkt des Schutzes durch den Staat, der v. a. - wie die Ereignisse in New Orleans[17] drastisch zeigen - in Krisensituationen dominiert, wurde dabei lediglich ausgeblendet[18]. Der mo-

---

[15] Vgl. *Alexander Schmitt Glaeser*, Vorverständnis als Methode – Eine Methodik der Verfassungsinterpretation unter besonderer Berücksichtigung U.S.-amerikanischen Rechtsdenkens, 2004.
[16] Vgl. v. *Mohl,* Die Polizeiwissenschaft nach den Grundsätzen des Rechtsstaates 1832, Bf. I, S. 5, 7, 14: „Ein Rechtsstaat kann also keinen anderen Zweck haben als den, das Zusammenleben des Volkes zu ordnen, daß jedes Mitglied desselben von der möglichst freien allseitigen Übung und Benutzung seiner sämtlichen Kräfte unterstützt und gefördert werde... Die Freiheit des Bürgers ist bei dieser Lebensabsicht oberster Grundsatz... Die Unterstützung des Staates kann daher nur negativer Art sein, und bloß in der Wegräumung solcher Hindernisse bestehen, deren Beseitigung den Kräften des einzelnen zu schwer wäre... Der ganze Staat ist nur dazu bestimmt, diese Freiheit (des Bürgers) zu schützen und möglich zu machen."
[17] Im Leitkommentar der FAZ 204 / 2.9.2005, S. 1 wird zum (defizitären) Katastrophenschutz und Rettungswesen ausgeführt: „... auch der amerikanische Föderalismus und die gesellschaftlichen und sozialen Besonderheiten des Südens wirken sich aus."
[18] Fataler war das Missverständnis des Polizeibegriffs nach der schrittweisen Eliminierung des Wohlfahrtzwecks, welche die Verantwortlichkeit des modernen Verfassungsstaats für die soziale und technische Realisation kaschierte.

derne Verfassungsstaat ist, wie ich schon früher ausgeführt habe[19], der Staat der Daseinsvorsorge als Konkretisierung des sozialen Rechtsstaats.

In Deutschland verlief die Entwicklung zum Staat komplizierter als anderswo, weil es hier ursprünglich an einer durchsetzungsfähigen Zentralgewalt fehlte. Erst mit Verzögerung konstituierte sich das Deutsche Reich als Staat, und zwar als Bundesstaat. Wie allgemein der Staatsbegriff wird auch der Rechtsbegriff des *Bundesstaats* durch statische und dynamische Elemente geprägt.

Diese Sichtweise gilt beim Bundesstaatsbegriff als verpönt. So ist laut *Isensee* das geschriebene Verfassungsrecht die primäre und wesentliche Rechtsquelle der bundesstaatlichen Ordnung. Die Theoreme der allgemeinen Staatslehre hätten in aller Regel keine staatsrechtliche Relevanz. Der deutsche Bundesstaat sei ein Unikat[20]. Auch nach *Degenhart* gibt es nicht „den" Bundesstaat oder „das" Bundesstaatsprinzip, sondern nur den Bundesstaat in seiner konkreten Ausprägung durch das Grundgesetz[21]. Der konkret-historische Bundesstaat erfährt in der Tat seine Ausgestaltung wie das Wertsystem des Grundgesetzes durch die Verfassung selbst. Aber selbst *Isensee* räumt ein, dass der deutsche Bundesstaat nicht allein positiver Verfassungsexegese zugänglich sei[22] und *Degenhart* betont ausdrücklich, dass das Grundgesetz mit der Festlegung auf die Bundesstaatlichkeit auch an die Staatsform des Bundesstaat in ihrer historischen Prägung und damit an ein vorverfassungsrechtliches Gesamtbild der Bundesstaatlichkeit anknüpft[23].

---

[19] Vgl. Fußn. 6.
[20] HStR IV, 1990, § 98 Rdnr. 5 ff.
[21] Staatsrecht I, 20. Aufl., 2004, Rdnr. 99.
[22] HStR IV, § 98 Rdnr. 7.

3. Folgerung

Das Wechselspiel von vorgegebenen rechtlichen Strukturelementen des Bundesstaats und sich ständig wandelnder politischer Ausgestaltung dieser Strukturelemente birgt die Gefahr des Orientierungsverlustes in sich. Wenn das Recht einerseits das Ergebnis politischer Entscheidungsfindungsprozesse ist, andererseits den Rahmen für diese Entscheidungsfindungsprozesse ausmacht, besteht nämlich die Tendenz, dass die Rechtsordnung immer komplizierter und unverständlicher wird, je weiter sie sich vom Stichtag einer politischen Grundentscheidung, wie beispielsweise dem Datum der Verfassungsgebung, entfernt. Hinzu kommt, dass politische Konflikte - eben wegen der Freund-Feind-Problematik - zumeist nicht auf die Spitze getrieben werden, sondern im Kompromissweg gelöst oder aufgeschoben werden (Stichwort: „dilatorische Formelkompromisse"). Die Folge ist ein gesetzgeberischer Aktionismus, der unnötige Widersprüche in die Rechtsordnung hineinträgt, und vielfach auf fehlendem Verständnis für die bestehende Rechtslage beruht. Die Rechtsprechung kann dann nur Interpretationshilfe leisten. Die systematische Verknüpfung der Regelungen mit der Rechtsordnung insgesamt ist jedoch Aufgabe der *Rechtswissenschaft*.

Daher habe ich mir die Frage zu stellen, ob den Konstruktionsbedingungen des deutschen Bundesstaates bei der Ausgestaltung des Eisenbahnwesens hinreichend Rechnung getragen ist.

---

[23] Staatsrecht I, Rdnr. 98.

II. Der Bundesstaat als Rechtsbegriff

1. Das bündische Problem

Die Entwicklung des - rechtlich relevanten - Bundesstaatsbegriffs ist ähnlich wie die Entwicklung des Staatsbegriffs durch bestimmte historische Situationen bedingt. Die politischen Kontroversen, die zur Herausbildung bündischer Organisationsformen führten, reichen weit in die vorstaatlichen Epochen zurück. Schon in der Antike gab es Bündnisse[24]. Aber diese wurden in der Regel zu einem begrenzten Zweck geschlossen, nicht zum Zweck der gemeinsamen Ausübung der Hoheitsgewalt. Namentlich *Aristoteles* führte näher aus, weshalb Handels- und Schutzbündnisse noch keine gemeinsame Polis ausmachen[25]. *Polybius* bezeichnete zwar den Achäischen Bund als „Systema"[26] und legte damit die Wurzel für die spätere Lehre von Staatenbund[27]. Für den Gegenbegriff des Bundesstaats war aber die Zeit noch nicht reif. Das römische Staatsrecht kannte nur das römische Universalreich, das sich von allen sonstigen korporativen Verbänden abhob[28]. Soweit das römische Imperium bereits Elemente eines Einheitsstaats auswies[29], musste die translatio imperii auf die deutschen Stammenskönige selbst auf deutschem „Reichsgebiet" (regnum teutonicum) scheitern. Zum

---

[24] *Freeman*, History of Federal Government I, London u. Cambridge 1863; *Le Fur / Posener*, Bundesstaat und Staatenbund, I, Bundesstaat und Staatenbund in der geschichtlichen Entwicklung, 1903.
[25] *Aristoteles*, Politik III 9, in der dtv text-bibliothek 1973, S.116 ff.
[26] Historiae, 2, 37; 9-42, 7.
[27] Vgl. *Ebers*, Die Lehre vom Staatenbunde, 1910, S. 4.
[28] *Gierke*, Das deutsche Genossenschaftsrecht, Bd I., 1888, S. 141.
[29] Vgl. *Ernst Meyer*, Vom griechischen und römischen Staatsgedanken, in: Festschrift für Howald, 1947, S. 30 ff. Wie die griechischen „Staats"-Bezeichnungen rein personeller Art waren, war die amtliche Bezeichnung des römischen Gemeinwesens konkret „populus Romanus". Darüber stand aber bereits die res publica als abstrakte Idee, was die Herausbildung eines dem „Staat" verpflichteten Beamtentums ermöglichte. Dessen Staatsethik war ein politisches Desiderat, so dass „res publica" zu einem politischen Tendenzbegriff wurde; vgl. *Heinze*, Ciceros "Staat" als politische Tendenzschrift, Hermes 59 (1924), S. 75 ff.

Gegenspieler der Reichsidee[30] bildeten sich die Nationalstaaten heraus. England, Frankreich und Russland entwickelten sich dabei zu unabhängigen nationalen Einheitsstaaten, während im mitteleuropäischen Raum die *Territorien* unter dem Dach des Reiches Staatlichkeit erlangten. Vor diesem Hintergrund entstand die *Lehre* vom Bundesstaat.

Politisch gesehen ist „Bundesstaat" ein Beschwichtigungsbegriff. Er soll verbergen, wo die Entscheidungsgewalt im Konfliktfall liegt. Damit ist das bündische Problem angesprochen: Bei politischen Entscheidungen mit existenzieller Bedeutung für das Selbstverständnis von Bund und Gliedern stellt sich in letzter Konsequenz die Frage der Sezession. Das ist der Ausnahmezustand. Nur wer über den Ausnahmezustand entscheiden kann, ist souverän. Damit zeigt sich das bundesstaatliche Dilemma: Wer ist nun im Bundesstaat souverän? Bei einem rechtlichen Verständnis, nach dem im Bundesstaat sowohl Bund wie auch Glieder Staat sein sollen, ist der Bundesstaat als Rechtsbegriff konstruktiv nur möglich, wenn sich die Souveränität zwischen Bund und Gliedern in irgendeiner Form teilen lässt. In der Tat ist dementsprechend die Lehre von der Teilbarkeit der Souveränität verbreitet.

2. Teilbarkeit der Souveränität

Die Lehre von der Teilbarkeit der Staatsgewalt beruht auf der Konstruktion des aus Staaten zusammengesetzten Staates, die in der Reichspublizistik des 17. Jahrhunderts entstand[31].

---

[30] Vgl. *Schramm,* Sacerdotium und Regnum im Austausch ihrer Vorrechte, in: Studi Gregoriani, 2, 1947; *Heer,* Die Tragödie des Hl. Reiches, 1952/1953; *Barraclough,* The Medieval Empire, Idea and Reality, London 1050; *Holtzmann,* Das mittelalterliche Imperium und die werdenden Nationen, 1953.
[31] Hierzu *Grzeszick,* Vom Reich zur Bundesstaatidee. Zur Herausbildung der Föderalismusidee als Element des modernen deutschen Staatsrechts, 1996.

Schon *Casmannus*[32] und *Hoenonius*[33] unterschieden einfache Städte von der Verbindung mehrerer Städte und ihrer Erweiterung zum „regnum" oder „imperium". In diesem Zusammenhang fand der Begriff „respublica composita" Verwendung. Daran anknüpfend erkannte *Businus*[34] den Territorien Staatsgewalt zu. Auf ihn bezog sich *Besold*[35], als er den Versuch machte, die von *Bodin* entwickelten Kriterien der modernen Staatlichkeit[36] auf das Deutsche Reich zu übertragen[37]. *Hugo* charakterisierte das Deutsche Reich als respublica composita, bei der die Souveränität geteilt sei: „Duplici regimine Imperium nostrum administrari animadvertimus"[38]. *Pufendorf* hielt es für undenkbar, dass ein Staat mehrere Staaten in sich enthalte[39]. Auch bei Staatenverbindungen (systemata civitatum) müsse die Souveränität der beteiligten Einzelstaaten in vollem Umfang gewahrt bleiben[40]. Den entgegenstehenden Gegebenheiten des Deutschen Reichs trug *Pufendorf* dadurch Rechnung, dass er es ein irreguläres und monströses, zwischen Einzelstaat und Staatenverbindung schwankendes Gebilde nannte[41]. Da man in der Folgezeit die Bezeichnung „respublica composita" für jede Staa-

---

[32] Doctrinae et vitae politicae methodicum ac breve systema, 1603, Cap. 66, S. 326.
[33] Disputationum politicarum liber unus, 3. Aufl., 1615, disputatio Nr. 12 (S. 531 ff.).
[34] De republica libri tres, 1613.
[35] Disputationum politicarum liber unus, ed. III, 1615, S. 531 ff.; Juridico-politicae Dissertationes Nr. VI (De jure territorium), in: Opus politicum 1641/42, S. 221 ff.
[36] Les six livres de la République, 1576. Die zentralen Aussagen zur Souveränität finden sich auf S. 122 ff. des 1961 erschienenen Neudrucks der lateinischen Ausgabe von 1583. Die Souveränität erklärte *Bodin* für unteilbar: „majestas per se ipsa quidem est individuum." (II, 1).
[37] *Besold*, De Statu Reipublicae Subalterno, in: Opus politicum, S. 77, gliederte die Souveränität in die „Majestas" des Kaisers und die „Landesfürstliche Obrigkeit" der subalternen Territorien auf und stellte beide Hoheitsrechte auf die gleiche Stufe.
[38] De statu regionum Germaniae et regimine pricipium summae imperii reip., aemulo, nec non de usu autoritate juris civilis privati, quam in hac parte juris publici obtinet (1661), § I A 2; zit. nach der bei *Henning Müller*, Helmstedt 1672 erschienenen Ausgabe.
[39] De Systematibus Civitatum, in: Dissertationes academicae selectiones, 1675, S. 283.
[40] De iure naturae et gentium, 1704, Lib. VIII, cap. 5, § 16, S. 714.
[41] *Severinus de Monzambano*, De statu Imperii Germanici (ad Laelium fratrem liber unus), 1667, Cap. IV, § 9, S. 126 der Ausgabe von *Salomon*, 1910.

tenverbindung verwendete[42], trat die Souveränitätsfrage in den Hintergrund. *Pütter* hatte es nicht schwer, die Lehre vom zusammengesetzten Staat neu zu begründen[43].

In der Zeit des Rheinbunds und des Deutschen Bunds setzte sich die Kontroverse der Schulen *Pufendorfs* und *Pütters* in der Gegenüberstellung von Bundesstaat und Staatenbund fort[44]. Die Begriffe nahmen polemischen Charakter an. Der Bundesstaat war jetzt politisches Programm. Die Aufmerksamkeit auch der juristischen Autoren richtete sich auf die Schweiz und die Vereinigten Staaten, wo die Bildung von Bundesstaaten gelungen war[45]. *Waitz* sah in den USA den Bundesstaat schlechthin verwirklicht[46]. Für ihn war der Bundesstaat ein Staatenstaat, bei dem Gesamtstaat und Glieder selbstständige Staaten sein müssen[47]. Die Souveränitätsproblematik versuchte *Waitz* durch eine strikte Trennung der Aufgabenbereiche zu lösen, die Gesamtstaat und Gliedstaaten jeweils besondere

---

[42] Vgl. zur weiteren Entwicklung *Gierke,* Johannes Althusius und die Entwicklung der naturrechtlichen Staatstheorien, 1902, S. 248 ff.; *Ebers*, Die Lehre vom Staatenbunde, 1910, S. 24 ff.
[43] Elementa juris publici Germanici, 1754, § 121 f.; Beyträge zum Teutschen Staats- und Fürstenrechte, 1777, Beitrag II, S. 14 ff. Für die letzten Jahrzehnte des Deutschen Reichs blieben diese Anschauungen maßgebend.
[44] *Barth*, Vorlesungen über sämtliche Hauptfächer der Staats- und Rechtswissenschaft, 4. Bd.: Das öffentliche Recht des Deutschen Bundes und der Deutschen Bundesstaaten oder das Deutsche Bundes- und Staatsrecht, 1837; *Brunquell*, Staatsrecht des teutschen Bundes und der Bundesstaaten, 1824; *Drech*, Öffentliches Recht des Deutschen Bundes und der deutschen Bundesstaaten, 1820; *Fries*, Vom deutschen Bund und deutscher Staatsverfassung, 1826; *Klüber*, Öffentliches Recht des teutschen Bundes und der Bundesstaaten, 4. Aufl., 1840.
[45] Vgl. *Rüttimann*, Das nordamerikanische Bundesstaatsrecht verglichen mit den politischen Einrichtungen der Schweiz I, 1867; *Vollgraff*, De confoederationibus sine et cum imperio. Wodurch unterscheiden sich Staaten-Bund, Bundes-Staat und Einheits-Staat voneinander und was sind sonach der teutsche Bund, die nordamerikanische Union und die schweizerische Eidgenossenschaft, 1859.
[46] Das Wesen des Bundesstaates, zuerst veröffentlicht in der Allgemeinen (Kieler) Wochenschrift für Wirtschaft und Literatur, 1853, 494 ff, dann wiederabgedruckt in: Grundzüge der Politik, 1862, S. 153 ff.
[47] Ebd., S. 164.

Einflusssphären mit besonderer Organisation zuwies[48]. Mit Gründung des Norddeutschen Bundes war diese Konzeption überholt. Dogmatisch entzog ihr *Seydel* den Boden[49], indem er unter Berufung auf *Calhoun*[50] nachwies, dass *Waitz* die Rechtslage in den USA verkannt und das Wesen des Bundesstaates verfehlt habe. *Seydels* Folgerung, dass das Deutsche Reich nur ein Staatenbund sei, war politisch ebenso inakzeptabel wird die Gegenposition *Zorns*[51], der das Deutsche Reich als Einheitsstaat qualifizierte[52]. *Gierke*[53] schrieb:

„Wir bestreiten der Jurisprudenz das Recht, in solcher Weise die Geschichte zu verkehren, die Verfassung umzudeuten und das Rechtsbewußtsein der Nation zu ignorieren... Da der Bundesstaat als ein aus Staaten zusammengesetzter Staat existiert, muß der Staatsbegriff dergestalt gefaßt werden, daß er auch in einem solchen Falle anwendbar bleibt."

3. Verbindung nichtsouveräner Staaten

Dadurch wird das Verfahren angedeutet, mit dessen Hilfe man in der Folgezeit den Bundesstaat rechtlich zu bewältigen versuchte: Der Staatsbegriff musste so korrigiert werden, dass er auch auf den Bundesstaat passte. Dies geschah durch eine Trennung von Staat und Souveränität. Sowohl *Laband*[54] wie auch *Jellinek*[55]

---

[48] Ebenso bereits *Tocqueville*: « Le principe sur lequel reposent toutes les confédérations est la fractionnement de la souveraineté. »
[49] Der Bundesstaatsbegriff, ZStW 28 (1872), 185 ff. = Staatsrechtliche und politische Abhandlungen, 1893, S. 1 ff.
[50] Hierzu *Ronellenfitsch*, John C. Calhoun und die Europäische Staatengemeinschaft, in: Liber amicorum Thomas Oppermann, 2001, S. 65 ff.
[51] Das Staatsrecht des Deutschen Reichs, I. Band, 2. Aufl., 1885, S. 61 ff.
[52] Zur vergleichbaren Kontroverse in der Schweiz *Borel*, Etude sur la souveraineté et l'Etat fédératif, 1886, S. 55 ff., *Fleiner*, Schweizerisches Bundesstaatsrecht, 1923, S. 53.
[53] Labands Staatsrecht und die deutsche Rechtswissenschaft, Schmollers Jahrbuch 7 (1883), 1097 ff. (1160).
[54] Das Staatsrecht des Deutschen Reiches, 1. Band, 1876, S. 64, 74 ff (5. Aufl., 1911, S. 63 ff.).
[55] Die Lehre von den Staatenverbindungen, 1882, S. 16 ff.

weigerten sich, die Souveränität als wesentliches Merkmal des Staates anzuerkennen. Dann musste allerdings ein anderes Kriterium als Merkmal der Staatlichkeit an die Stelle der Souveränität treten. *Laband* fand es in der „Eigenständigkeit der Herrschaftsrechte"[56] und schuf so das Fundament für die herrschende Lehre des Kaiserreichs. *Anschütz* sprach insofern von einer „epochemachenden Tat"[57]. Dies zu einem Zeitpunkt, zu dem sich nach der Revolution von 1918 ein neues Staatsrecht gerade wieder herauszubilden begann und *Anschütz* den 2. Regierungsentwurf zur Weimarer Reichsverfassung als ausgesprochen föderalistisch, um nicht zu sagen partikularistisch, kritisierte[58]. Die herrschende Lehre war nämlich nur auf die Normallage zugeschnitten. Sie versagte in Krisensituationen, wenn sich die politische Willensbildung in Bund und Gliedern so weit auseinanderentwickelt, dass der Gesamtstaat auseinander zu brechen droht. Das zeigte sich beim Preußenschlag *Papens*[59].

4. Vermeidung des Ausnahmezustands

Schon in der Weimarer Zeit deutete sich die konstruktive Lösung des bündischen Problems an. Sie klingt für positivistisch orientierte Juristen[60] wie ein Taschenspielertrick, ist aber politisch verifizierbar und dogmatisch tragfähig: Ein Bundesstaat ist ein Gebilde, bei dem sich im Verhältnis von Gesamtstaat und Gliedstaaten die Frage der Souveränität praktisch nicht stellt, bei der m.a.W. der Ausnahmezustand nur eine theoretische Möglichkeit ist. Diese Idee stammt wie-

---

[56] Staatsrecht I, 1. Aufl., S. 106; 5. Aufl., S. 57, 105.
[57] *Meyer / Anschütz*, Lehrbuch des Deutschen Staatsrechts, 7. Aufl., 1919, S. 51, Anm. 1.
[58] Ebd., S. 1041.
[59] Als Prozessvertreter des Reichs konnte *Carl Schmitt* die in seiner Schrift „Politische Theorie" (1922, S. 11) auf den Punkt gebrachte Erkenntnis heranziehen „Souverän ist, wer über den Ausnahmezustand entscheidet."
[60] Vgl. *Anita Cellier-Borchard*, Beitrag zur Lehre von der Souveränität, Bern 1937, S. 134, Fußn. 12.

derum von *Carl Schmitt*[61], der gleichwohl einen demokratischen Bundesstaat wegen der Einheit des Staatsvolks für ausgeschlossen hielt. Sein Schüler *Forsthoff* folgte ihm insoweit nicht[62]. Auch für *Forsthoff* kam es darauf an, dass die Souveränitätsfrage in der Schwebe bleibt. Dies setze voraus, dass die Länder selbstständige politische Entscheidungseinheiten blieben und dass rechtliche und politische Homogenität der Bundesglieder bestehe. Bund und Glieder dürfen sich somit nicht als undurchdringliche Gebilde gegenüberstehen, sondern müssen wechselseitig verschränkt sein. Im Sinne *Smends* ist der Bundesstaat ein einheitliches Integrationssystem[63].

5. Harmonischer Bundesstaat
a) Ansatz

Nach dem Zweiten Weltkrieg traf das Grundgesetz die Strukturentscheidung für einen Bundesstaat in Art. 20 Abs. 1. Das Bundesstaatsprinzip wird durch zahlreiche Bestimmungen des Grundgesetzes konkretisiert[64]. Dogmatisch bemühte man sich um Scheinprobleme wie den zwei- oder dreigliederigen Bundesstaatsbegriff[65] und knüpfte an die alte Auffassung des aus Staaten zusammengesetzten Gesamtstaats an. Dass die Ausnahmesituation ausgeklammert bleiben muss, fiel unter dem alliierten Schutzdach weniger auf. Ich selbst habe vom harmonischen Bundesstaat gesprochen[66], ohne auf Resonanz zu stoßen:

„Zur Aufhebung der bundesstaatlichen Autonomie ist es erforderlich, den Bundesstaat in einer Umgebung anzusiedeln, in der die existenzielle Konflikt prak-

---

[61] Verfassungslehre, 1928, S. 273, 263 ff.
[62] Die öffentliche Körperschaft im Bundesstaat, 1931, S. 28 ff, 32 ff., 43, 90.
[63] Verfassung und Verfassungsrecht (1928), in: *Smend*, Staatsrechtliche Abhandlungen, 2. Aufl., 1968, S. 119 ff. (225, 233, 269, 273).
[64] Art. 29, 30, 31, 50, 70 ff., 83 ff., 104 a GG usw.
[65] BVerfG, Urteil v. 11.6.1961 – 2 BvG 2/58, 2 BvE 1/59 –, BVerfGE 13, 54 (77 ff.).
[66] *Ronellenfitsch*, Die Mischverwaltung im Bundesstaat, 1975, S. 94 ff.

tisch ausgeschlossen bleibt. Gemeint ist der (bürgerliche) Rechtsstaat, in dem die widerstreitenden Interessen aufgelöst und nicht bis in letzter Konsequenz durchgefochten werden. Diese Harmonie der Interessen ist auch für den Bundesstaat maßgeblich; ohne Harmonisierung der Interessen ist der Bundesstaat nicht denkbar. Im Bundesstaat treffen Bund und Glieder selbständige Entscheidungen und verteidigen sie auch bei Kollisionen. Zu einer Entscheidung über den Ernstfall besteht dennoch eine Notwendigkeit, weil rechtliche Vorkehrungen für den Interessenausgleich getroffen sind. Zum Ernstfall kann es nur kommen, wenn solche Vorkehrungen nicht ausreichen. Also müssen die Vorkehrungen so effektiv sein, dass der Extremfall zu einer rein theoretischen Möglichkeit wird. Effektiv sind die Vorkehrungen, wenn sie in weitem Umfang verfassungskräftig festgeschrieben sind, wenn sie Gesamt- und Gliedstaaten beim Auftreten von Gegensätzen einigen und bzw. oder wenn eine neutrale Instanz (Verfassungsgericht) besteht, deren Entscheidungen Gesamt- und Gliedstaat freiwillig zu befolgen bereit sind"[67].

Daran halte ich fest. Lediglich ziehe ich es heute vor, statt vom bürgerlichen, vom sozialen Bundesstaat zu sprechen.

b) Probe

Die Konstruktion vom harmonischen Bundesstaat lässt sich verifizieren, wenn man das Erfordernis der Schwebelage auf die realen Bundesstaaten anwendet. Wer den vorstehend angedeuteten Ansatz für ein theoretisches Glasperlenspiel hält, sollte sich einmal fragen, warum die sozialistischen Föderationen (UdSSR, Jugoslawien, CSSR) auseinanderbrachen, als der Kommunismus als Homogenitätsklammer implodierte. Selbst rechtsstaatlichen Bundesstaaten wie den USA

---

[67] Ebd. S. 97 f.

und der Schweizer Eidgenossenschaft blieben existenzielle Konflikte nicht erspart, als die Gesellschafts- und Wirtschaftssysteme in den Gliedstaaten zu unterschiedlich wurden[68]. In Belgien und Kanada scheinen die ethnischen und sprachlichen Konflikte derzeit einigermaßen ausgeglichen zu sein. Ob das westliche Bundesstaatsmodell auf den Irak passt[69], wage ich zu bezweifeln.

Ein existenzieller Konflikt könnte sich *bei uns* anbahnen, wenn sich die politischen Mehrheitsverhältnisse zwischen staatstragenden und staatsfremden Parteien in den alten und neuen Bundesländern allzu sehr auseinander entwickeln würden. Die Vorstellung einer wiederentstandenen DDR ist freilich eine ebenso groteske Vorstellung wie die feindliche Übernahme des „Konzerns Deutschland" durch die umbenannte SED/PDS. Die soziale Homogenität der gesamten Bundesrepublik ist andererseits Bezugspunkt für den Länderfinanzausgleich und für den Infrastrukturgewährleistungsanspruch der Länder gegenüber dem Bund.

6. Folgerung

Im harmonischen Bundesstaat sind Bund und Glieder Staaten und damit selbstständige Entscheidungseinheiten, deren politisches Substrat sich in einer Schwebelage befindet. Das politische Substrat, d.h. die jeweiligen Aufgaben und Befugnisse, ermöglicht Entscheidungen von Gewicht bis hin zum existenziellen Konflikt. Dieser Konflikt wird durch rechtliche Vorkehrungen und Konsens in den Grundsatzfragen praktisch ausgeschlossen. Konstruktiv wird das bewerkstelligt, indem die staatlichen Aufgaben so zwischen Bund und Gliedern verteilt werden, dass eine homogene Aufgabenerfüllung gewährleistet ist. Wie das im

---

[68] Ein Ventil bildet in den USA die "interstate commerce clause", die zur Ausdehnung der bescheidenen Gesetzgebungsgewalt des Bundes führt und auf die das erste Gesetz zur Rassengleichstellung gestützt war; vgl. *Hay,* US-Amerikanisches Recht, 3. Aufl., 2005, Rdnr. 49.
[69] Vgl. FAZ 196 / 24.8.2005, S. 1 f.

Einzelnen zu erreichen ist, hängt von den Gegebenheiten des konkreten Bundesstaats ab. Entsprechendes gilt für den europäischen Staatenverbund. Die Europäische Union ist kein Bundesstaat, weist aber bundesstaatliche Züge auf und ist ebenfalls auf die Vermeidung des existenziellen Konflikts angelegt. Auch hier kommt es auf die Verfassungshomogenität an; im Gemeinschaftsrecht ist die „Harmonisierung" ein anerkanntes Ziel.

Bei der Beitrittsfähigkeit weiterer Staaten muss hierauf abgestellt werden. Das ist im Hinblick auf den Beitritt der Türkei wichtiger als die Geographie, zumal man auch die über Jahrhunderte lange Ausdehnung der Türkei in den europäischen Raum berücksichtigen müsste. Verkehrlich sei erinnert an die Erschließung der Türkei durch die *Bagdad-Bahn*[70], die von der 1899 von der Deutschen Bank gemeinsam mit der Dresdner Bank und anderen Banken gegründeten Anatolischen Eisenbahn Gesellschaft gebaut wurde. Die Bagdad-Bahn sollte ursprünglich von Konstantinopel über Bagdad bis zum Persischen Golf führen. Die (deutsche) Eisenbahn-Gesellschaft verzichtete aber auf Betreiben Englands auf den Bau der Endstrecke von Basra zum Persischen Golf.

III. Die staatliche Verantwortung für die Eisenbahnsicherheit

1. Eisenbahnsicherheit

a) Weiter Begriff

Der Wortbestandteil „Sicherheit" in „Eisenbahnsicherheit" ist ein Bezugsbegriff. Das Substantiv „Sicherheit" ist von dem westgermanischen Adjektiv „sicher" abgeleitet, das schon frühzeitig aus dem lateinischen „securus" entlehnt wurde.

---

[70] *Ilitch*, Le chemin de fer de Bagdad au point de vue politique, économique et financier, ou l'expansion de l'Allemagne en Orient, 1913; *Ragey*, Le Question de chemin de fer de Bagdad 1893-1914, 1935; *J.B. Wolf*, The Diplomatic History of the Bagdad Railroad, 1936; *Bode*, Der Kampf um die Bagdad-Bahn 1903-1914, 1941; *Chapman*, Great Britain an the Bagdad-Railway, 1948; *Haustein*, Das internationale öffentliche Eisenbahnrecht, 1953, S. 253 ff..

„Securus" wiederum bedeutete wörtlich „ohne Sorge" (sine cura)[71]. Als Rechtsbegriff wurde „sicher" ursprünglich in der Bedeutung „frei von Schuld, Pflichten, Strafe" usw. gebraucht[72]. Um sich sicher zu machen, wurden Sicherungen, später Sicherheiten (z.b. Bürgschaft) erbracht oder man schloss eine Ver-Sicherung ab. Daraus entwickelte sich das Verständnis von Sicherheit als ein Zustand, der frei von unvertretbaren Risiken der Beeinträchtigung ist oder als gefahrenfrei angesehen wird[73]. Dieser Zustand kann sich auf die individuelle oder generelle Sicherheit beziehen. Bei der *individuellen* Sicherheit sind wieder die verschiedenen persönlichen Sicherheitsbereiche zu unterscheiden, die für eine „unbesorgte" Lebensgestaltung eine Rolle spielen (physische, wirtschaftliche, rechtliche Sicherheit). *Generelle* Sicherheit umfasst die den Bereich der Außenpolitik und des Völkerrechts betreffende „kollektive Sicherheit" sowie die namentlich im Polizeirecht normierte „öffentliche Sicherheit". Unter öffentlicher Sicherheit[74] wird gemeinhin in Anlehnung an die amtliche Begründung[75] zu § 14 PrPVG die Unversehrtheit von Leben, Gesundheit, Freiheit, Ehre und Vermögen des einzelnen sowie der Bestand und das Funktionieren des Staates und seiner

---

[71] Das Suffix se(d) bedeutet „ohne, beiseite, weg"; vgl. *Walde*, Lateinisches Etymologisches Wörterbuch, 1910, S. 694. "Cura" entwickelte sich im Angelsächsischen zu "scir" und im Althochdeutschen zu "scira" im Sinn von "Dienst, Besorgung, Geschäft".
[72] Inst. 2.8.2. "quo subsecuto, si et iudex pronutiaverit et debitor solverit, sequitur huiusmodi solutionem plenissima securitas" („Ist das geschehen, hat also der Richter entschieden und der Schuldner geleistet, so folgt einer derartigen Leistung die vollkommenste Befreiung").
[73] DIN EN 61508.
[74] Auch insoweit stand die lateinische "securitas" = "Wohlfahrt, Unverletzlichkeit der Rechtsordnung" Pate. Quellenbeispiele zu "reipublicae securitati prospicere" und; "publicae salutis et securitatis interesse", *Heumann*, Handlexikon zu den Quellen des römischen Rechts, 8. Aufl., 1895, S. 490.
[75] Begründung S. 31. Nach den Ausführungsbestimmungen v. 1.10.1931 (abgedruckt bei *Friedrichs*, Polizeiverwaltungsgesetz, Komm., 1932, S. 64 ff.) sollte § 14 Abs. 1 PrPVG lediglich § 10 II 17 ALR 194 wiederholen. Der „Kautschuk-Paragraph" hatte über das Landrechtsgebiet in ganz Preußen sowie in Hamburg, Sachsen, Thüringen, Anhalt und in Dänemark gegolten.

Einrichtungen" verstanden[76]. Gemeint ist die inhaltliche und die technische Funktionsfähigkeit.

b) Enger Begriff

Mit der technischen Funktionsfähigkeit ist die Brücke geschlagen zum spezifisch *technischen Sicherheitsbegriff*. Bei technischen Anlagen, Einrichtungen oder Objekten bezeichnet Sicherheit den Zustand der voraussichtlich störungsfreien und gefahrfreien Funktion. Die Sicherheit wird definiert durch die Wahrscheinlichkeit von Stör- und Unfällen. Rechtlich drückt sich die technische Sicherheit aus in den Begriffen des Risikos und der Gefahr. Dabei bezeichnen beide die Eintrittswahrscheinlichkeit eines Schadens durch die technische Konstruktion. Das Risiko ist unvermeidbar, die Gefahr muss durch präventive Kontrollen oder repressive Maßnahmen unterbunden werden. Im Eisenbahnwesen spielt die technische Sicherheit von Anfang an eine dominierende Rolle.

c) Verantwortungsbereiche

Die Eisenbahnsicherheit im weiteren Sinn betrifft den Bestand und das Funktionieren des Eisenbahnwesens. Die Verantwortung für das Eisenbahnwesen liegt, wie ein internationaler und historischer Vergleich zeigt, nicht aus der Natur der Sache beim Staat. Gleichwohl kann angesichts der Verkehrsbedeutung der Eisenbahn die Verantwortlichkeit für ein funktionsfähiges Eisenbahnwesen nicht völlig der privatautonomen Gestaltung auf einem freien Markt überlassen bleiben. Klassisch formuliert wurde dies bereits von *Roesler*[77]:

„Ein ausschließliches Vorrecht des Staates auf die Anlage und den Betrieb von Eisenbahnen (Eisenbahnregal) ist weder in der Natur der Sache noch im positi-

---

[76] Vgl. nur *Schenke*, Polizei- und Ordnungsrecht. 3. Aufl., 2004, Rdnr 53; *Drews / Wacke / Vogel / Martens*, Gefahrenabwehr, 9. Aufl., 1986, S. 232 ff.

ven Rechte begründet, das gleiche gilt andererseits von dem ausschließlichen System der Privatbahnen, da ein solches weder durch den öffentlichen Nutzen, noch durch das Recht der freien Erwerbstätigkeit sich rechtfertigen ließe."

Bereits die Eisenbahnsicherheit im weiteren Sinn (Infrastruktur, Netzzugang, Fahrplan- und Tarifgestaltung, wirtschaftliche Absicherung) ruft den Staat nicht nur als Gesetzgeber auf den Plan. Die „Fürsorge" im wohlfahrtsstaatlichen Verständnis besteht im sozialen Rechtsstaat fort.

Erst recht ist der Staat mit Zulassung des Eisenbahnverkehrs für die Betriebssicherheit und damit für die Eisenbahnsicherheit im engeren Sinn zumindest mitverantwortlich. Dass es eine originäre Staatsaufgabe ist, Eisenbahnen vor Gefahren durch Dritte zu schützen, habe ich im letzten Jahr näher ausgeführt[78]. Selbstverständlich hat der Staat auch die Bevölkerung vor den Gefahren durch die Eisenbahnen zu schützen. Auch im Bereich der Eisenbahnsicherheit im engeren Sinn überschneiden sich jedenfalls private und staatliche Verantwortlichkeiten. *Der* Staat ist dabei in Deutschland kein einheitliches Gebilde. Vielmehr besteht ein verschlungenes Beziehungsgeflecht von Verantwortlichkeiten des Bundes, der Länder und der Eisenbahnunternehmen, das nur in seiner historischen Entwicklung entwirrt werden kann.

Einzubeziehen in die Betrachtung ist selbstverständlich auch die EU, die nach dem Vertrag über eine Verfassung für Europa 2004[79] ein Raum der Freiheit, der Sicherheit und des Rechts sein will. Damit wird nicht nur die Sicherheit im en-

---

[77] Soziales Verwaltungsrecht, 2. Abteilung, 1873, S. 412.
[78] Vgl. Fußn. 5.
[79] Abl. 2004 C 310.

geren Sinn erfasst. Auch in einem parastaatlichen Gebilde ist Sicherheit mehr als der Schutz vor Angriffen Dritter.

In der Folge wird zunächst die Entwicklung der Verantwortlichkeiten im Eisenbahnwesen schlechthin dargestellt. Sodann wird auf die Zuordnung der Sicherheitsverantwortung auf die jeweiligen Hoheitsträger eingegangen.

2. Historische Entwicklung
a) Deutsche Entwicklung bis zur Bahnreform
Die staatliche Verantwortung für die Eisenbahnsicherheit ist mit der historischen Entwicklung des Eisenbahnwesens und des Eisenbahnrechts untrennbar verknüpft. Dabei spielte von Anfang an eine Vielzahl wirtschafts- und ordnungspolitischer sowie sicherheitspolizeilicher Streitpunkte eine Rolle[80].

---

[80] Zur Entwicklung des Eisenbahnwesens und Eisenbahnrechts *A. Arndt*, Über die staatsrechtlichen Grundlagen des Rechts der Eisenbahnen, AöR 11 (1896), 358 ff.; *Beschorner*, Das deutsche Eisenbahnrecht, 1858; *Bessel / Kühlwetter*, Das preußische Eisenbahnrecht, 1955/1957; *Blume*, Das Recht der Eisenbahnen, in: Holtenzdorf / Kohler, Enzyklopädie der Rechtswissenschaft, 1914, S. 375 ff.; *van der Borgh*, Das Verkehrswesen, 1884, S. 279 ff.; *Bracht*, Der Bau der ersten Eisenbahnen in Preußen, 1998; *Brake*, Die ersten Eisenbahnen in Hessen, 1991; *Cauer*, Betrieb und Verkehr der preußischen Staatsbahnen 1897, 1903; *Cosack*, Das deutsche Eisenbahnwesen der Gegenwart, Bd. 1 und 2, 1911; *Deutinger*, Bayerns Weg zur Eisenbahn, 1997; *Eger*, Eisenbahnrecht im Deutschen Reich und in Preußen, 1910; *Endemann*, Das Recht der Eisenbahnen, 1886; *Förstemann*, Das preußische Eisenbahnwesen, 1860; *Fröhlinger*, Grundzüge der Eisenbahngesetzgebung im Deutschen Reich und in Preußen, 3. Aufl., 1930; *Gall / Pohl* (Hrsg.), Die Eisenbahn in Deutschland, 1999; *Gleim*, Das Recht der Eisenbahnen in Preußen, Bd. 1, 1891; *Hansemann*, Die Eisenbahnen und deren Aktionäre im Verhältnis zum Staate, 1837; *Hausmeister*, Deutsche Eisenbahnkunde, 1913; *Haustein* (Hrsg.), Die Eisenbahnen im deutschen öffentlichen Recht, 1960; *Hoff / Kambuier / Anger* (Hrsg.), Das deutsche Eisenbahnwesen der Gegenwart, Bd. 1 und 2, 1923; *Kirchhoff*, Reichsbahn oder Vereinigte Staatsbahnen?, 1918; *Kittel / Nawiasky*, Die Reichsbahn im öffentlichen Recht, 1932; *Klee*, Preußische Eisenbahngeschichte, 1982; *Knies*, Die Eisenbahnen und ihre Wirkungen, 1853; *Koch*, Deutschlands Eisenbahnen, 1860; *Koehne*, Grundriss des Eisenbahnrechts, 1906; *Krönig*, Die Verwaltung der preußischen Staatseisenbahnen, 1891; *Liebl*, Die Privateisenbahn München-Augsburg 1835-1844, 1982; *O. Mayer*, Eisenbahn und Wegerecht, AöR 16 (1901), 38 ff., 203 ff.; *Marggraff*, Die Königlich bayerischen Staatseisenbahnen in geschichtlicher und statistischer Hinsicht, 1894; *v. Reden*, Die Eisenbahnen

(1) Staats- und Privatbahnkonzeption

Zum ständigen Streitthema entwickelte sich v.a. die Frage, ob der *Staat* selbst *Eisenbahnunternehmer* sein sollte[81]. Während sich in England der *Staatsbahngedanke* nicht durchsetzen konnte, legte in Belgien König *Leopold I.* schon 1833 der Vertreterkammer den Entwurf eines Staatseisenbahngesetzes vor. Im gleichen Jahr begannen in Deutschland Braunschweig und Baden mit dem Bau von Staatsbahnen. Wenige später folgten Nassau, Bayern, Württemberg, Hannover und Sachsen.

(2) Länderbahnen

Preußen sah anfänglich aus wirtschaftlichen Erwägungen von jeder staatlichen Beteiligung an Eisenbahnunternehmungen ab[82]. Von Anfang an betrachtete man

---

Deutschlands I, 1843; Reichsministerium (Hrsg.), Die deutschen Eisenbahnen 1910 -1920, 1923; Reichsverkehrsministerium (Hrsg.), Hundert Jahre deutsche Eisenbahnen, Jubiläumsschrift, 2. Aufl., 1938, S. 18 ff.; *Riegels*, Die Verkehrsgeschichte der deutschen Eisenbahnen mit Einschluß der heutigen Verkehrslage zum fünfzigjährigen Jubiläum der ersten preußischen Eisenbahnen, 1889; *Ronellenfitsch*, Privatisierung und Regulierung des Eisenbahnwesens, DÖV 1996, 1028 ff.; *Rossberg*, Geschichte der Eisenbahn, 1977; *Sarter*, Die Reichseisenbahnen, 1920; *Sax*, Die Verkehrsmittel in Volks- und Staatswirtschaft, 3. Bd.: Die Eisenbahnen, 2. Aufl., 1922; *Schneidler*, Geschichte des deutschen Eisenbahnwesens, 1871; *Schroetter*, Das preußische Eisenbahnrecht, 1883; *Schymaniez*, Die Organisation der deutschen Eisenbahnen 1835-1975, 1977; *Stieler*, Die deutschen Eisenbahnen unter der alten und der neuen Reichsverfassung, 1924; *Stürmer*, Geschichte der Eisenbahnen, 1872; *Triepel*, Die Reichsaufsicht, 1917, Neudr. 1964, S. 187 ff.; *Wehrmann*, Verwaltung der Eisenbahnen, 1912; *Witte*, Eisenbahn und Staat, 1932; *Ziegler*, Eisenbahnen und Staat im Zeitalter der Industrialisierung, 1996. Zu den wirtschaftspolitischen Konsequenzen des Eisenbahnbaus *Hammer*, Die Deutsche Reichsbahn als Auftraggeberin der deutschen Wirtschaft, 1932; *Fremdling*, Eisenbahnen und deutsches Wirtschaftswachstum 1840-1879, 1974; *Wagenblaß*, Der Eisenbahnbau und das Wachstum der deutschen Eisen- und Maschinenbauindustrie 1835-1860, 1973. Zum sozialen Aspekt *Schliebusch*, Die deutsche Eisenbahn im Spiegel der Zeit, 1928; *Oehling / Heck*, Kulturschock Eisenbahn, Bild der Wissenschaft 9 (1985), S. 76 ff.
[81] Vgl. *Alberty*, Der Übergang zum Staatsbahnsystem in Preußen, 1911; *Badura*, Das Verwaltungsmonopol, 1963, S. 209 ff.
[82] Als 1833 die Bahn von Elbersfeld und Barmen nach dem Ruhrkohlerevier zur Genehmigung anstand, lehnte die Kabinetsordre vom 1.6.1833 den vom Minister des Inneren und der Finanzen befürworteten staatseigenen Ausbau der Eisenbahn aus dem Ertrag einer zu diesem Zweck aufzunehmenden Staatsanleihe ab, weil die Versorgung Wuppertals mit Steinkohle nur

Eisenbahnen aber als öffentliche Straßen[83] und übertrug die rechtlichen Regelungen über die Konzessionierung von Kunststraßen auf die Eisenbahnen. Bei *Gleim*[84] heißt es hierzu:

„Entsprechend den Privilegien für Kunststraßen wurde ihnen das Enteignungsrecht, das Recht zur Erhebung eines Wegegeldes und des polizeilichen Schutzes gewährt, wogegen ihnen die Unterhaltung der Bahn zur Pflicht gemacht, der öffentliche Gebrauch derselben für Jeden, der sich den Polizeiverordnungen unterwerfe, und die Genehmigung des Bahngeldtarifs durch den Staat vorbehalten wurde. Daneben enthalten die Konzessionen noch den Vorbehalt der Regulierung der Bahnlinie durch die Behörden, die Genehmigung der Gesellschaftsstatuten, falls die Rechte einer juristischen Person in Anspruch genommen werden sollten, und des Erlöschens der Konzession für den Fall, dass die Bahn nicht innerhalb einer bestimmten Frist ausgeführt worden ist."

Mit diesen Konzessionsbedingungen war aber weder dem Interesse der Eisenbahnunternehmer, noch dem öffentlichen Interesse hinreichend genügt. Die Einsicht, dass eisenbahnspezifische gesetzliche Regelungen nötig seien, setzte sich bei dem Gerangel um das Konzessionsgesuch für eine Bahn von Magdeburg nach Leipzig vom 14. Mai 1835[85] durch. Die Bemühungen um einen Interessenausgleich unter Betonung des öffentlichen Interesses kennzeichnen auch das

---

ein örtliches Interesse darstelle. Das Argument war von den Gegnern der Staatsbahn, ähnlich wie der Hinweis auf die schlechten Betriebsergebnisse der Pferdebahn zwischen Linz und Budweis, nur vorgeschoben. Der König ließ sich vor allem durch die Besorgnis unzureichender finanzieller Erfolge aus der Anlegung von Kunststraßen beeindrucken. In der Kabinetsordre vom 5.9.1835 war die Entscheidung gegen die Staatsbahn gefallen.
[83] *Gleim*, Das Recht der Eisenbahnen in Preußen, Bd. 1, 1891, S. 21.
[84] Ebd., S. 21 f.
[85] Vgl. *v.d. Leyen*, Die Entstehung der Magdeburg-Leipziger Eisenbahn, Archiv für Eisenbahnwesen 188, S. 217 ff.

preußische Eisenbahngesetz vom 3. November 1838[86]. Zur Begründung einer öffentlichen Eisenbahn durch Privatunternehmer war danach in jedem Fall eine staatliche Genehmigung erforderlich. Diese erstreckte sich auf die Bewilligung von Vorarbeiten, welche von den betroffenen Grundeigentümern gegen Entschädigung zu dulden waren (Projektierungskonzession), und die Bewilligung zum Bau und Betrieb der Bahn (Eisenbahnkonzession), die den Nachweis der Projektierungskonzession, die Darlegung der Vorteile der projektierten Bahn für das öffentliche Interesse (Planrechtfertigung), die Pläne des Vorhabens („Planfeststellungsunterlagen") und den Nachweis der Finanzierbarkeit des Vorhabens voraussetzte. Die Genehmigung war befristet. § 42 prEisenbahnG 1838 enthielt eine Heimfallklausel an den Staat, die die Entwicklung in Richtung Staatsbahn vorwegnahm.

Als sich in der Wirtschaftskrise von 1845 das Privatkapital, nicht zuletzt wegen der die wirtschaftliche Entfaltung hemmenden *staatlichen Tarifkontrolle*, aus dem Eisenbahnbau zurückzog, musste der preußische Staat einspringen. Die zielgerichtete Verkehrspolitik in den Jahren 1848-1858 führten zu einem beachtlichen Ausbau des preußischen *Staatsbahnnetzes*[87]. Die Ende der 50er Jahre anbrechende liberale Ära verhinderte ein weiteres Vordringen des Staatsbahngedankens[88]. 1860 machten die Staatsbahnen nur 25,6 % aller Bahnen Preußens aus. Der Zuwachs der Staatsbahnen durch die Ereignisse des Jahres 1866, der die Verknüpfung der Staatsbahnen zu einem Netz ermöglichte, veranlasste die Privatbahnen zu einem exzessiven Konkurrenzbau. Von 1866 bis 1876 bauten

---

[86] PrGS 1838, 505. Hierzu *Gleim*, Zum 3. November 1888, Archiv für Eisenbahnwesen 1888, S. 797 ff.
[87] Vgl. *Bessel / Kühlwetter*, Das preußische Eisenbahnrecht, 2. Theil 1857, S. 7; *Fleck,* Die Verhandlungen der Vereinigten ständischen Ausschüsse über die Eisenbahnfrage in Preußen im Jahre 1842, Archiv für Eisenbahnwesen S. 889 ff.
[88] Zu dieser Zeit wurden vom Staat Eisenbahnaktien verkauft und sogar der Verkauf von Strecken erwogen.

sie sechsmal soviel Bahnen wie der Staat[89]. Die damit verbundene Akkumulation von Kapital beunruhigte Öffentlichkeit und Politik. Ferner waren die Privatbahnen dem mit dem Wirtschaftsaufschwung der 1870er Jahre zusammenhängenden sprunghaften Anwachsen des Verkehrsaufkommens nicht mehr gewachsen. Dies führte 1873 zur Einsetzung einer Untersuchungskommission im preußischen Abgeordnetenhaus, die eine *Vereinigung aller Eisenbahnen* in den Händen des Staates (schon damals unter Trennung von Anlage und Betrieb) und die Übertragung der Eisenbahnaufsicht auf das Reich vorschlug[90]. Die Verreichlichung des Eisenbahnwesens scheiterte aber, trotz der im selben Jahr vorgenommenen Errichtung des Reichs-Eisenbahn-Amts.[91] *Bismarck* forcierte daher die Verstaatlichung der preußischen Privatbahnen. Infolge der großen Verstaatlichungen zwischen 1880 und 1909, für die Preußen 4,5 Mrd. Mark aufwendete, wuchs die preußische Staatsbahn auf ein Netz von über 36 000 km an. Nach der Jahrhundertwende erwirtschaftete die preußische Staatsbahn jährliche *Betriebsüberschüsse* von 600 Mio. Mark, von denen ein Drittel in den Staatshaushalt floss. Der erste Weltkrieg beendete die Entwicklung der privaten Eisenbahnunternehmen zu lukrativen Staatsbahnen.

Die Bestimmungen des preußischen Rechts wurden zum großen Teil in die Eisenbahngesetze der anderen Länder übernommen, so dass für die Entwicklung des Eisenbahnwesens im gesamten Reich der preußischen Entwicklung paradigmatische Bedeutung zukommt.

---

[89] 1876 standen 12749 km Privatbahnen staatlichen 6700 km gegenüber.
[90] Verhandlungen des Abgeordnetenhauses 1873/1874, Drucks. Nr. 11.
[91] Gesetz, betreffend die Errichtung eines Reichs-Eisenbahn-Amtes, vom 27.6.1873 (RGBl. S. 164).

(3) Reichsbahn

Nachdem die Länderbahnen zu einer finanziellen Belastung geworden waren, konnte auf der Grundlage von Art. 89 WV mit Wirkung zum 1. April 1920 *Bismarcks* Reichseisenbahnprojekt verwirklicht werden[92]. Die Gründung des *Unternehmens "Deutsche Reichsbahn"* als reines Betriebsunternehmen sollte eine wirtschaftliche Gesundung bringen, wurde aber schon bald durch die außenpolitische Entwicklung überholt. Der Dawes-Plan, der eine gänzliche Privatisierung der Reichsbahn mit zumindest teilweiser ausländischer Kapitalbeteiligung vorsah[93], konnte durch das Reichsbahngesetz vom 30.8.1924[94] unterlaufen werden[95]. Erleichterungen brachten der durch das Reichsbahngesetz vom 13.3.1930[96] umgesetzte Young-Plan[97] und das Hoover-Moratorium[98]. Bis zu diesem Zeitpunkt hatte die Deutsche Reichsbahn-Gesellschaft 5,6 Mrd. Mark an die Reparationskasse abgeführt. Die Erklärung Hitlers zum Ende des Reparationssystems von 1933 kündigte bereits die Neuregelung des Eisenbahnwesens an; das Reichsbahngesetz vom 4.7.1939[99] brachte sie zum Abschluss. Die Deutsche Reichsbahn-Gesellschaft wurde aufgelöst, ihr Vermögen als Sondervermögen "Deutsche Reichsbahn" des Reiches weiterverwaltet. Die Reichsbahn war als gemeinwirtschaftliches Unternehmen zu führen, konnte im eigenen Namen handeln und Kredite aufnehmen und unterstand der Leitung und Aufsicht des Reichsverkehrsministers. Der Zweite Weltkrieg forderte die Deutsche Reichs-

---

[92] Hierzu unten.
[93] Abgedruckt in RT-Drucks. 382 Nr. 5.
[94] Gesetz über die Deutsche Reichsbahn-Gesellschaft (RGBl. II S. 272).
[95] Obwohl die Deutsche Reichsbahngesellschaft über eine Gesellschaftssatzung, einen Vorstand und über einen Verwaltungsrat verfügte, handelte es sich um eine öffentlich-rechtliche Institution; vgl. *Anschütz*, Die Verfassung des Deutschen Reiches vom 11. August 1919, 14. Aufl. 1933, Art. 89 Anm. 5.
[96] RGBl. II S. 369.
[97] Vgl. RGBl. 1930 II S. 397.
[98] *E.R. Huber*, Deutsche Verfassungsgeschichte seit 1789, Bd. VII, 1984, S. 849 ff.
[99] RGBl. I S. 1205.

bahn bis an ihre Leistungsgrenzen. Mit zunehmendem Vorrücken der Alliierten konnte der Bahnverkehr infolge von Materialmangel sowie Zerstörung von Strecken und Brücken kaum noch aufrechterhalten werden. Durch die deutsche Kapitulation verlor die Reichsbahn ihre einheitliche Leitung[100]. Ihr Auseinanderfallen war durch die Abgrenzung der westlichen Besatzungszonen und der sowjetischen Besatzungszone unvermeidbar. Die Einteilung Deutschlands in Besatzungszonen wirkte sich auch auf die Eisenbahninfrastruktur aus[101].

(4) Bundesbahn

Die *Nachkriegsentwicklung* führte zu einer Verankerung des *Staatsbahngedankens* im Grundgesetz. Art. 87 Abs. 1 Satz 1 GG a.F. verpflichtete die Organisation der Deutschen Bundesbahn zur Staatlichkeit und wies die Verwaltungskompetenz eindeutig dem Bund zu. Dem hatte das Bundesbahngesetz vom 13. Dezember 1951[102] Rechnung zu tragen. Die zahlreichen Reformvorstellungen, die sich in etlichen Novellierungen des Bundesbahngesetzes niederschlugen, mussten sich an diesen verfassungsrechtlichen Rahmen halten. Auch die *Vereinigung des Eisenbahnwesens* in Deutschland nach 1989 änderte an der Staatsnähe der Bahn nichts. Ohnehin konzentrierte sich die staatliche Verantwortung darauf – neben der Abwicklung der Reichsbahn – zunächst alte Verbindungen

---

[100] Vgl. *Merensky*, Die Organisation der Deutschen Bundesbahn, 1952, S. 55.
[101] *Rossberg*, Grenze über deutschen Schienen, 1945-1990, 1991, S. 8; *Krantz*, Sputnik, Dampf und Fliegender Kramer, 2004. S. 7 ff.
[102] BGBl. I S. 955. Zuvor waren ergangen das Gesetz über die vermögensrechtlichen Verhältnisse der Deutschen Bundesbahn vom 2.3.1951 (BGBl. I S. 155) und das Allgemeine Eisenbahngesetz vom 29.3.1951 (BGBl. I S. 225, 438). Nach § 1 BBahnG wurde unter dem Namen "Deutsche Bundesbahn" das "Bundeseisenbahnvermögen als nicht rechtsfähiges Sondervermögen des Bundes mit eigener Wirtschafts- und Rechnungsführung" verwaltet. Die DB war Zweig der Bundesverwaltung; LG Hagen, Urt. vom 28.10.1949 – 2 S 521/49 –, DVBl. 1950, 314.

wiederherzustellen, "Lückenschlussmaßnahmen" zu treffen und Eisenbahnstrecken wiederherzustellen[103].

b) Europäische Verkehrs- und Eisenbahnpolitik

(1) Verkehrspolitik

Der Verkehr zählt zu den Wirtschaftssektoren, für die das Europäische Vertragswerk von Anfang an eine „gemeinsame Politik" vorsah. Bei den gesamten Verhandlungen des EWG-Vertrags blieb allerdings die verkehrsmarktwirtschaftliche Kontroverse über das Verhältnis von Liberalisierung und Harmonisierung unentschieden[104].

Auch das Kapitel "Verkehr" des EWG-Vertrags enthielt keine klaren Direktiven[105]. Zwar war die gemeinsame Verkehrspolitik der EWG von Anfang an *marktwirtschaftlich und wettbewerbsorientiert* ausgerichtet. Die vorgesehene Liberalisierung der Verkehrsmärkte kam aber nicht voran, weil sie mit der Harmonisierung der Wettbewerbsbedingungen verkoppelt war. Die Verkehrspolitik der EWG blieb über Jahrzehnte hinweg in Ansätzen stecken[106]. Beim Personen- und Güterverkehr erlahmte sie bis zum Stillstand[107]. Selbst bei der Anwendung des die Umsetzung der Dienstleistungsfreiheit im Verkehr regelnden Art. 75 EWGV traten ordnungspolitische Grundsätze in den Hintergrund; nicht einmal

---

[103] Hierzu *Ronellenfitsch*, Die Wiederinbetriebnahme von Eisenbahnstrecken, VerwArch. 1993, 557 ff.
[104] Vgl. auch *Meyke*, Verkehrsinfrastruktur - Investitionspolitik in der EWG, in: Seidenfus, Stand und Möglichkeiten einer gemeinsamen EWG-Verkehrspolitik, 1971, S. 7 ff. (20 ff.); *Blonk*, Stand und Perspektiven der gemeinsamen Verkehrspolitik, in: Voigt / Witte (Hrsg), Integrationswirkungen von Verkehrssystemen und ihre Bedeutung für die EG, 1985, S. 91 ff.
[105] *Woelker*, Die Integrationsbestrebungen der europäischen Verkehrspolitik: Bewertung und Konsequenzen, in: Voigt / Witte, Integrationswirkungen, S. 35 ff. (37); *Rogge*, in: Lenz (Hrsg), EG-Handbuch, Recht im Binnenmarkt, 2. Aufl., 1994, S. 728; *Oppermann*, Europarecht, 2. Aufl., 1999, Rdnr. 1304.
[106] *Jutta M. Baumann*, Die Luftverkehrspolitik der Europäischen Union, 1995, S. 17 m.w.N.
[107] *Basedow / Dolfen*, in: Dauses, Handbuch des europäischen Wirtschaftsrechts, Loseblatt, Kapitel L, Rdnr. 80.

über die Tragweite dieser Dienstleistungsfreiheit konnte eine Verständigung erzielt werden. Das alles änderte sich durch das Urteil des Europäischen Gerichtshofs vom 22. Mai 1985[108], welches die Herstellung der Dienstleistungsfreiheit auch im Bereich des Verkehrs anmahnte und das Junktim zwischen Liberalisierung und Harmonisierung des Rechtsrahmens löste. Das Urteil zwang die Gemeinschaftsorgane zum Handeln. Unmittelbare Folge war die Zustimmung des Rates zum sog. Masterplan für eine gemeinsame Verkehrspolitik[109]. Auch im Weißbuch der Kommission an den Europäischen Rat "Vollendung des Binnenmarktes"[110] kommt der gemeinsamen Verkehrspolitik eine zentrale Rolle zu. In der Folge ergingen gemeinschaftsrechtliche Rechtsakte auf allen Gebieten des Verkehrs, die zum Abbau zahlreicher Marktzugangs- und Marktaustrittsschranken der nationalen Verkehrsordnungen beitrugen. Die Einheitliche Europäische Akte (EEA) setzte Eckdaten für den zu vollendenden Binnenmarkt, darunter auch verkehrspolitische Zielsetzungen. Der Europäische Rat und der Rat in der Zusammensetzung der Verkehrsminister beschlossen, im Zuge der Vollendung des Binnenmarktes bis 31. Dezember 1992 einen freien Verkehrsmarkt ohne mengenmäßige Beschränkungen zu schaffen[111].

---

[108] EuGH - Rs 13/83, Parlament / Rat, Slg 1985, 1513 = NJW 1985, 2080; hierzu auch *Basedow*, Verkehrsrecht und Verkehrspolitik als europäische Aufgabe, in: *ders.*, Europäische Verkehrspolitik, 1987, S. 19 ff.; *Eberhard Brandt*, Untätigkeit in der europäischen Verkehrspolitik. Anmerkungen zum Untätigkeitsurteil des Europäischen Gerichtshofs vom 22. Mai 1985, TranspR 1986, 89 ff.; *Baumann*, Luftverkehrspolitik, S. 87 ff.; *Erdmenger*, Die EG-Verkehrspolitik vor Gericht. Das EuGH-Urteil Rs. 13/83 vom 22.5.1985 und seine Folgen, EuR 1985, 199 ff. sowie die Urteilsanmerkungen von *Jacqué*, in: Revue trimestrielle de droit européen (RTDE) 1985, 761 ff.
[109] Vgl. die sog. Mailänder Beschlüsse des Europäischen Rates vom 28./ 29.6.1985, Bulletin EG 11/1985, S. 85 ff.; ferner Bulletin der Bundesregierung Nr. 78 vom 2.7.1985, S. 681.
[110] EG-Dok. KOM (85) 310 endg. vom 14.6.1985.
[111] *Erdmenger*, Die gemeinsame Binnenverkehrspolitik der EG nach dem Gerichtsurteil vom 22.5.1985, in: Basedow, Europäische Verkehrspolitik, S. 83 ff.

(2) Eisenbahnpolitik

Im Rahmen der allgemeinen Entwicklung der europäischen Verkehrspolitik erfolgte auch die Entwicklung des europäischen Eisenbahnverkehrs.

Der europäische Eisenbahnverkehr war bis in die jüngere Gegenwart durch eine Koppelung von Infrastruktur und Transportbetrieb geprägt. Hinzu kommt, dass etwa die Deutsche Bahn AG, die französische Societé Nationale des Chemins de Fer oder British Railways Monopolbetriebe unter Staatseinfluss waren. Hierbei handelt es sich um eine Besonderheit des Verkehrs i.S.v. Art. 71 EG[112]. Die Bedeutung einer leistungsfähigen Eisenbahninfrastruktur für die umweltgerechte Mobilität der Bevölkerung ist evident[113] und wurde in den Mitgliedstaaten als nationale Aufgabe verstanden. Der Entwicklung einer gemeinsamen EU-Eisenbahnpolitik standen daher erhebliche Hindernisse entgegen. Der europäische Gedanke fand zunächst nur seinen Niederschlag in bilateralen Verträgen über Gleisverbindungen an den Grenzen, über die Übernahme fremder (kompatibler) Eisenbahnwaggons und über wechselseitige Weiterbeförderungspflichten an den Grenzen[114]. Die Gemeinschaft unternahm mehrere Anläufe, Wettbewerbsverzerrungen zu beseitigen[115], ehe mit RL 91/440/EWG die Weichen in

---

[112] *Steiner*, in: R. Schmidt, Öffentliches Wirtschaftsrecht, Besonderer Teil 2, 1996, § 10 Rdnr. 58.
[113] Vgl. BR-Drucks. 131/93, S. 55.
[114] Vgl. Convention relative aux transports internationaux ferroviaires (COTIF) vom 9.5.1980 (BGBl. 1985 II S. 930).
[115] Entscheidung des Rates vom 13.5.1965 über die Harmonisierung bestimmter Vorschriften, die den Wettbewerb im Eisenbahn-, Straßen und Binnenschifffahrtsverkehr beeinflussen (62/271/EWG) ABl. 1965, 88/1500; VO (EWG) Nr. 1191/69 des Rates von 26.6.1969 über das Vorgehen der Mitgliedstaaten bei mit dem Begriff des öffentlichen Dienstes verbundenen Verpflichtungen auf dem Gebiet des Eisenbahn-, Straßen- und Binnenschiffsverkehrs, ABl. 1969, L 156/1; VO (EWG) Nr. 1107/70 über Beihilfen im Eisenbahn-, Straßen- und Binnenschiffsverkehr vom 4.6.1970, ABl. 1970, L 130/1, geändert durch VO (EWG) Nr. 3578/92 vom 7.12.1992, ABl. 1992, L 364/11; Entscheidung des Rates vom 20.5.1975 zur Sanierung der Eisenbahnunternehmen und zur Harmonisierung der Vorschriften über die finanziellen Beziehungen zwischen diesen Unternehmen und den Staaten (75/327/EWG), ABl. 1975, L

Richtung auf eine funktionelle Entkoppelung von Netz und Betrieb gestellt wurden[116]. Eine Aufhebung der Gemeinwohlbindung der Eisenbahnunternehmen war nicht beabsichtigt. Art. 5 Abs. 1 Satz 1 RL 91/440/EWG bestimmte, dass die Mitgliedstaaten die erforderlichen Maßnahmen treffen,
„damit die Eisenbahnunternehmen ihre Tätigkeit dem Markt anpassen und ihre Geschäfte unter der Verantwortlichkeit ihrer leitenden Organe so führen können, dass sie effiziente und angemessene Leistungen zu den bei der geforderten Qualität dieser Leistungen geringst möglichen Kosten anbieten."
Gleichwohl musste die Entwicklung des Gemeinschaftsrechts zu einer Distanzierung der Eisenbahnen vom Staat führen.

c) Bahnreform

Die gemeinschaftsrechtlichen Vorgaben erzwangen eine Privatisierung der Eisenbahn, die von der Regierungskommission Bundesbahn ohnehin angestrebt wurde. Sie waren Katalysator für die 1983 eingeleitete Bahnstrukturreform, die abgekürzt als „Bahnreform" bezeichnet wird[117].
Die 1989 eingesetzte unabhängige Regierungskommission Bundesbahn legte im Dezember 1991 ihren Schlussbericht vor[118], der unter Berücksichtigung der EU-Vorgaben eine Verfassungsänderung vorschlug. Das Gesetz zur Änderung des

---

152/3; VO (EWG) Nr. 2830/77 des Rates vom 12.12.1977 über Maßnahmen zur Herstellung der Vergleichbarkeit der Rechnungsführung und der Jahresrechnung von Eisenbahnunternehmen, ABl. 1977, L 334/13; VO (EWG) Nr. 2183/78 des Rates vom 19.9.1978 zur Festlegung einheitlicher Grundsätze für die Kostenrechnung der Eisenbahnunternehmen, ABl. 1978, L 258/1.
[116] Art. 6 Abs. 2 RL 91/440/EWG.
[117] Hierzu *Delbanco*, Die Bahnstrukturreform – Europäische Vorgaben und deren Umsetzung in nationales Recht, in: Foos (Hrsg.), Eisenbahnrecht und Bahnreform, 2001, S. 19 ff.; ferner *Aberle / Brenner*, Bahnstrukturreform in Deutschland, 1996; *Bennemann*, Die Bahnreform – Anspruch und Wirklichkeit, 1994; *Fehling*, Zur Bahnreform, DÖV 2002, 793 ff.; *Gerdes*, Die Bahnreform, 1994; *Menges*, Die Rechtsgrundlagen für die Strukturreform der Deutschen Bahnen, 1997; *Pommer*, Bahnreform und Enteignung, 2002, S. 64 ff.
[118] Bericht der Regierungskommission Bahn, 1991.

Grundgesetzes vom 20. Dezember 1993[119] fügte einen neuen Art. 87 e in das Grundgesetz ein. Hieraus zog das Eisenbahnneuordnungsgesetz die einfachrechtlichen Konsequenzen[120]. So kam es zur Trennung der Bereiche Personennahverkehr, Personenfernverkehr, Güterverkehr, Station, Service und Fahrweg, für die Aktiengesellschaften gegründet wurden. Die verbleibenden Verwaltungsaufgaben wurden hinsichtlich der Eisenbahnen des Bundes dem Eisenbahnbundesamt zugewiesen[121].

Der staatliche Gewährleistungsauftrag (Art. 20 GG) blieb aber erhalten. Die Eisenbahnen des Bundes nehmen daher weiterhin Aufgaben der Daseinsvorsorge wahr, auch wenn die früheren gemeinwirtschaftlichen Ziele relativiert wurden[122]. Die Neuordnung des Eisenbahnwesens hielt am "Ziel bester Verkehrsbedienung" fest, das allerdings gewinnorientiert zu verfolgen ist[123].

---

[119] BGBl. I S. 2089.
[120] Gesetz zur Neuordnung des Eisenbahnwesens (ENeuOG) vom 27.12.1992 (BGBl. I S. 2378). Vgl. hierzu BR-Drucks. 131/93; BT-Drucks. 12/4609, 5014; *Thimm*, Bahngesetzentwürfe zur Beratung im Bundesrat, DB 1993, 189 ff.; *Heinze*, Das Gesetz zur Änderung des Verfassungsrechts der Eisenbahnen vom 20.12.1993, BayVBl. 1994, 266 ff. Zur Bahnstrukturreform *Fromm*, Die Reorganisation der Deutschen Bahnen, DVBl. 1994, 187 ff.; *Gerhard Schulz*, Das Eisenbahnwesen des Bundes und die Stellung der deutschen Bahnen auf dem europäischen Binnenmarkt, 1995, S. 136 ff. Zur Vorgeschichte *Kilian / Hesse*, Der rechtliche Status von Deutscher Bundesbahn und Deutscher Reichsbahn seit 1945, Die Verwaltung 1994, 175 ff.; *Loschelder*, Strukturreform der Bundeseisenbahnen durch Privatisierung?, 1993.
[121] Vgl. *Studenroth*, Aufgaben und Befugnisse des Eisenbahn-Bundesamtes, VerwArch. 1996, 97 ff.
[122] *Schmidt-Assmann / Röhl*, Grundpositionen des neuen Eisenbahnverfassungsrechts (Art. 87 e GG), DÖV 1994, 577 ff. (581); *Finger*, Gemeinwirtschaftlichkeit und Eigenwirtschaftlichkeit bei der Deutschen Bundesbahn, DÖV 1994, 713 f.
[123] Elektrizitätsversorgung, Telekommunikation und Postwesen sind weitere Bereiche der Daseinsvorsorge. Die auf diesen Bereichen tätigen börsennotierten Unternehmen sind prominente Beispiele dafür, dass Aufgaben der Daseinsvorsorge gewinnorientiert und mit wirtschaftlichem Erfolg wahrgenommen werden können.

d) Europäische Entwicklung nach der Bahnreform

(1) Novellierungsbedarf der RL 91/440/EWG

Schon in ihrer Mitteilung über die Entwicklung der Eisenbahnunternehmen der Gemeinschaft und die Durchführung der Richtlinie 91/440/EWG vom 19. September 1995[124] übte die Kommission Kritik an der Entwicklung der Eisenbahnunternehmen der Gemeinschaft, wobei sie hinsichtlich der Trennung von Infrastruktur und Betrieb das schwedische Modell favorisierte. Sie machte dieses Modell aber nicht zum zwingenden Gegenstand von Änderungsvorschlägen, sondern schlug lediglich eine Erweiterung der Zugangsrechte zur Infrastruktur vor[125].

(2) Erstes Eisenbahnpaket

In ihrer Mitteilung vom 31. März 1998 an den Rat und das Europäische Parlament über die Durchführung und die Auswirkung der Richtlinie 91/440/EWG[126] kündigte die Kommission ein Maßnahmepaket für die Infrastruktur an (sog. *Eisenbahninfrastrukturpaket*), durch das die Trennung von Fahrweg und Betrieb fortentwickelt werden sollte. Das am 15. März 2001 in Kraft getretene, aus drei Richtlinien bestehende Eisenbahninfrastrukturpaket[127] betrifft vor allem die bei-

---

[124] KOM (95) 337 endg.
[125] Vgl. auch Weißbuch der Kommission „Eine Strategie zur Revitalisierung der Eisenbahn in der Gemeinschaft" (KOM (96) 421 C4-452/96); hierzu Stellungnahme des Ausschusses der Regionen (ABl. C 379 vom 15.12.1997, S. 4) und Stellungnahme des Wirtschafts- und Sozialausschusses (ABl. C 206 vom 7.7.1997, S. 23).
[126] KOM (98) 202.
[127] Richtlinie 2001/12/EG des Europäischen Parlaments und des Rates vom 26.2.2001 zur Änderung der Richtlinie 91/440/EWG des Rates zur Entwicklung der Eisenbahnunternehmen der Gemeinschaft (ABl. EG L 75 vom 15.3.2001, S. 1); Richtlinie 2001/13/EG des Europäischen Parlaments und des Rates vom 26.2.2001 zur Änderung der Richtlinie 95/18/EG des Rates über die Erteilung von Genehmigungen an Eisenbahnunternehmen (ABl. EG L 75, S. 26) und Richtlinie 2001/14/EG des Europäischen Parlaments und des Rates vom 26.2.2001 über die Zuweisung von Fahrwegkapazität der Eisenbahn, die Erhebung von Entgelten für die Nutzung von Eisenbahnkapazität und die Sicherheitsbescheinigung (ABl. EG L 75, S. 29).

den Komplexe der Struktur der Eisenbahnen und des Netzzugangs. Wie schon der Ausdruck „Paket" verdeutlicht, stehen die Richtlinien im Zusammenhang. Sie erstrecken sich sowohl auf die Eisenbahnsicherheit im weiteren wie auch im engeren Sinn. Der Akzent liegt aber auf der Eisenbahnsicherheit im weiteren Sinn, die durch die Errichtung eines Binnenmarktes für Eisenbahnverkehrsdienste gewährleistet werden soll.

(3) Zweites Eisenbahnpaket
Die auf Vorschlag der Kommission[128] nach Stellungnahme des Europäischen Wirtschafts- und Sozialausschusses[129] sowie des Ausschusses der Regionen[130]

---

[128] Vorschlag für eine Richtlinie des Europäischen Parlaments und des Rates über Eisenbahnsicherheit in der Gemeinschaft und zur Änderung der Richtlinie 95/18/EG des Rates über die Erteilung von Genehmigungen an Eisenbahnunternehmen und der Richtlinie 2001/14/EG über die Zuweisung von Fahrwerkkapazität der Eisenbahn, die Erhebung von Entgelten für die Nutzung von Eisenbahninfrastruktur und die Sicherheitsbescheinigung (KOM/2002/0021 endg., ABl. C 126 E vom 28.5.2002, S. 332.

[129] Stellungnahme des Wirtschafts- und Sozialausschusses zu dem Vorschlag für eine Richtlinie des Europäischen Parlaments und des Rates über Eisenbahnsicherheit in der Gemeinschaft und zur Änderung der Richtlinie 95/18/EG des Rates über die Erteilung von Genehmigungen an Eisenbahnunternehmen und der Richtlinie 2001/14/EG über die Zuweisung von Fahrwerkkapazität der Eisenbahn, die Erhebung von Entgelten für die Nutzung von Eisenbahninfrastruktur und die Sicherheitsbescheinigung (KOM (2002) 21 endg. – 2002/0022 (COD) dem Vorschlag für eine Richtlinie des Europäischen Parlaments und des Rates zur Interoperabilität des transeuropäischen Eisenbahnsystems, (KOM (2002), 22 endg. – 2002/0023 (COD) dem Vorschlag für eine Verordnung des Europäischen Parlaments und des Rates zur Änderung der Richtlinie 91/440/EWG des Rates zur Entwicklung der Eisenbahnunternehmen der Gemeinschaft (KOM (2002) 25 endg., 2002/0025 (COD); ABl. C 61 vom 14.3.2003, S. 131).

[130] Stellungnahme des Ausschusses der Regionen zu der Mitteilung der Kommission an den Rat und das Europäische Parlament: Schaffung eines integrierten europäischen Eisenbahnraums, dem Vorschlag für eine Richtlinie des Europäischen Parlaments und des Rates über Eisenbahnsicherheit in der Gemeinschaft und zur Änderung der Richtlinie 95/18/EG des Rates über die Erteilung von Genehmigungen an Eisenbahnunternehmen und der Richtlinie 2001/14/EG über die Zuweisung von Fahrwerkkapazität der Eisenbahn, die Erhebung von Entgelten für die Nutzung von Eisenbahninfrastruktur und die Sicherheitsbescheinigung, dem Vorschlag für eine Richtlinie des Europäischen Parlaments und des Rates zur Änderung der Richtlinie 96/48/EG des Rates und der Richtlinie 2001/16/EG über die Interoperabilität des transeuropäischen Eisenbahnsystems, dem Vorschlag für eine Richtlinie des Europäischen Parlaments und des Rats zur Änderung der Richtlinie 91/440/EG des Rats zur Entwicklung

erlassene RL 2004/49/EG ist streng genommen kein weiteres Eisenbahnpaket. Sie ergänzt vielmehr das erste Eisenbahnpaket und harmonisiert Sicherheitsvorschriften, da infolge unterschiedlicher Sicherheitsanforderungen in den Mitgliedstaaten das reibungslose Funktionieren des Eisenbahnverkehrs beeinträchtigt wird. Durch die Harmonisierung werden aber zugleich materielle Sicherheitsstandards gesetzt. Die Sicherheitsanforderungen für die Teilsysteme des transeuropäischen Eisenbahnnetzes in den Richtlinien 96/48/EG und 2001/16/EG werden dadurch zu einem einheitlichen Sicherheitspaket verknüpft.

e) Deutsche Entwicklung nach der Bahnreform

Die deutsche Entwicklung ist geprägt durch die mühsame Umsetzung der gemeinschaftsrechtlichen Vorgaben. Die Dritte AEG-Novelle betrifft das Infrastrukturpaket. Das Dritte Gesetz zur Änderung eisenbahnrechtlicher Vorschriften[131] sowie weitere flanierende Regelungen[132] dienen zur Umsetzung der RL 2001/12/EG, 2001/13/EG und 2001/14/EG, das Vierte Gesetz zur Änderung eisenbahnrechtlicher Vorschriften[133] dient zur Umsetzung der RL 2004/51/EG. Die Umsetzung des Sicherheitspakets steht noch aus.

---

der Eisenbahnunternehmen der Gemeinschaft, dem Vorschlag für eine Verordnung des Europäischen Parlaments und des Rates zur Errichtung eine Europäischen Eisenbahnagentur, und der Empfehlung für einen Beschluss des Rates zur Ermächtigung der Kommission, die Bedingungen für den Beitritt der Gemeinschaft zum Übereinkommen über den internationalen Eisenbahnverkehr (COTIF) vom 9. Mai 1980 in der Fassung des Änderungsprotokolls von Vilnius vom 3. Juni 1999 auszuhandeln (ABl. C 66 vom 19.3.2003, S. 5).
[131] Vgl. Fußn. 2.
[132] Gesetz über die Bundesnetzagentur für Elektrizität, Gas, Telekommunikation, Post und Eisenbahnen, Art. 2 des Zweitens Gesetzes zur Neuregelung des Energiewirtschaftsgesetzes vom 7.7.2005 (BGBl S. 1970). Zur am 1.8.2005 in Kraft getretenen EIBV, vgl. *Ruge*, Die neue Eisenbahninfrastruktur-Benutzungsverordnung (EIBV), IR 2005, 196 ff.
[133] Ebd.

3. Folgerungen für die rechtliche Ausgestaltung

Die Letztverantwortung für die Eisenbahnsicherheit im weiteren Sinn trägt der Staat. Selbst in der Epoche der Privatbahnen wurden die für den allgemeinen Verkehr bestimmten Eisenbahnen als öffentliche Straßen betrachtet[134]. Die *öffentliche Funktion* der Eisenbahnen brachte besonders deutlich das französische Eisenbahngesetz vom 15. Juli 1845 zum Ausdruck „Les chemins de fer font partie de la grande voirie et par conséquent du domaine public". Dieses Verständnis ist Teil des kontinentalen europäischen Erbes. Die öffentliche Funktion des Eisenbahnwesens ist, jedenfalls was den Personenverkehr betrifft, nie entfallen. Das gilt für die Reformen auf Gemeinschaftsebene wie für die deutsche Bahnreform. Die Eisenbahnen sind Einrichtungen der Daseinsvorsorge geblieben. Der Staat hat zu gewährleisten, dass die als Wirtschaftsunternehmen in privatrechtlicher Form zu führenden Eisenbahnunternehmen so etwas wie – entgeltlichen – *Gemeingebrauch* an ihren Einrichtungen ermöglichen.

Die staatliche Verantwortung für die *Eisenbahnsicherheit im engeren Sinne* versteht sich von selbst.

Die nähere Ausgestaltung der staatlichen Verantwortlichkeiten richtet sich nach der *bundesstaatlichen Kompetenzverteilung.*

---

[134] Oben mit Fußn.

IV. Die staatliche Verantwortung für die Eisenbahnsicherheit im europäischen Staatenverbund und deutschen Bundesstaat

1. Der harmonische europäische Staatenverbund

a) Ausgangslage

Misst man die Europäische Union an den überkommenen Kriterien der Staatlichkeit[135], dann handelt es sich nicht um einen Staat[136] und demzufolge auch nicht um einen Bundesstaat. Die für die Staatlichkeit letztlich ausschlaggebende Staatsgewalt muss in ihrer Substanz den Mitgliedstaaten verbleiben. Das ist kein Hinderungsgrund, die staatlichen Aufgaben in einer Staatengemeinschaft mehr oder weniger zu verteilen oder zu verschränken. Beim existenziellen Konflikt führt eine noch so differenzierte Funktionsabgrenzung aber nicht weiter. Der existenzielle Konflikt ist gegeben, wenn die Mitgliedstaaten Rechtsakte der Union befolgen sollen, die sie nach ihrem nationalen Verfassungsrecht für verfassungswidrig oder existenzgefährdend halten. Dann kommt es auf die Möglichkeit der Nullifikation und Sezession an. Diese Möglichkeiten bestehen rechtlich und faktisch. Sie spielen aber praktisch keine Rolle. Die Möglichkeiten werden freilich nicht durch die Existenz des Europäischen Gerichtshofs und den angeblichen Vorrang des Gemeinschaftsrechts ausgeschlossen. Zwar besteht mit dem Europäischen Gerichtshof eine höchste Instanz zur Streitschlichtung. Jedoch ist der Europäische Gerichtshof eine gemeinschaftliche Einrichtung, der es letztlich

---

[135] Zu Konstruktionsversuchen *Diez*, Neues Europa, altes Modell: Die Konstruktion von Staatlichkeit im politischen Diskurs zur Zukunft der Europäischen Gemeinschaft, 1995; *Marjocchi*, La difficile construzione dell' unità europea, 1996; *Marlene Wind*, Europe towards a post-Hobbesian order? A costructivist theory of European integration; or how to explain European integration as an unintended consequence of rational state-action, 1996.

[136] Vgl. *Busse*, Die völkerrechtliche Einordnung der Europäischen Union, 1999, S. 75 ff. Ferner *Steinberger, Eckard Klein, Thürer*, Der Verfassungsstaat als Glied einer europäischen Gemeinschaft, VVDStRL 50 (1991), 10 ff. (16 ff.); 56 ff. (58 f.); 101 ff. (122 ff.); *Hilf, Stein, Schweitzer, Schindler*, Europäische Union: Gefahr oder Chance für den Föderalismus in Deutschland, Österreich und der Schweiz?, VVDStRL 53 (1994), 8 ff. (22 f.); 26 ff. (28 ff.); 48 ff. (49 ff.), 70 ff. (78 ff.).

daran gelegen sein muss, die Unitarisierung voranzutreiben. Er kann zur föderalen Machtbalance beitragen[137], ist aber nicht zur Entscheidung des existenziellen Konflikts berufen. Seine Rechtfindungsaufgabe beschränkt sich auf das „richtige Gemeinschaftsrecht"[138]. Ihm ist zwar die Letztentscheidung über die Gültigkeit und Bestandskraft von EG-Rechtsakten übertragen[139]. Die authentische Interpretation der nationalen Verfassungen ist allein Aufgabe der nationalen Verfassungsgerichte. Was den in der Normallage unstreitigen Vorrang des Gemeinschaftsrechts angeht, so handelt es sich nur um einen Anwendungsvorrang[140], der die Geltungskraft fundamentaler nationaler Verfassungsnormen nicht beseitigen kann. Art. 79 Abs. 3 GG hebt den Vorrang des Gemeinschaftsrechts auf.

b) Ausgestaltung

Die der Europäischen Union übertragenen staatlichen Aufgaben konzentrieren sich auf das *Gebiet der Gesetzgebung*. Auf der Grundlage des primären Unions- und Gemeinschaftsrechts wurde eine kaum zu bändigende Maschinerie zum Erlass von sekundärem Gemeinschaftsrecht in Gang gesetzt. Das Primärrecht hat dabei die Aufgabe, im Interesse der Integration die bündische Homogenität zu wahren. Zum Primärrecht zählen daher nicht nur die Gründungsverträge, sondern auch die vom Europäischen Gerichtshof entwickelten allgemeinen Rechts-

---

[137] *Anita Wolf-Niedermaier*, Der Europäische Gerichtshof zwischen Recht und Politik: der Einfluss des EuGH auf die föderale Machtbalance zwischen der Europäischen Gemeinschaft und ihren Mitgliedstaaten, 1997.
[138] Vgl. auch *Suviranta*, Das „richtige" Gemeinschaftsrecht und seine Verwirklichung in der mitgliedstaatlichen Verwaltung, VerwArch 1997, 439 ff.
[139] Zu prozessualen Besonderheiten im Verhältnis der Nichtigkeitsklage und Vorlageverfahren *Pechstein / Kubicki*, Gültigkeitskontrolle und Bestandskraft von EG-Rechtsakten, NJW 2005, 1825 ff.
[140] Vgl. (viel zu weitgehend) EuGH, Urt. v. 9.9.1978 – Rs. 106/77, Slg. 1978, 629 (Simmenthal). Demgegenüber BVerfG, Beschl. v. 7.6.2000 – 2 BvL 1/97 –, BVerfGE 102, 147. Zum Ganzen *Streinz*, Europarecht, 6. Aufl., 2003, Rdnr. 168 ff.

grundsätze (Gemeinschaftsgrundrechte[141], rechtsstaatliche Grundsätze) und die Prinzipien zur Sicherung des Gemeinschaftsrechts (Vorrang des Gemeinschaftsrechts, „effet util"[142], Staatshaftung). Das sekundäre Gemeinschaftsrecht wird vom Europäischen Parlament, dem Rat und der Kommission erlassen und besteht aus Verordnungen und Richtlinien. Die vielfach weiter dem sekundären Gemeinschaftsrecht abgehandelten[143] Entscheidungen, Empfehlungen und Stellungnahmen gehören nicht zur Rechtssetzung. Es handelt sich aber um Rechtsakte, für die organisatorisch und funktionell das Prinzip der begrenzten Ermächtigung gilt[144]. Das problematische Einfallstor des Art. 308 EG (Vertragslückenschließung) hat durch Ausweitung und Präzisierung der geschriebenen Kompetenzen des Primärrechts allenfalls insoweit praktische Bedeutung erlangt, als Druck ausgeübt wird, im Wege der Vertragsergänzung eine Limitierung der Gemeinschaftskompetenzen zu erreichen. Dieser Mechanismus betrifft auch den Verkehrssektor.

2. Die Bundesrepublik Deutschland als harmonischer Bundesstaat
a) Ausgangslage

Der westdeutsche Bundesstaat war das Produkt alliierter Politik unter bescheidener deutscher Beteiligung. Die Entscheidung für einen westdeutschen Bundesstaat trafen die Alliierten, die Ausgestaltung des Bundesstaats lag in den Händen der Väter und Mütter des Grundgesetzes, soweit dies die Alliierten zu-

---

[141] Art. 6 Abs. 2 EUV. Grundlegend EuGH, Urt. v. 17.12.1970 – Rs. 11/70- Sl. 1970, 1127 (Internationale Handelsgesellschaft); *Lenz,* Der europäische Grundrechtsstandard in der Rechtsprechung des Europäischen Gerichtshofes, EuGRZ 1993, 585 ff. Ob die Charta der Grundrechte der Europäischen Union zur Verfestigung der bündischen Homogenität beigetragen hat, sei dahingestellt.
[142] Z.B. EuGH, Urt. v. 25.7.1991 – Rs. C-76/96, Slg. 1991, I-4421 Rn. 12 (Säger/Dennemeyer).
[143] *Streinz,* Europarecht, S. 176 ff.
[144] Art. 249 Abs. 1 EG.

ließen. Als der Parlamentarische Rat am 8. September 1948 seine Arbeiten aufnahm, stand fest, dass ein Bundesstaat errichtet werden musste. Hierbei hielt man an dem tradierten Bundesstaatsverständnis fest. Dem Bund wurde schwerpunktmäßig die Gesetzgebung zuerkannt. Die Verwaltung blieb Länderangelegenheit. Die Verklammerung erfolgte über den Bundesrat. Um die Einflussmöglichkeiten und Verwaltungsbefugnisse des Bundes wurde heftig gerungen. Die Grenzen hierfür waren abgesteckt durch das Memorandum der Militärgouverneure vom 22. November 1948, das forderte, dass „ die Befugnisse der Bundesregierung zur Schaffung von eigenen Bundesbehörden für die Ausführung und Verwaltung ihrer Aufgabengebiete klar umrissen und auf diejenigen Gebiete beschränkt sein sollen, bei denen die Verwaltung durch Landesbehörden offensichtlich untunlich ist". Dieses Konzept musste sich auch auf Druck der Militärgouverneure Abstriche gefallen lassen. Zwar wurde neben der Verwaltung der Bundeswasserstraßen und Schifffahrt auch die Bundesfinanzverwaltung bei der bundeseigenen Verwaltung untergebracht. Im Übrigen hing jetzt aber die Errichtung von Bundesverwaltungen von qualifizierten Mehrheiten in Bundestag und Bundesrat ab. Bei der Errichtung von selbstständigen Bundesoberbehörden, sowie bundesunmittelbaren Körperschaften und Anstalten des öffentlichen Rechts gelang es, die Zustimmung des Bundesrats zu vermeiden.

b) Ausgestaltung

Im deutschen Bundesstaat wird die bundesstaatliche Harmonie durch die Aufteilung der Staatsgewalt nach Tätigkeitsformen zwischen Bund und Gliedern hergestellt *(funktionelle Gewaltenteilung)*. Die Konzentration der Gesetzgebungskompetenzen beim Bund und das Ausschöpfen dieser Kompetenzen führen zur Rechtsvereinheitlichung im Bundesgebiet. Der Vollzug ist schwerpunktmäßig Angelegenheit der Länder. Da jedoch alle Bürger vor dem Gesetz gleich sind, wird eine entsprechend einheitliche Verwaltungsführung notwendig, die durch eine übertriebene Eigenständigkeit der Länderverwaltungen gefährdet würde. Abhilfe schafft die Errichtung durchgängiger gesamtstaatlicher Verwaltungen, sowie die Einflussnahme gesamtstaatlicher Instanzen auf die Länderverwaltungen (Ingerenzrechte). Zum Ausgleich müssen Mitwirkungsrechte der Länder an der Bundesgesetzgebung bestehen. Folgerichtig kommt das politische Gewicht der Landesexekutive über den Bundesrat bei der Bundesgesetzgebung zum Ausdruck.

Das, was vielfach als Blockadepolitik bezeichnet wird, ist dann nur Ausdruck politischen Gestaltungswillens der Länder. Mit dem bundesstaatlichen Strukturprinzip ist lediglich alles unvereinbar, was die bundesstaatliche Harmonie so durcheinanderbringt, dass es zum Ausnahmezustand kommen könnte. Ein von der Oppositionsmehrheit geprägter Bundesrat passt in das System der bundesstaatlichen Harmonie, da der Bundesregierung und der Regierungsmehrheit im Bundestag noch ausreichend politische Gestaltungsmöglichkeiten verbleiben. Für die Bundesregierung wird die Situation erst dann unhaltbar, wenn sie sich der Mehrheit im Bundestag nicht mehr sicher sein kann. Das ist jedoch kein bundesstaatliches Problem. Die Mehrheitsverhältnisse im Bundesrat per se rechtfertigen somit keine „auflösungsorientierte" Vertrauensfrage, beschränken allerdings die politische Bewegungsfreiheit des Bundeskanzlers gegenüber seiner eigenen Fraktion und sind insoweit für die Vertrauensfrage bedeutsam[145].

---

[145] BVerfG, Urteil vom 25.8.2005 – 2 BvE 4/05 und 2 BvE 7/05, III 1 c bb: „Die Einschätzung des Kanzlers wird ferner nicht dadurch unglaubwürdig oder widerlegt, dass er ergänzend auf die politischen Verhältnisse des Bundesrates abstellt, denn damit macht er nur kenntlich, dass seine politische Bewegungsfreiheit die von ihm für richtig gehaltene Politik gegenüber seiner Fraktion durch einen von der Opposition beeinflussten Bundesrat zusätzlich geschmälert wird. Kompromisse, die er im Vermittlungsausschuss eingehen muss, um die Zustimmung des Bundesrates zu gewinnen, und die er ohne Verletzung seines Konzepts auch eingehen kann, vermindern möglicherweise in der Folge die Aussichten, seine politische Linie in der Regierungsfraktion durchzusetzen".

3. Eisenbahnwesen

In das System der staatenverbundenen und bundesstaatlichen funktionellen Gewaltenteilung ist das Eisenbahnwesen integriert. Zu unterscheiden sind hier Normierungs-, Regulierungs-, Vollzugs- und Erfüllungsaufgaben. Hierbei ist die Gewährleistung der Eisenbahnsicherheit ein zentraler Teilaspekt.

4. Die Eisenbahnsicherheit im weiteren Sinn

a) EU

(1) Primärrecht

Um der besonderen Bedeutung des Verkehrs innerhalb der Europäischen Union Rechnung zu tragen, haben die Vertragsschließenden einen eigenen Titel "Verkehr" (Titel V) in den EG aufgenommen. Die speziellen Rechtsgrundlagen des europäischen Verkehrswesens finden sich in Art. 3 lit. f EG, der durch die Art. 70 - 80 konkretisiert wird. Art. 14 EG verweist auf Art. 80 EG und stellt damit klar, dass das Gebiet des Verkehrs zur Verwirklichung des Binnenmarkts gehört. Der Verkehr fällt aber auch unter Art. 16 EG. Erfasst werden mit dem Eisenbahn-, Straßen-, Binnenschiffs- sowie See- und Luftverkehr[146] alle Verkehrsmittel im engeren Sinn. Soweit nicht die Art. 70 ff. EG – einschließlich des auf Grund des Art. 71 EG erlassenen sekundären Verkehrsrechts – spezielle Regelungen enthalten, gelten für die Verkehrswirtschaft in den Mitgliedstaaten der EU die allgemeinen Vorschriften des EG. Damit schließt sich der Kreis: Die allgemeinen Vertragsgrundsätze binden nach dem Universalitätsgrundsatz auch die Verkehrspolitik[147]. Nach den allgemeinen Vertragsgrundsätzen muss die Erbrin-

---

[146] EuGH, Urteil vom 30.4.1986 - Rs 209-213/84, Ministère public / Asjes, „Nouvelles Frontières", Slg 1986, 1425 = NJW 1986, 2182 m. Anm. *Sedemund / Montag*, NJW 1986, 2146 ff. = RIW 1988, 630 mit Anm. *Kerber* = Rev. trim. dr. eur 22 (1986), 511 m. Anm. *Dutheil de la Rochère*.

[147] EuGH, Urteil vom 4.4.1974 - Rs 167/73, Kommission / Frankreich, Slg 1974, 359, insbesondere Tz 17-28; bestätigt durch EuGH, Urteil vom 30.4.1986 - Rs. 209-213/84, Slg 1986,

gung von Verkehrsleistungen in der Gemeinschaft im Rahmen eines marktwirtschaftlichen Systems erfolgen, das nach den Regeln des lauteren Wettbewerbs funktioniert[148]. Das europäische Wettbewerbsrecht enthält keine Bereichsausnahme für das Verkehrswesen. Die gemeinschaftsrechtlichen Wettbewerbsregeln, die in Art. 81 - 86 EG normiert sind, finden Anwendung auf den Verkehrsbereich[149]. Der „Effet utile" verpflichtet die Mitgliedstaaten, keine Maßnahmen zu treffen, die die praktische Wirksamkeit der Art. 81 ff. EG ausschalten. Zwar sind nach der sog. Zwischenstaatlichkeitsklausel gemäß Art. 81 Abs. 1 EG und Art. 82 EG solche Verhaltensweisen verboten, die den zwischenstaatlichen Handel zu beeinträchtigen geeignet sind oder beeinträchtigen. Der Handel zwischen Mitgliedstaaten wird jedoch bereits beeinträchtigt, wenn sich an hand objektiver rechtlicher oder tatsächlicher Umstände mit hinreichender Wahrscheinlichkeit voraussehen lässt, dass die Verhaltensweise den Warenverkehr zwischen Mitgliedstaaten in einer Weise beeinflussen wird, die den Zielen eines einheitlichen zwischenstaatlichen Marktes zuwiderläuft. Wesentlich sind hierbei Stellung und Gewicht der beteiligten Unternehmen im relevanten Markt[150].

(2) Sekundärrecht

Das eisenbahnspezifische Sekundärrecht wurde bereits im historischen Teil dargestellt. Bereits die RL 91/440/EWG machte die Eisenbahnsicherheit im weiteren Sinn zu ihrem Anliegen. Nach Art. 1 sollte sie nicht nur die Anpassung der Eisenbahnunternehmen an die Erfordernisse des Binnenmarktes erleichtern,

---

1425, insbesondere Tz 27-45; *Erdmenger*, in: v.d. Groeben / Thiesing / Ehlermann (Hrsg.), Kommentar zum EU-/EG-Vertrag, Band 1, 5. Auflage 1997, Vorbem. zu den Art. 74 bis 84, Rdnr. 14 ff., 19; Art. 77, Rdnr. 1, 2.
[148] Vgl. EuGH, Urteil vom 30.11.1982 - Rs. 12/82, Ministère public / Trinon, Slg 1982, 4089.
[149] EuGH, Urteil vom 4.4.1974 - Rs 167/73, Slg 1974, 359; Urteil vom 30.4.1986 - Rs 209-213/84, Slg 1986, 1425.
[150] EuGH, Urteil vom 21.1.1999 – Rs C-215/96 u. C-216/96, Bagnasco u.a. / Banca Popolare de Novara u.a., Slg 1999, I-135 = EuZW 1999, 212.

sondern auch ihre Leistungsfähigkeit erhöhen. Die Gemeinwohlbelange stehen auch im Vordergrund der RL 91/106/EWG des Rates vom 7.12.1992 über die Festlegung gemeinsamer Regeln für bestimmte Beförderungen im kombinierten Güterverkehr zwischen den Mitgliedstaaten[151]. Die Sicherheit im weiteren Sinn betrifft auch die Interoperabilitätsrichtlinie vom 23. Juli 1996[152]. Das Eisenbahninfrastrukturpaket steht unter der Leitlinie „Daseinsvorsorge durch Wettbewerb". RL 2001/12/EG ändert die grundsätzliche RL 91/440/EWG, indem sie für den geforderten gerechten und nichtdiskriminierenden Zugang zur Infrastruktur vorgibt, entweder bestimmte wesentliche Funktionen zu trennen oder/und eine Eisenbahn-Regulierungsstelle zu errichten, die für die Kontrolle und Verwirklichung des Zugangs sorgt. Ferner bestimmt die RL, dass zur Förderung eines leistungsfähigen Infrastrukturbetriebs im öffentlichen Interesse die Betreiber der Infrastruktur so gestellt sein sollen, dass ihre Unabhängigkeit von Staat gewährleistet ist und sie die Möglichkeit haben, ihre internen Angelegenheiten selbst zu regeln[153]: Die umfänglichen Änderungen der RL 91/440/EWG betreffen namentlich Zielsetzung[154] und Anwendungsbereich[155] der RL, die Unabhängigkeit der Geschäftsführung von Eisenbahnunternehmen[156], die Trennung zwischen dem Betrieb der Infrastruktur und der Erbringung von Verkehrsleistungen[157] und den Zugang zur Eisenbahninfrastruktur[158]. RL 2001/13/EG ändert die RL 95/18/EG, die sich mit der speziellen Problematik der Genehmigung für Eisenbahnunternehmen beschäftigt. Die Zielsetzung der Änderung wird deutlich

---

[151] ABl. L 236, S. 33.
[152] RL 96/48/EG des Rates vom 23.7.1996 über die Interoperabilität des transeuropäischen Hochgeschwindigkeitsbahnsystems, ABl. L 235 vom 17.9.1996, S. 6.
[153] Erwägungsgrund 8 RL 2001/12/EG.
[154] Art. 1 Nr. 2 RL 2001/12/EG.
[155] Art. 1 Nr. 3 RL 2001/12/EG.
[156] Art. 1 Nr. 6 RL 2001/12/EG.
[157] Art. 1 Nr. 7 und 8 RL 2001/12/EG.
[158] Art. 1 Nr. 11 und 12 RL 2001/12/EG.

durch Erwägungsgrund 2. Danach ist im Interesse zuverlässiger und angemessener Verkehrsdienste eine gemeinsame Regelung für die Erteilung von Genehmigungen erforderlich, um sicherzustellen, dass alle Eisenbahnunternehmen jederzeit bestimmte Anforderungen hinsichtlich ihrer Zuverlässigkeit, finanziellen Leistungsfähigkeit und fachlichen Eignung erfüllen. Die Änderungen betreffen u.a. Anwendungsbereich[159], Genehmigungszuständigkeit[160], Genehmigungsreichweite[161], Genehmigungsvoraussetzungen[162], Mitteilungspflichten[163] sowie (zusätzliche) Pflichten und Rechte der Genehmigungsinhaber[164]. RL 2001/14/EG schließlich ersetzt und ergänzt RL 95/19/EG und trifft eine umfassende Regelung der Zuweisung und Nutzung der Eisenbahninfrastruktur. Die Erwägungsgründe enthalten insbesondere das Bekenntnis zur Gewährleistung einer nachhaltigen Mobilität[165] und zum intermodalen Wettbewerb zwischen Schiene und Straße[166], die Betonung des gleichen und nichtdiskriminierenden Zugangs aller Eisenbahnunternehmen[167], das Zugeständnis, dass es besonderer Maßnahmen bedürfe, um den spezifischen geopolitischen und geografischen Gegebenheiten in einigen Mitgliedstaaten sowie der spezifischen Organisation des Eisenbahnsektors in mehreren Mitgliedstaaten unter Wahrung der Integrität des Binnenmarktes Rechnung zu tragen[168]. Die Neufassung RL 95/19/EG besteht v.a. aus Schienennetz-Nutzungsbedingungen[169], Regelungen der Wegeent-

---

[159] Art. 1 Nr. 1 RL 2001/13/EG.
[160] Art. 1 Nr. 3 RL 2001/13/EG.
[161] Art. 1 Nr. 4 RL 2001/13/EG.
[162] Art. 1 Nr. 5 RL 2001/13/EG.
[163] Art. 1 Nr. 6 RL 2001/13/EG.
[164] Art. 1 Nr. 7 RL 2001/13/EG.
[165] Erwägungsgrund 1 RL 2001/14/EG.
[166] Erwägungsgrund 10 RL 2001/14/EG.
[167] Erwägungsgrund 5, 11, 18 (fairer Wettbewerb), 32, 46 RL 2001/14/EG.
[168] Erwägungsgrund 47 RL 2001/14/EG.
[169] Art. 3 i.V.m. Anhang I RL 2001/14/EG.

gelte[170], Kriterien für die Zuweisung von Fahrwegkapazitäten[171], Zuweisungsverfahren[172], Kapazitätsermittlungs- und -gewährleistungsvorschriften[173], der Verpflichtung, eine Regulierungsstelle einzurichten einschließlich der Beschreibung ihrer Aufgabenstellung[174]. Da die Daseinsvorsorge vom Subsidiaritätsprinzip geprägt ist, muss dem nationalen Gesetzgeber hinsichtlich der Ausgestaltung der Eisenbahnsicherheit im weiteren Sinn ein weiter Beurteilungsspielraum verbleiben.

b) Bund

Die Verantwortlichkeit des Bundes für die Eisenbahnsicherheit im weiteren Sinn wie generell für das Eisenbahnwesen spiegelt die skizzierte historische Entwicklung.

(1) Kaiserreich

Schon im Kaiserreich war das Eisenbahnwesen von Verfassungs wegen *unitarisch* geprägt. Im Gebiet des deutschen Reichs unterlag das Eisenbahnwesen der Beaufsichtigung und der Gesetzgebung seitens des Reiches „im Interesse der Landesvertheidigung und des allgemeinen Verkehrs" (Art. 4 Ziff. 8 aRV). Hierzu ist die Entstehungsgeschichte von Interesse.

Der Abgeordnete *Michaelis* hatte in dem verfassungsberatenden norddeutschen Reichstag vorgeschlagen, die Formulierung „im Interesse der Landesvertheidigung und des öffentlichen Verkehrs" zu streichen und erklärt, dass er damit

---

[170] Art. 4 bis 12 RL 2001/14/EG. Von großer praktischer Bedeutung dürfte die Beschreibung der Leistungen, vor allem die Zusammenstellung des Mindestleistungspakets in § 6 i.V.m. Anhang II RL 2001/14/EG sein
[171] Art.13 bis 18, 24 RL 2001/14/EG.
[172] Art. 19 bis 23 i.V.m. Anhang III RL 2001/14/EG.
[173] Art. 25 bis 27 RL 2001/14/EG.
[174] Art. 30 und 31 RL 2001/14/EG.

nicht beabsichtige, „dadurch die Wege zu öffnen, um alle Lokalbahnen, und was damit zusammenhängt, in die Hände des Bundes zu geben"[175]. Dem Antrag war der Bundeskommissar und preußische Handelsminister *Graf zu Itzenplitz* entgegengetreten: „Nun dem allgemeinen Verkehr steht doch gegenüber der Special- und Lokalverkehr. Jede kleine Lokalbahn, die zwei Städte miteinander verbindet, der Bundesgesetzgebung zu unterwerfen, kann doch wohl nicht in der Absicht liegen"[176]. Ähnlich hatte sich auch der Abgeordnete *Miquel* geäußert: „Es soll gerade hier ausgeschlossen werden, daß die allgemeine Gesetzgebung des Bundes sich zu beschäftigen habe mit rein lokalen und provinziellen Interessen. Es gibt bekanntlich eine große Menge von secundären Interessen rein lokaler Natur; diese nun nicht zu unterwerfen der allgemeinen Gesetzgebung, das soll gerade bestimmt und deutlich ausgesprochen werden". Hierauf hatte *Michaelis* seinen Antrag zurückgezogen. Beschlossen wurden die Worte „im Interesse der Landesvertheidigung und das allgemeinen Verkehrs"[177].

Die Reichskompetenz erstreckte sich somit nur auf die dem gegenständlich zu bestimmenden[178] *nationalen Durchgangsverkehr* dienenden Eisenbahnen, wobei die Definitionsmacht dem Reichseisenbahn-Amt oblag[179].

Zur Wahrungen der Einheitlichkeit auf Reichsebene waren ferner in Abschnitt VII der Reichsverfassung[180] folgende Bestimmungen getroffen:

---

[175] StenBer. S. 277.
[176] StenBer., S. 278.
[177] StenBer., S. 278, 279, 702.
[178] *Haenel,* Deutsches Staatsrecht I, 1892, S. 635.
[179] *Arndt,* Das Staatsrecht des Deutschen Reiches, 1901, S. 306.
[180] Vgl. Sten. Ber. des Reichstags 1870, S. 784. Für Bayern fanden die Bestimmungen der Art. 42 bis 45 und 46 Abs.1 keine Anwendung.

- Eisenbahnen, welche im Interesse der Verteidigung Deutschlands oder im Interesse des gemeinsamen Verkehrs für notwendig erachtet wurden, konnten kraft eines Reichsgesetzes auch gegen den Widerspruch der durch die Eisenbahnen durchschnittenen Gliedstaaten unbeschadet der Landeshoheitsrechte, für Rechnung des Reichs angelegt oder an Privatunternehmen zur Ausführung konzessioniert und mit dem Enteignungsrecht ausgestattet werden.
- Jede bestehende „Eisenbahnverwaltung" (gemeint war jedes Eisenbahninfrastrukturunternehmen) war verpflichtet, sich den Anschluss neu angelegter Eisenbahnen auf Kosten letzterer gefallen zu lassen (Art. 41 aRV).
- Die Regierungen der Gliedstaaten verpflichteten sich, die Deutschen Eisenbahnen im Interesse des allgemeinen Verkehrs wie ein einheitliches Netz zu verwalten und zu diesem Zweck auch die neu herzustellenden Bahnen nach einheitlichen Normen anlegen und ausrüsten zu lassen (Art. 42 aRV).
- Demgemäß sollten übereinstimmende Betriebseinrichtungen getroffen, insbesondere gleiche Bahnpolizei-Reglements eingeführt werden[181]. In Art. 43 Satz 2 aRVO heißt es wörtlich:

„Das Reich hat dafür Sorge zu tragen, daß die Eisenbahnverwaltungen die Bahnen jederzeit in einem die nöthige Sicherheit gewährenden baulichen Zustande erhalten und dieselben mit Betriebsmaterial so ausrüsten, wie das Verkehrsbedürfnis es erheischt".

---

[181] Auf zweifelhafter, aber höchstrichterlich bestätigter (RGSt 10, 326) Rechtsgrundlage erließ der Bundesrat mehrere Ausführungsverordnungen, so insbesondere die Betriebsordnung für Haupteisenbahnen (Bahnpolizei-Reglement), die Signalordnung und die Bahnordnung für die Nebeneisenbahnen vom 5.7.1892 (RGBl. S. 691, 733, 764).

Die Eisenbahnsicherheit im Bundesstaat

- Die Eisenbahnverwaltungen waren ferner verpflichtet, die für den durchgehenden Verkehr und zur Herstellung ineinandergreifender Fahrpläne nötigen Personenzüge mit entsprechender Fahrgeschwindigkeit, desgleichen die zur Bewältigung des Güterverkehrs nötigen Güterzüge einzuführen und auch „direkte Expeditionen" im Personen- und Güterverkehr unter Gestattung des Übergangs der Transportmittel von einer Bahn auf die andere gegen übliche Vergütung einzurichten (Art. 44 aRV).
- Nach Art. 45 aRV stand dem Reich die Kontrolle über das Tarifwesen zu, die namentlich dahingehend auszuüben war, „dass auf allen Deutschen Eisenbahnen übereinstimmende Betriebsreglements eingeführt wurden[182]", sowie dass die möglichste Gleichmäßigkeit und Herabsetzung der Tarife erzielt, insbesondere, dass bei größeren Entfernungen für den Transport von Kohle, Koks, Holz, Erzen, Steinen, Salz, Roheisen, Düngungsmitteln und ähnlichen Gegenständen ein dem Bedürfnis der Landwirtschaft und Industrie entsprechender Tarif, „und zwar thunlichst der Einpfennig-Tarif", eingeführt wurde.
- Für Notstände und den Verteidigungsfall trafen schließlich die Art. 46 und 47 aRV Sonderregelungen.

Von seinen Gesetzgebungsbefugnissen machte das Reich kaum Gebrauch. Ein vom Reichskanzleramt ausgearbeiteter Entwurf eines Eisenbahngesetzes scheiterte im Bundesrat. Die Aufsichtsbefugnisse des Reichs, die von dem 1873 errichteten Reichs-Eisenbahn-Amt[183] wahrzunehmen waren, liefen dadurch leer[184].

---

[182] Vgl. Eisenbahnverkehrsordnung vom 26.10.1899 (RGBl. S. 557).
[183] Gesetz vom 27.6.1873 (RGBl. S. 164). Hierzu v. *Rönne*, Das Staats-Recht des Deutschen Reiches, 1. Bd. 1876, S. 328 ff. Das Reichs-Eisenbahn-Amt hatte Rang und Zuständigkeit einer obersten Reichsbehörde (VO vom 23.11.1974, RGBl. S. 135). Zu seinen Aufgaben zähl-

Das Amt erwiese sich als der "noch fehlende Abzug eines geladenen Gewehrs" wie *Bismarck* es bezeichnete[185]. Nicht einmal für die eigenen Eisenbahnen des Reichs war das Reichs-Eisenbahn-Amt zuständig. Für die Verwaltung der Reichseisenbahnen in Elsass-Lothringen wurde vielmehr das unter der Leitung des Reichskanzlers stehende „Reichsamt für die Verwaltung der Reichseisenbahnen" errichtet[186].

(2) Weimarer Republik und Drittes Reich

Nach Art. 7 Nr. 19 WV stand dem Reich die konkurrierende[187] Gesetzgebung über die Eisenbahnen zu. Die Reichsregierung hatte mit Zustimmung des Reichsrats die Verordnungen, die den Bau, den Betrieb und den Verkehr der Eisenbahnen regelten, zu erlassen. Eine Subdelegation auf den zuständigen Reichsminister war zulässig (Art. 91 WV). Nach dem (2.) Entwurf einer Verfassung des Deutschen Reichs vom 17. 2. 1919[188] sollte es Aufgabe des Reichs sein, die dem allgemeinen Verkehr dienenden Eisenbahnen „in seine Verwaltung" zu übernehmen (Art. 89 Satz 1). Der Staatsbahngedanke hatte sich zu dieser Zeit so sehr durchgesetzt, dass man die Formulierung für völlig inhaltslos

---

te es, innerhalb der durch die Verfassung bestimmten Zuständigkeit des Reichs das Aufsichtsrecht über das Eisenbahnwesen auszuüben. Es führte seine Geschäfte unter der Verantwortlichkeit und den Anweisungen des Reichskanzlers und war berechtigt, über alle Einrichtungen und Maßregeln der Eisenbahnverwaltungen der Länder Auskunft zu verlangen, sich zu unterrichten und die erforderlichen Maßnahmen zu treffen. Durch Anweisung des Reichskanzlers wurde das Entscheidungsrecht relativiert. Vor Erlass einer solchen Verfügung musste sich das Reichs-Eisenbahn-Amt erst mit der Landesregierung in Verbindung setzen, der die betreffende Eisenbahn unterstand. Den Privatbahnen gegenüber stand damit das Reichs-Eisenbahn-Amt gleich. Gegenüber den Staatsbahnen kam nur die Reichsexekution nach Art. 19 aRV in Betracht, die praktisch keine Bedeutung erlangte.
[184] Noch im Jahr 1873 bestanden etwa 90 Eisenbahnverwaltungen selbstständig nebeneinander.
[185] Sitzung des Reichstags vom 17.5.1873, Sten. Ber. S. 711.
[186] Erlass vom 27.5.1878 (RGBl. 1879 S. 193)
[187] Art. 12 WV.
[188] *Triepel*, Quellensammlung zum Deutschen Reichsstaatsrecht, 4. Aufl., 1926, S. 17 ff.

hielt und eine „Verwaltung" ohne Eigentumsübertragung für sinnlos hielt[189]. Auf Initiative Preußens wurde die Übernahme der Staatsbahnen der Länder in das Eigentum des Reichs in Angriff genommen und in der Weimarer Verfassung verankert[190]. Nach Art. 89 WV war es Aufgabe des Reichs, die dem allgemeinen Verkehr dienenden Eisenbahnen in sein Eigentum und als einheitliche Verkehrsanstalt zu übernehmen. Die Rechte der Länder, Privateisenbahnen zu erwerben, waren auf Verlangen dem Reich zu übertragen. Nach der Übergangsvorschrift des Art. 171 WV sollten die Staatseisenbahnen spätestens am 1.4.1921 auf das Reich übergehen. Soweit bis zum 1.10.1920 noch keine Verständigung über die Bedingungen der Übernahme erzielt war, sollte der Staatsgerichtshof entscheiden. Die Verständigung des Reichs mit den sog. Eisenbahnländern, d.h. denjenigen Ländern, die über ein in sich einheitliches Eisenbahnnetz verfügten[191], erfolgte durch Staatsvertrag vom 31.3.1920[192], wonach der Übergang der Staatseisenbahnen auf das Reich zum 1.4.1920 stattfand. Die Staatseisenbahnen der nicht erwähnten Länder, die lediglich über einzelne Strecken oder Linien verfügten, gingen nach Art. 171 Abs.1 WV auf das Reich über[193]. Mit dem Übergang der Eisenbahnen übernahm das Reich die staatlichen Hoheitsrechte, die sich auf das Eisenbahnwesen bezogen (Art. 89 Satz 1 WV). Hatte das Reich die dem allgemeinen Verkehr dienende Eisenbahnen eines bestimmten Gebiets in seine Verwaltung übernommen, so konnten innerhalb die-

---

[189] Vgl. MdI. *Preuß*, Bericht und Protokolle des Achten Ausschusses der Nationalversammlung über den Entwurf einer Verfassung des Deutschen Reichs, S. 318.
[190] Ebd. S. 314 ff.
[191] Preußen, Bayern, Sachsen, Württemberg, Baden, Hessen, Mecklenburg-Schwerin, Oldenburg.
[192] Gesetz, betreffend den Staatsvertrag über den Übergang der Staatsbahnen auf das Reich vom 30.4.1920 (RGBl. S.773); ferner Gesetz zur Ausführung des Staatsvertrags über den Übergang der Staatseisenbahnen auf das Reich vom 29.7.1922 (RGBl. II, S.693); Verordnung zum Vollzug des Gesetzes zur Ausführung des Staatsvertrags über den Übergang der Staatseisenbahnen auf das Reich vom 18.8.1922 (RGBl II S.741).
[193] Vgl. *Brodmeier*, Hat Art. 171 RVerf heute noch Bedeutung?, AöR 13, S. 432 ff.

ses Gebiets neue, dem allgemeinen Verkehr dienenden Eisenbahnen nur vom Reich oder mit seiner Zustimmung gebaut werden. Berührte der Bau neuer oder die Veränderung bestehender Reichseisenbahnanlagen den Geschäftsbereich der Landespolizei, so hatte die Reichseisenbahnverwaltung vor der Entscheidung die Landesbehörden anzuhören (Art. 94 WV). Die Reichseisenbahnen waren gemäß Art. 92 Satz 1 WV als ein selbstständiges wirtschaftliches Unternehmen zu verwalten, das seine Ausgaben einschließlich Verzinsung und Tilgung der Eisenbahnschuld selbst zu bestreiten und eine Eisenbahnrücklage anzusammeln hatte. Die Verwaltung der Reichseisenbahnen wurde zunächst durch reichseigene Behörden wahrgenommen[194]. Auf Grund des Ermächtigungsgesetzes vom 8.12.1923[195] wurde durch Verordnung über die Schaffung eines Unternehmens „Deutsche Reichsbahn" vom 12.2.1924[196] die Deutsche Reichsbahn ins Leben gerufen. Die maßgebliche Bestimmung lautete:

„§ 1 (1) Das Deutsche Reich schafft in Vollzug des Artikels 92 der Reichsverfassung unter der Bezeichnung „Deutsche Reichsbahn" ein selbständiges, eine juristische Person darstellendes wirtschaftliches Unternehmen, durch das es die im Eigentume des Reichs stehenden Eisenbahnen betreibt und verwaltet.

(2) Die Deutsche Reichsbahn ist nicht befugt, das Betriebsrecht ganz oder teilweise auf Dritte zu übertragen oder ihr Vermögen als Ganzes oder zu einem wesentlichen Teile an Dritte zu veräußern."

Das Reich blieb Eigentümer der durch den Staatsvertrag von 1920 übereigneten Staatseisenbahnen, doch durfte das Unternehmen innerhalb der Grenzen einer ordnungsgemäßen Wirtschaft über das Eigentum und die Rechte des Reichs verfügen. Die Verwaltung der Deutschen Reichsbahn war unabhängig von der

---

[194] Vgl. Verwaltungsverordnung des Reichsverkehrsministers vom 26.4.1920 (RGBl. S. 797).
[195] RGBl. I S. 1179.

sonstigen Reichsverwaltung zu führen. Die Regelung hatte provisorischen Charakter und sollte nur bis zum Erlass eines Gesetzes über die Deutsche Reichsbahn gelten. Dieses erging in Erfüllung der auf der Londoner Konferenz von 1924 vom Reich übernommenen Zahlungsverpflichtungen zur Tilgung der Reparationsschuld im August 1924[197]. Nach § 1 Reichsbahngesetz 1924 errichtete das Deutsche Reich zum Betrieb der Reichseisenbahnen die „Deutsche Reichsbahn-Gesellschaft"[198]. Dadurch wurde die Verwaltung der Reichsbahnen weitergehend verselbstständigt, als dies bisher der Fall war. § 17 Reichsbahngesetz 1924 lautete:

„Die Stellen der Deutschen Reichsbahn-Gesellschaft sind keine Behörden oder amtliche Stellen des Reichs. Sie behalten jedoch die öffentlich-rechtlichen Befugnisse in gleichem Umfang, wie sie bisher den Stellen des Unternehmens „Deutsche Reichsbahn" zustanden. Die Gesellschaft ist berechtigt, ein Dienstsiegel mit dem Reichsadler zu führen".

Das Reichsbahngesetz von 1930[199] beseitigte den ausländischen Einfluss auf die Verwaltung der Deutschen Reichsbahn-Gesellschaft. Das Reichsbahngesetz von 1939[200] betrachtete die "Deutsche Reichsbahn" nur noch als Sondervermögen innerhalb der Reichsverwaltung.

Eigentum und Verwaltung *aller* Staatseisenbahnen waren als Ergebnis eines kontinuierlichen Entwicklungsprozesses dem Deutschen Reich zugewiesen.

---

[196] RGBl. I S. 57.
[197] Oben mit Fußn.
[198] *Korsch*, Die Deutsche Reichsbahngesellschaft, Diss. Heidelberg 1928; *Sarter / Kittel*, Die Deutsche Reichsbahngesellschaft, 3. Aufl., 1931.
[199] Oben mit Fußn.
[200] RGBl. I S. 1205.

(3) Bundesrepublik Deutschland

Nach Art. 36 Nr. 35 des Entwurfs von Herrenchiemsee (HCHE) sollte der Bund die Vorranggesetzgebung (konkurrierende Gesetzgebung) über die „Eisenbahnen und Autobahnen des allgemeinen Verkehrs, sowie Bau, Betrieb und Verkehrs aller Eisenbahnen" haben. In den Beratungen des Parlamentarischen Rats tauchte dann der Begriff „Bundeseisenbahnen" zur Bezeichnung des *Bundeseisenbahnwesens* auf[201]. Im Verlauf dieser Beratungen wurden dann die Bundeseisenbahnen in Art. 73 Nr. 6 GG der ausschließlichen Gesetzgebungskompetenz des Bundes zugeordnet. Den Gegenbegriff bildeten die „Schienenbahnen, die nicht bundeseigen sind", der durch den der „Schienenbahnen, die nicht Bundeseisenbahnen sind", ersetzt wurde[202] (Art. 74 Nr. 23 GG). Auf dem Sachgebiet „Bundeseisenbahnen" wurde dem Bund auch die Verwaltungskompetenz zugesprochen. In Anlehnung an die Bestimmungen der Weimarer Verfassung sah Art. 116 Abs. 1 HCHE eine bundeseigene Verwaltung mit eigenem Verwaltungsunterbau nur für die Verwaltung des Auswärtigen Dienstes, der Bundeseisenbahnen und der Bundespost vor. Art. 117 Abs. 1 HCHE traf Einzelbestimmungen über die Organisation der Verwaltung der Eisenbahnen und der Post:

„(1) Die Eisenbahnen des allgemeinen Verkehrs sowie das Post- und Fernmeldewesen werden als einheitliche Verkehrsanstalten des Bundes verwaltet. (2) Die besonderen wirtschaftlichen Verkehrsbedürfnisse der Länder sind zu berücksichtigen. Zu diesem Zweck haben die Verwaltungen der Bundesbahn und der Bundespost je einen selbständigen Vertreter bei den Landesregierungen zu bestellen. Gehört das Gebiet des Landes zu mehr als einem Eisenbahndirektionsbezirk, so sind die Einrichtungen der Bundesbahn und der Bundespost in diesem Land auf Antrag unter eine gemeinsame Verwaltungsspitze zu stellen.

---

[201] JöR 1, S. 476.
[202] JöR 1, S. 551.

(3) Wird die Bundesbahn in eine andere Verwaltungsform als die der Bundesverwaltung überführt, so gelten diese Bestimmungen entsprechend".

Angesichts der alliierten Beschränkungen verwundert es kaum, dass der Zuständigkeitsausschuss des Parlamentarischen Rats am 18. Oktober 1948 die bundeseigene Verwaltung mit eigenem Verwaltungsunterbau auf die „Bundeseisenbahnen" beschränkte[203]. Den faktischen Gegebenheiten entsprechend wurde daraus der Schluss gezogen, bei den „Bundeseisenbahnen" nach Art. 87 Abs. 1 Satz 1 GG a.F. handle es sich um diejenigen Schienenbahnen, die sich im Eigentum des Bundes befänden[204]. Das hängt mit der zutreffenden Ansicht zusammen, dass die Staatsbahnen des Bundes nur in eigener Verantwortung des Bundes betrieben werden konnten, wenn sie im Eigentum des Bundes standen. Für die Überwachung der nicht im Bundeseigentum stehenden Eisenbahnen, d.h. der privaten Eisenbahnunternehmen hielt man die Errichtung selbstständiger Bundesoberbehörden für zulässig (Art. 87 Abs. 3 i.V.m. Art. 74 Nr. 23 GG).

Nunmehr hat sich der Bund auf die Gewährleistung der Eisenbahnsicherheit im weiteren Sinne zurückgezogen. Der Daseinsvorsorgeauftrag blieb erhalten. Ihm ist durch die beiden Bundesbehörden Rechnung zu tragen.

---

[203] (1) In bundeseigener Verwaltung mit eigenem Verwaltungsunterbau werden geführt der Auswärtige Dienst, die Bundeseisenbahnen und die Bundespost. (2) Außerdem können für Angelegenheiten, für die dem Bund die Gesetzgebung zusteht, im Falle des Bedarfs selbstständige Bundesoberbehörden errichtet werden. (Drucks. Nr. 203).
[204] *Wessel,* Das Bundesbahngesetz, DVBl. 1952, 229 ff.; *Maunz,* in: Maunz / Dürig, GG, Art. 87 Rdnr. 30; *v. Mangoldt / Klein,* Das Bonner Grundgesetz, 2. Aufl., 7. Lfg. 1979, S. 2268.

c) Länder

(1) Kaiserreich

Zur Zeit der Reichsgründung stand den Einzelstaaten das Eisenbahnhoheitsrecht zu, also das Recht, Eisenbahnen zu bauen und zu betreiben, und das Recht zur Gesetzgebung, Vollziehung und Beaufsichtigung, insbesondere der Konzessionierung zum Bau und Betrieb von Eisenbahnen durch Private. Dieser Zustand blieb unter der Geltung der Reichsverfassung trotz umfassender Reichskompetenzen bestehen. In der Staatspraxis herrschte der *Eisenbahnpartikularismus*. Der größte Teil des Reichsgebiets unterfiel ohnehin dem preußischen Eisenbahnrecht, an dem sich die Eisenbahngesetze der anderen Einzelstaaten orientierten.

(2) Weimarer Republik und Drittes Reich

Neben „den Reichseisenbahnen" blieben in bescheidenem Maße auf Landesebene Eisenbahnen bestehen. Dabei handelte es sich aber nur um Privatbahnen. Im Dritten Reich unterstanden auch diese Bahnen der Reichsverwaltung.

(3) Bundesrepublik

Die Daseinsvorsorge ist eine zentrale Staatsaufgabe, die damit auch und vor allem von den Ländern wahrzunehmen ist. Für die regionale Daseinsvorsorge im Eisenbahnwesen in ihrem Bereich sind die Länder verantwortlich. Das gilt für den Nahverkehr wie für die nichtbundeseigenen Eisenbahnen (NE-Bahnen)[205].

---

[205] Vgl. *Baden-Württemberg*: § 10 Landeseisenbahngesetz (LEisenbG) vom 8.6.1995 (GBl. S.417, 421); Gesetz über die Finanzierung von Schienenwegen und Schienenfahrzeugen der nichtbundeseigenen öffentlichen Einrichtungen in Baden-Württemberg (Landeseisenbahnfinanzierungsgesetz - LEFG -) vom 8.6.1995 (GBl. S. 417, 426); *Bayern:* Art. 12 Gesetz über die Rechtsverhältnisse der nichtbundeseigenen Eisenbahnen und der Seilbahnen in Bayern (Bayerisches Eisenbahn- und Seilbahngesetz – BayESG -) i.d.F. der Bek. vom 9.8.2003 (BayRS 391-1); Verordnung über Ausgleichszahlungen nach § 6a Allgemeines Eisenbahngesetz (Eisenbahnausgleichsverordnung – AEGKostenZustV -), vom 19.2.2002 (GVBl. S. 64);

Das sind z.b. Bahnen auf regionalen Nebenstrecken, die sich als selbstständige Einheiten erhalten haben, aber auch Bahngesellschaften von großen Industrieunternehmen oder von Häfen, auf denen Güterumschlag betrieben wird.

5. Die Eisenbahnsicherheit im engeren Sinn
a) EU
(1) Primärrecht

Die Bedeutung der Regeln über den Verkehr im Verkehrstitel des EG geht über einen Beitrag zum freien Dienstleistungsverkehr und zum Binnenmarkt hinaus. Auf den Sachgebieten der gemeinsamen Verkehrspolitik ermächtigt Art. 71 Abs. 1 lit c) auch Maßnahmen zur Verbesserung der *Verkehrssicherheit* zu erlassen. Die Regulierung der Eisenbahnsicherheit im engeren Sinne findet somit seine Grundlage bereits im Primärrecht.

(2) Sekundärrecht

Mit der Eisenbahnsicherheit im engeren Sinn beschäftigt sich in erster Linie die "Richtlinie über die Eisenbahnsicherheit" vom 29. April 2004[206].

Bremen: §§ 12, 18 Landeseisenbahngesetz (LEG)vom 3.4.1973 (GBl. S. 33); *Hamburg*: §§ 19, 24, 32 Landeseisenbahngesetz vom 9.11.1963 (GVBl. S. 205); *Hessen*: Sechste Verordnung über verkehrsspezifische Kosten je Personen-Kilometer nach § 6a Abs. 2 Satz 2 des Allgemeinen Eisenbahngesetzes (AEKostenV) vom 14.9.1994 (GVBl S. 432); *Niedersachsen*: §§ 23, 31 Gesetz über Eisenbahnen und Bergbahnen (GEB) vom 16.4.1957; *Nordrhein-Westfalen*: §§ 14,21, 29 Landeseisenbahngesetz v. 5.2.1957 (GV BW S.11); *Rheinland-Pfalz*: §§ 20, 25, 34 Landesgesetz über Eisenbahnen und Bergbahnen (Landeseisenbahngesetz - LEisenbG -) i.d. F. vom 23.4.1975 (GVBl. S.141); *Saarland*: §§ 18, 21, 31 Gesetz Nr. 843 über Eisenbahnen, Bergbahnen und Seilschwebebahnen vom 26.4.1967 (Abl. 402); *Sachsen*: Vorläufige Verwaltungsvorschrift des Sächsischen Staatsministeriums für Wirtschaft und Arbeit zur Gewährung investiver Fördermittel für den Erhalt, Bau und Ausbau von Gleisanschlüssen im Freistaat Sachsen (VwV-Gleisanschluss) (Sächs. Amtsbl. vom 21.2.1994, S. 456).
[206] Oben Fußn. 2.

b) Reich und Bund

(1) Kaiserreich

Die Reichskompetenz für das Eisenbahnwesen nach Art. 4 Ziff. 8 aRV erfasste auch die Eisenbahnsicherheit im engeren Sinn. Speziell mit der Betriebsicherheit beschäftigte sich Art. 43 aRV:

„Es sollen demgemäß in thunlichster Beschleunigung übereinstimmende Betriebseinrichtungen getroffen, insbesondere gleiche Bahnpolizei-Reglements eingeführt werden. Das Reich hat dafür Sorge zu tragen, daß die Eisenbahnverwaltungen die Bahnen jederzeit in einem die nöthige Sicherheit gewährenden baulichen Zustande erhalten und dieselben mit Betriebsmaterial so ausrüsten, wie das Verkehrsbedürfnis es erheischt."

(2) Weimarer Republik / Drittes Reich

Mit dem Übergang der Eisenbahnen auf das Reich übernahm dieses alle Hoheitsbefugnisse, die sich auf das Eisenbahnwesen bezogen, also auch die Gewährleistung der Sicherheit der Reichseisenbahnen im engeren Sinn. Eisenbahnen des allgemeinen Verkehrs, die nicht vom Reich verwaltet wurden, unterlagen der Beaufsichtigung durch das Reich (Art. 95 Abs. 1 WV). Die der Reichsaufsicht unterliegenden Eisenbahnen waren nach gleichen, vom Reich festgesetzten Grundsätzen anzulegen und auszurüsten, in betriebssicherem Zustand zu erhalten und entsprechend den Anforderungen des Verkehrs auszubauen (Art. 95 Abs. 2 WV). Die Reichsaufsicht wurde nach § 1 Abs.1 des Gesetzes über die Eisenbahnaufsicht vom 3.1.1920[207] vom Reichsverkehrsminister ausgeübt, auf den die Befugnisse des Reichs-Eisenbahn-Amtes übergingen. Den Schlusspunkt der Verrechtlichung des gesamten Eisenbahnwesens setzte nach der nationalsozialistischen Machtergreifung das Gesetz über die Vereinheitli-

---

[207] RGBl. S. 13.

chung im Behördenaufbau vom 5.7.1939[208]. Die Gewährleistung der Eisenbahnsicherheit im weiteren Sinn oblag nunmehr ausschließlich dem Reich.

c) Länder
(1) Kaiserreich
Die Regulierung der Betriebssicherheit war im Kaiserreich auf Reichsebene schon weit fortgeschritten. Die Exekutivbefugnisse waren aber auch hier bescheiden. In Betracht kam nur eine Landesbahnaufsicht. Diese bestand freilich nur gegenüber den Privatbahnen. Gegenüber den Staatsbahnen war sie nicht nötig, weil diese unter der obersten Aufsicht der sie gleichzeitig verwaltenden Zentralstellen standen. Landesaufsichtsorgane in Preußen waren die Präsidenten der königlichen Eisenbahndirektionen.

(2) Weimarer Republik und Drittes Reich
Auf Landesebene konnten dem allgemeinen Verkehr dienende Eisenbahnen von den zuständigen Landesregierungen gebaut und konzessioniert werden, soweit es sich um für den Lokalverkehr bestimmte Kleinbahnen handelte (Straßenbahnen, Privatanschlussbahnen u. dgl.). Die Wahrnehmung sämtlicher öffentlicher Interessen, insbesondere der Schutz der öffentlichen Sicherheit fiel in den Geschäftsbereich der Landespolizei[209]. Mit den Ländern entfielen im Dritten Reich auch die Restzuständigkeiten der Landespolizei[210].

(3) Bundesrepublik
Für den Nahverkehr und die nichtbundeseigenen Eisenbahnen verfügen die Länder über die Gesetzgebungs- und Vollzugskompetenz.

---

[208] RGBl. I S. 1197.
[209] *Anschütz* (Fußn.), Art. 94 Anm. 4.

6. Folgerungen für die Zuordnung der Eisenbahnsicherheit

Der Befund der historischen Entwicklungslinien und die Sachgesetzlichkeiten lassen nur einen Schluss zu. Die Verantwortung für die Eisenbahnsicherheit sollte generell beim Eisenbahnbundesamt konzentriert sein.

V. Schlussbemerkung

1. Aufgabenstellung

Aufgabenstellung war die Zuordnung der Eisenbahnsicherheit im Bundesstaat, im Beziehungsgeflecht der Verantwortlichkeiten für das Eisenbahnwesen zwischen EU, Bund und Ländern. Die relativ ausführliche und historisch weit zurückgreifende Darstellung dieses Beziehungsgeflechts war geboten, um die Zuordnung möglichst unvereingenommen vorzunehmen[211] und um nichts de lege lata zu behaupten, was erst de lege ferenda wünschenswert erscheint.

Aus dem Bekenntnis des Grundgesetzes zur bundesstaatlichen Staatsstruktur ergeben sich Rechtsfolgen mit verfassungsrechtlicher Relevanz. Die Gliederung des Bundes in Länder und deren Mitwirkung bei der Bundesgesetzgebung ist Bestandteil des einer Verfassungsänderung entzogenen Wertsystems des Grundgesetzes. Das Wertsystem des Grundgesetzes realisiert sich in Gestalt des modernen Verfassungsstaats, d.h. des sozialen Rechtsstaats, der sowohl die Daseinsvorsorge seiner Bürgerinnen und Bürger gewährleistet, wie auch deren Freiheit und Sicherheit garantiert. Die Erfüllung dieser Aufgaben erfolgt dabei

---

[210] Vgl. *Dittmann,* Die Bundesverwaltung, 1983, S. 67.
[211] Die Arbeit mit entwicklungsoffenen, konkret-historischen Rechtsbegriffen stellt nämlich immer eine Gratwanderung dar zwischen der Neigung, entweder politische Entwicklungen mit rechtlichen Totschlagargumenten abzuwürgen oder durch politische Husarenritte das Recht platt zu machen.

auf bündischer Grundlage. Sie ist damit mit den Konstruktionsbedingungen des harmonischen Bundesstaats verknüpft.

2. Harmonischer Bundesstaat

Für jeden Bund stellt sich das Problem, die staatlichen Aufgaben so zu verteilen, dass das Verhältnis der Aufgabenträger nicht aus den Fugen gerät. Die Konstruktion des harmonischen Bundesstaats knüpft an die alte Teilbarkeitsthese an, die aber dahingehend modifiziert wird, dass souveräne Entscheidungen vom Bund und Gliedern theoretisch möglich bleiben müssen. Die Aufteilung der staatlichen Aufgaben kann dabei sehr weit gehen, sie darf aber nicht in eine Aufhebung der beiderseitigen Souveränität führen. Souverän ist im Bundesstaat, wer über dessen Fortexistenz bestimmt. Das bedeutet, dass ein Bundesstaat nur möglich ist, wenn eben diese existenzielle Frage in der Schwebe bleibt. Der Schwebezustand setzt die Homogenität im grundlegenden Verfassungsverständnis und in politischen Grundsatzfragen voraus, wie sie nur im harmonischen Bundesstaat gegeben ist.

3. Eisenbahnsicherheit

a) Eisenbahnsicherheit im weiteren Sinn

Die Eisenbahnsicherheit im weiteren Sinn betrifft den Bestand und das Funktionieren des Eisenbahnwesens.

b) Eisenbahnsicherheit im engeren Sinn

Bei technischen Anlagen, Einrichtungen oder Objekten bezeichnet Sicherheit den Zustand der voraussichtlich störungsfreien und gefahrfreien Funktion.

4. Föderalismusdiskussion

Die Bundesrepublik Deutschland erfüllt die Kriterien eines harmonischen Bundesstaats, wenn die Aufgaben und Befugnisse zwischen Bund und Ländern so verteilt sind, dass auf beiden Ebenen politische Entscheidungen von Gewicht getroffen werden können, dass aber der Ausnahmezustand durch Verfassungskonsens in den Grundsatzfragen praktisch ausschlossen wird. Hierzu muss eine homogene Aufgabenerfüllung gewährleistet sein. Auf diese Weise lässt sich beurteilen, ob die staatliche Gewährleistung der Eisenbahnsicherheit aus rechtlicher Sicht stärker föderalistisch oder unitarisch ausgeprägt sein sollte oder gar müsste. Föderalismus und Unitarismus sind zwar politische Kampfbegriffe. Die mit ihnen verbundene Charakterisierung von Strukturen und Entwicklungen ist jedoch rechtlich nicht irrelevant. Sie macht darauf aufmerksam, dass der deutsche Bundesstaat ein kompliziertes rechtliches Mosaik darstellt, das seine Bildhaftigkeit verliert, wenn man einzelne Steine herausbricht. Insofern ist doch die aktuelle Föderalismusdiskussion berührt. Die rechtliche Stringenz des Bundesstaats muss bei allen Reformen erhalten bleiben.

Die föderale Ordnung der Bundesrepublik ist nicht überholt. Sie wird nur nicht richtig verstanden. Der Bund schießt aus einer doppelläufigen Flinte aus zwei Rohren.

Wilko Wilmsen, EBA

Neue Rechtsprechung zu § 4 Abs. 2 AEG[1]

I. Einleitung

Die Probleme, die § 4 Abs. 2 AEG in Verbindung mit § 3 Nr. 5 BEVVG aufwerfen, sind Legion. Ein klares Verständnis der Norm fehlt bisher: In der Praxis begegnet einem gar das Verständnis als eigenständige Ermächtigungsgrundlage. Richtig ist sie als Verweis auf die Befugnisse der jeweiligen Fachgesetze zu sehen.

Viel diskutiert wurde vor 1998 die Frage, ob in anderen Gesetzen die Zuständigkeit des Eisenbahn-Bundesamtes konstitutiv begründet werden muss oder ob der Verweis in § 4 Abs. 2 AEG ausreicht, die Zuständigkeit des Eisenbahn-Bundesamtes zu begründen.[2] Diese Diskussion hat sich durch die 1. AEG-Novelle aus 1998 beruhigt, in der auch die Formulierung des § 4 Abs. 2 AEG geändert wurde: Trifft das Gesetz keine Regelung über die „zuständige Behörde", so füllt § 4 Abs. 2 AEG gewissermaßen diesen Platz aus und bestimmt das Eisenbahn-Bundesamt als solche. Diese Problematik soll nicht erneut „aufgewärmt" werden, so dass dieses richtige Verständnis den weiteren Ausführungen zu Grunde liegt.

Bislang aber ungeklärt ist die Frage, wie weit diese Zuständigkeitsnorm gegenständlich reicht. Betrifft sie nur den Vollzug von Bundesrecht oder vollzieht das Eisenbahn-Bundesamt – außerhalb der Planfeststellung – ebenfalls Landesrecht,

---

[1] Der Vortrag – mündlich wie schriftlich – gibt ausschließlich die persönliche Meinung des Verfassers wieder.
[2] Vgl. Kunz [Hrsg.], Eisenbahnrecht, A 4.1, § 4 AEG, Zu Abs. 2, Anm. 2 m. w. N.; vgl. Buchner, Blümel/Kühlwetter/Schweinsberg [Hrsg.], Aktuelle Probleme des Eisenbahnrechts Bd. IV, S. 86 ff.

was verfassungsrechtlich betrachtet ein extremer und überraschender Ausnahmefall wäre. Dieses Problem wurde zwar aufgeworfen,[3] von den damit befassten Verwaltungsgerichten aber nicht erkannt oder zumindest nicht verstanden.[4] Richtig ist: Landesrecht ist zu beachten, aber – außerhalb der Konzentrationswirkung der Planfeststellung – nicht zu vollziehen. Anders als bisherige Entscheidungen urteilt dementsprechend nunmehr das Oberverwaltungsgericht NRW, nach dem das Eisenbahn-Bundesamt für den Vollzug von Landesrecht unzuständig ist.[5]

Künftig wird sich die Deutsche Bahn AG also wie jeder andere Gewaltunterworfene auch mit sämtlichen Landes- und Kommunalbehörden auseinander zu setzen haben, die Anforderungen des Landesrechtes gegen Sie durchsetzen – vom Landesimmissionsschutzrecht über das Wasserrecht bis hin zur Baumschutzsatzung. Bestünde der politische Wille, hieran etwas zu ändern, bedürfte es eventuell einer Verfassungsänderung, zumindest aber einer klaren gesetzlichen Regelung der Zuständigkeiten – so es gelänge, die Verbandskompetenz des Bundes für den Vollzug von Landesrecht zu begründen.

II. Auslegung des § 4 Abs. 2 AEG

Auf welchen Gedankengängen beruht also das Urteil des Oberverwaltungsgerichtes? Die klassischen Auslegungsmethoden führen weiter: beginnend beim Wortlaut über die historische Betrachtung zur teleologischen Exegese:

---

[3] Buchner, a.a.O., S. 88 f.
[4] Vgl. OVG Hamburg, Beschluss vom 06.05.1997, Az. Bs III 42/97, NordÖR 1999, 36; VG Darmstadt, Beschluss vom 27.08.1996 – 8 G 911/96 (2); VG Köln, Urteil vom 30.11.2004 – 14 K 9757/02 – S. 9 ff. des UA; VG Gelsenkirchen, Urteil vom 18.01.2005 – 6 K 1440/04, S. 10 f. des UA.
[5] OVG NRW, Urteil vom 08.06.2005 – Az. 8 A 262/05 –, S. 18 ff. des UA.

Neue Rechtsprechung zu § 4 Abs. 2 AEG

1. Der Wortlaut

§ 4 Abs. 2 AEG lautet:

„Baufreigaben, Abnahmen, Prüfungen, Zulassungen, Genehmigungen und Überwachungen für Errichtung, Änderung, Unterhaltung und Betrieb der Betriebsanlagen und für Schienenfahrzeuge von Eisenbahnen des Bundes auf Grund anderer Gesetze und Verordnungen obliegen ausschließlich dem Eisenbahn-Bundesamt".

Bei unbefangener Betrachtung scheint es so, als solle das Eisenbahn-Bundesamt die einzige Behörde sein, mit der die Deutsche Bahn AG sich auseinander zu setzen hat. Das bedingt, dass keine andere Behörde gegenüber der Bahn tätig werden darf. Aus Sicht der Länder und Kommunen wirkte das, als zöge sich eine exterritoriale Schneise durch ihr Hoheitsgebiet, „Schneisentheorie". Wäre das so, so entstünde ein rechtsfreier Raum, wenn das Eisenbahn-Bundesamt nicht auch das Landesrecht vollzöge. Andere Behörden dürften das Landes- und Kommunalrecht gegenüber der Bahn nicht vollziehen. Sieht sich auch das Eisenbahn-Bundesamt hieran gehindert, bliebe das Landesrecht für die Deutsche Bahn AG sanktionslos.

Aus diesem Dilemma gibt es – rein logisch – zwei Auswege: Das Eisenbahn-Bundesamt vollzieht auch Landesrecht, was verfassungsrechtlich höchst problematisch wäre,[6] oder die scheinbar sperrende Zuständigkeitsnorm wird – insbesondere im Wege teleologischer Reduktion – einschränkend interpretiert und so

---

[6] So aber das OVG Hamburg im einstweiligen Rechtsschutzverfahren gemäß § 123 VwGO wegen einer Nachtarbeitsgenehmigung nach Landesrecht, NordÖR 1999, 36, 37, das nicht bedacht hat, dass im Erteilen einer nur im Landesrecht vorgesehenen und daher auf dem Landesrecht beruhenden Genehmigung nicht lediglich ein „Beachten" des Landesrechts sondern dessen Vollzug liegt.

den Landesbehörden der Weg zu einem eigenen Gesetzesvollzug freigeräumt, so der Weg des OVG NRW.[7]

2. Der Wille des Gesetzgebers

Die Entstehungsgeschichte des § 4 Abs. 2 AEG scheint bei flüchtiger Betrachtung für einen Vollzug auch des Landesrechtes zu sprechen. So war es in der Tat Ziel des Gesetzgebers, nichts am vor der Bahnreform bestehenden Eisenbahnrecht zu ändern.[8] Dies wurde so formuliert, dass § 38 Bundesbahngesetz (BbG) materiell fortgelten solle oder dass das Eisenbahn-Bundesamt die hoheitlichen Aufgaben der Bundesbahn übernehmen solle oder auch dass weiterhin alle Entscheidungen in bundeseigener Verwaltung fallen sollen.[9] Bei dieser Zielsetzung, nichts zu ändern, wurde jedoch verkannt, dass sich im Zuge der Bahnstrukturreform die alten Strukturen in das neue Recht schlicht nicht fortschreiben ließen. Diese Brüche wurden auch im Jahr 1998 mit der Änderung des § 4 Abs. 2 AEG nicht beseitigt.[10]

Damit stößt eine Auslegung nach dem historischen Regelungswillen schnell zum Kern des Problems: Kern ist der indifferente Wille des Gesetzgebers, der – im Jahre 1993 angesichts der Dringlichkeit der Reform nachvollziehbar – die rechtlichen Folgen seiner Reform nicht voll überblickt hat. Unterschiedliche Parteien und Verfassungsorgane – angesichts notwendiger Verfassungsänderung war eine breite Mehrheit unabdingbar – hatten unterschiedliche Vorstellungen, die sich in der zur Verfügung stehenden Zeit nicht harmonisieren ließen, so dass letztlich ungelöste konzeptionelle Fragen durch Wahl einer unklaren, aber deshalb eben kompromissfähigen Gesetzesformulierung dennoch Geltungsanspruch

---

[7] OVG NRW, Urteil vom 08.06.2005 – Az. 8 A 262/05.
[8] Vgl. BT-Ds. 12/4609 (neu), S. 57 Nr. 8 sowie S. 91 zu § 3 BEVVG.
[9] Vgl. BT-Ds. 12/4609, a.a.O.; BT-Ds. 12/5014, S. 15 und 44; BT-Ds. 12/6269, S. 45, 51, 135 und 138.

erlangten. Eine Regelung, deren beabsichtigter Inhalt unklar bleibt, ist aber nicht anwendbar.

a) Vorverständnis: Die Situation vor der Bahnreform

Zum tieferen Verständnis dient es, sich die Situation vor der Bahnreform, also das Rechtsregime und die Verwaltungspraxis zu Zeiten der Bundesbahn vor Augen zu führen. Maßgebende Norm war § 38 des Bundesbahngesetzes (BbG).

§ 38 BbG lautete:

„Die Deutsche Bundesbahn hat dafür einzustehen, dass ihre dem Betrieb dienenden baulichen und maschinellen Anlagen sowie die Fahrzeuge allen Anforderungen der Sicherheit und Ordnung genügen. Baufreigaben, Abnahmen, Prüfungen und Zulassungen durch andere Behörden finden für die Eisenbahnanlagen und Schienenfahrzeuge nicht statt".

Prägnant formuliert: Die Bundesbahn ist an sämtliche rechtlichen Anforderungen gebunden, andere Behörden haben ihr aber nicht hereinzureden.

Die Deutsche Bundesbahn war Sondervermögen der Bundesrepublik Deutschland und damit Hoheitsträger. Sie war Hoheitsträger, auch wenn sie sich im Verhältnis zu ihren Kunden – den Reisenden und Versendern von Frachtgut – zivilrechtlicher Formen bediente, also das (Verwaltungs-) Privatrecht fruchtbar machte. Dass Sie Hoheitsträger war, zeigte sich beispielsweise an ihren bahnpolizeilichen Befugnissen (Vollzugspolizei auf Bahnanlagen, Verkehrsregelung des Straßenverkehrs – etwa die Schrankenwärter waren nebenamtlich Bahnpolizeibeamte, Planfeststellungs- und Enteignungsrecht). Als Hoheitsträger war sie grundsätzlich formell nicht polizeipflichtig: Andere Behörden durften ihr ge-

---

[10] Vgl. BT-Ds. 13/4386, S. 7 f.

genüber keine hoheitlichen Maßnahmen treffen, jedenfalls sofern die ihre hoheitliche Tätigkeit – den Bahnbetrieb – beeinträchtigt hätten.[11]

Bei genauer Betrachtung bedeutete § 38 BbG allerdings nicht das, was in der Praxis möglicherweise aus ihm abgeleitet wurde: faktische Exterritorialität. Tatsächlich gesetzlich geregelt ist nur der – ansonsten ohnehin geltende und nur in seiner Reichweite umstrittene – Grundsatz des allgemeinen Verwaltungsrechtes, dass Behörden in die hoheitliche Tätigkeit anderer Behörden nicht eingreifen. Das befreit sie selbstverständlich nicht von der Beachtung des (Landes-)Rechtes. Es obliegt lediglich der hoheitlich handelnden Behörde selbst, über die Einhaltung des Rechts zu wachen.

Es mag Anhaltspunkte geben, dass die vormalige Bundesbahn in ihrer Verwaltungspraxis dieser Norm eine gewisse Autonomie vom Landesrecht entnahm. Es wurden nicht die – unter Umständen jeweils unterschiedlichen – landesrechtlichen Vorgaben umgesetzt, sondern – durch Erlass von Verwaltungsvorschriften – eigene Regeln geschaffen, die dieses Landesrecht sinngemäß aber einheitlich zu beachten gedachten. Die Kritik hieran schimmert bereits in der damaligen Kommentierung durch.[12]

b) „Es soll sich nichts ändern" als Interpretationsleitlinie?

Dieses Verständnis des damaligen Rechts transponierte sich fort in das Gesetzgebungsverfahren, als im Jahr 1993 die Bahnstrukturreform anstand. Aus im nachhinein vielleicht nur schwer nachvollziehbaren, im Ergebnis wohl dem immensen Zeitdruck zuzuschreibenden Gründen – die Reform musste zum

---

[11] vgl. BVerwGE 29, 52, 59; E 117, 1, 9; zuletzt OVG Lüneburg, Urteil vom 21.04.2004, NdsVBl. 2004, 301 ff.

01.01.1994 in Kraft treten, da ansonsten nach Einigungsvertrag sämtliche Beamten der Deutschen Reichsbahn entgültig Bundesbeamte geworden wären – blieb das Gesetzgebungsverfahren der Vorstellung verhaftet, es solle alles beim Alten bleiben. Dabei wurde übersehen, dass in der angedachten Reform eine derart tiefgreifende Umwälzung verwirklicht wurde, die dieses Ziel schlicht nicht erreichbar machte: Es gab nicht länger eine Bundesbehörde, die zwar Landesrecht zu beachten, aber dabei bei ihrer hoheitlichen Tätigkeit keinen hoheitlichen Eingriffen ausgesetzt war. Vielmehr gab es nun ein Privatunternehmen, die Deutsche Bahn AG, so dass – jedenfalls nach den Lehren des allgemeinen Verwaltungsrechts – auf einen Schlag sämtliche Landes- (und Kommunal-) Behörden ungehinderten Zugriff hatten. Dies wollte man möglicherweise durch Schaffung des Eisenbahn-Bundesamtes verhindern.

Allerdings wurde die Deutsche Bahn AG durch die Reform ein eigenes und zwar privatrechtlich verfasstes Rechtssubjekt, für das der Vorbehalt des Gesetzes galt. Im Jahr 1993 erkannte man nicht mit letzter Konsequenz, dass in Zukunft nicht länger Regeln für die Eisenbahn durch Verwaltungsvorschrift geschaffen werden konnten und dass Anordnungen im Einzelfall nicht mehr auf dem beamtenrechtlichen Weg der verwaltungsinternen Weisung zu treffen waren. Alle Verhaltensnormen für die neue Deutsche Bahn AG mussten fortan als formelle Rechtssätze bestehen. Dies gelang zunächst nicht: Überhaupt erst im Jahr 2002 wurden umfassende Befugnisnormen für die Eisenbahnaufsicht geschaffen, nämlich § 5 a Abs. 2 AEG. Bis dato bestand lediglich eine Aufgabenzuweisung, nicht jedoch eine entsprechende Ermächtigungsgrundlage.[13]

---

[12] vgl. Finger, Kommentar zum AEG und zum BbG, Darmstadt 1982, § 38 BbG Anm. Nr. 2 d.: „§ 38 bedeutet weniger ein Vorrecht für die DB als vielmehr eine besondere Verpflichtung".
[13] Das BVerwG (BVerwG NVwZ 1995, 379, Urteil vom 13.10.1994) folgert unmittelbar nach der Reform zwar aus der Aufgabenzuweisung auf die Befugnis: Es leitet aus dem Begriff „Aufsicht" der Aufgabenzuweisung (§ 3 BEVVG) ab, dass es sich in Wahrheit um eine Be-

Fazit: Bei der Bahnreform wurde es unterlassen, einen zwingend erforderlichen Rechtsrahmen zu schaffen. Weiter übersah man im Gesetzgebungsverfahren, dass nach der grundgesetzlichen Kompetenzordnung die Verwaltungskompetenz der Bundesbehörden nur soweit reichen kann, als die Gesetzgebungskompetenz des Bundes reicht.[14] Daraus wird seit jeher der Schluss gezogen, dass es dem Bund nicht erlaubt ist, Landesrecht zu vollziehen (Art. 30 GG).[15] Ihm fehlt – unabhängig von der Aufgabenzuweisung an eine bestimmte Behörde, die Verbandskompetenz. Der Bund ist aber andererseits – verfassungsrechtlich verankert im Verfassungsstrukturprinzip des Bundesstaates – zur Bundestreue gezwungen: Er hat daher die Staatlichkeit der Länder und damit das Landesrecht zu respektieren, sprich zu beachten. Mit diesem Treuegebot wäre es kaum zu vereinbaren, wenn er sich selbst oder – wie hier – ein ihm gehörendes Unternehmen faktisch von der Beachtung des Landesrechtes gänzlich und ersatzlos befreite. Fazit: Der Bund darf nur Bundesrecht vollziehen. Er darf durch eine Zuständigkeitsnorm nicht bundestreuewidrig dafür sorgen, dass das Landesrecht vollkommen leerläuft.

Die beiden vorgenannten Aspekte – Vollzug nur von Bundesrecht, das aber keinen auch nur näherungsweise hinreichenden Rechtsrahmen enthält – lassen sich schlechterdings nicht vereinbaren: Das Ziel, die Entscheidungen weiterhin in bundeseigener Verwaltung zu treffen, war so nicht erreichbar, da es keinen

---

fugnisnorm handele. Diese Entscheidung ist dogmatisch nicht haltbar und dem damals einzig vorstellbaren Ergebnis geschuldet.
[14] apodiktisch: BVerfGE 12, 205, 221; vgl. Sachs, GG-Kommentar, Art. 86 Rdn. 11 m.w.N.
[15] BVerfGE 21, 312, 325 f.; E 63, 1, 40; BVerwG NVwZ-RR 1990, 44, 45; NVwZ 2001, 1152; v. Mangolt/Klein/Starck – Trute, Bonner Kommentar, 4. Aufl., Bd. 3, 2001, Art. 83 Rdn. 25 f.; Dreier – Hermes, Grundgesetz, Bd. III, 2000, Art. 83 Rdn. 29 f. und Art. 86 Rdn. 20; Isensee/Kirchhof – Blümel, Handbuch des Staatsrechts, Bd. IV, 1990, § 101 Rdn. 11 ff.

Rechtsrahmen für diese Tätigkeit gab und die bisherige „Krücke" Verwaltungsvorschrift nicht länger verwendbar war. Dass diese Aspekte damals nicht gesehen wurde, lässt sich bereits der allseits viel zitierten Formulierung entnehmen, dass das Eisenbahn-Bundesamt die hoheitlichen Aufgaben der Bundesbahn übernehmen solle: Die Bundesbahn hatte streng genommen nur wenige hoheitlichen Aufgaben (Bahnpolizei, Planfeststellung, Enteignung). Hoheitliches Handeln ist kein reines Verwaltungsinternum. Die gewöhnliche Gefahrenabwehr im Hinblick auf die öffentliche Sicherheit – beispielsweise im Hinblick auf die Beachtung des Naturschutzrechtes – war damals keine hoheitliche Aufgabe. Sie geschah im Rahmen der verwaltungsinternen Dienstaufsicht. Die eigene Gesetzesbeachtung sicherzustellen war also kein hoheitliches und damit nach Außen wirkendes Handeln sondern bloßes Verwaltungsinternum: Hoheitlich wurde die Aufgabe erst mit dem Entstehen der deutschen Bahn AG als Rechtssubjekt. Die Aufsicht ist daher keine von der Bundesbahn übernommene hoheitliche Aufgabe sondern eine originär beim Eisenbahn-Bundesamt entstandene.

c) Problem: Dissens mit Geltungsanspruch

Im Gesetzgebungsverfahren prallten unterschiedliche, in sich nicht voll durchdachte Vorstellungen aufeinander. Die Bundesregierung wollte in ihrem ursprünglichen Entwurf den früheren § 38 BbG nicht fortschreiben.[16] Der Bundesrat schlug das Gegenteil vor.[17] Die Bundesregierung äußerte Bedenken, weil sich die Verwaltungskompetenz des Eisenbahn-Bundesamtes auf die Eisenbahnverkehrsverwaltung beschränke,[18] ohne allerdings den Kern des Problems deutlich zu machen: Besteht eine Vollzugskompetenz für Landesrecht? Im wei-

---

[16] Vgl. BT-Ds. 12/4609 (neu), S 25 und S. 96, nach der § 4 AEG nur den früheren § 4 BbG fortführen sollte.
[17] BT-Ds. 12/5014, S. 15.
[18] BT-Ds. 12/5014, S. 44.

teren Gesetzgebungsverfahren wurde dieses Problem – soweit erkennbar – nicht thematisiert, dessen Bedeutung wurde nicht erkannt.

In dieser Situation hat der Gesetzgeber im Jahr 1998 die Problematik des § 4 Abs. 2 AEG aufgegriffen. Durch die im Wortlaut nur geringfügige Änderung des § 4 Abs. 2 AEG wurde insoweit Klarheit geschaffen, als dass seit dem wenigstens der Vollzug des Bundesrechtes – sofern dies selbst keine andere und damit speziellere Regelung trifft – unstreitig Aufgabe und Kompetenz des Eisenbahn-Bundesamtes ist, das Eisenbahn-Bundesamt insoweit also keiner Ermächtigung im jeweiligen Fachgesetz bedarf[19] – problematisch insoweit allerdings Materien bloßer Rahmengesetzgebung, denn insoweit überschritte die Verwaltungskompetenz die Gesetzgebungskompetenz.[20]
Spätestens durch diese Gesetzesänderung ist aber auch klar gestellt, dass der Vollzug des Landesrechtes nicht Aufgabe des Eisenbahn-Bundesamtes ist. Durch die Novelle, die insbesondere den gesamten § 4 AEG ändern wollte, sollte dem Eisenbahn-Bundesamt unzweideutig die Überwachungszuständigkeit für den landesrechtlich geregelten Brandschutz übertragen werden.[21] Die Bundesregierung lehnte eine Aufnahme des Brandschutzes in § 4 Abs. 1 AEG ab, da damit Landesrecht vollzogen werde und stimmte der Änderung des § 4 Abs. 2 AEG nur unter der ausdrücklich geäußerten Prämisse zu, dass ein Vollzug von Landesrecht hiermit nicht stattfinde.[22] Der Verkehrsausschuss und ihm folgend der Bundestag hat sich den verfassungsrechtlichen Bedenken der Bundesregierung angeschlossen und daher eine Aufnahme des Brandschutzes abgelehnt.[23] Im Vermittlungsverfahren schließlich konnte sich auch der Bundesrat den ver-

---

[19] Vgl. BT-Ds. 13/4386, S. 4 f.
[20] Vgl. Maunz/Dürig – Lerche, Art. 83 Rdn. 62 und 67.
[21] Vgl. BT-Ds. 13/4386, S. 4 f.
[22] BT-Ds. 13/4386, S. 7 f.

fassungsrechtlichen Bedenken nicht völlig verschließen. Entsprechend beließ es der schließlich Gesetz gewordene Vorschlag im Hinblick auf den Brandschutz, die Eisenbahnen hätten hieran „mitzuwirken", bei der originären Zuständigkeit der Landesbehörden für den Brandschutz.[24]

Damit ist in das Gesetzgebungsverfahren jedenfalls die Problematik eingeflossen, ob auch Landesrecht vollzogen werden soll. Hätte der Gesetzgeber dies gewollt, hätte es ihm freigestanden, dies in der notwendigen Deutlichkeit in das Gesetz auch für den im Wortlaut abgeänderten § 4 Abs. 2 AEG hinein zu formulieren. Dies hat er jedoch gerade nicht getan: Eine verfassungsrechtlich klare Entscheidung wurde nicht getroffen. Die unterschiedlichen Regelungsintentionen blieben dank einer Kompromissformulierung hinsichtlich des Brandschutzes letztlich im unklaren.

3. Verfassungskonforme Interpretation

In dieser Situation führt es weiter, sich die Kompetenzverteilung im Bundesstaat zu gegenwärtigen. Jede Kompetenz, damit insbesondere auch jede Verwaltungskompetenz, die nicht ausdrücklich dem Bund zugewiesen ist, liegt nach Art. 30 GG bei den Ländern. Dabei gilt nach der zutreffenden Rechsprechung des Bundesverfassungsgerichts auch für den Gesetzgeber bei Kompetenzregelungen wie der Bestimmung der Verwaltungszuständigkeit der Bestimmtheitsgrundsatz.[25] Diesem Erfordernis würde § 4 Abs. 2 AEG nicht gerecht, so er denn nach dem Willen des Gesetzgebers eine derartige und vollkommen außergewöhnlich Zu-

---

[23] BT-Ds. 13/6721, S. 3 f.
[24] Vgl. BT-Ds. 13/7234 und 13/9421.
[25] BVerfGE 108, 169, Urteil vom 15.07.2003: „Der Gesetzgeber muss bei Regelungen zur Bestimmung von Verwaltungszuständigkeiten nach Art 30 und Art 83 ff GG die rechtsstaatlichen Grundsätze der Normenklarheit und Widerspruchsfreiheit beachten, um die Länder vor einem Eindringen des Bundes in den ihnen vorbehaltenen Bereich der Verwaltung zu schützen."

weisung des Vollzuges von Landesrecht an den Bund hätte enthalten sollen. Da diese Problematik im Gesetzgebungsverfahren thematisiert wurde und weder im Gesetzeswortlaut noch auch nur in den weiteren Materialien ihren Niederschlag gefunden hat, genügt die Norm nach dem vom Bundesverfassungsgericht propagierten Maßstab dem rechtsstaatlichen Erfordernis der Normenklarheit nicht in einem Maße, dass man verfassungskonform eine Zuweisung der Verwaltungszuständigkeit an eine Bundesbehörde auch für das Landesrecht annehmen kann. Wollte man § 4 Abs. 2 AEG daher so verstehen, wäre er verfassungswidrig.

Er wäre zumindest dann verfassungswidrig, wenn sich nicht aus dem Grundgesetz selbst bereits eine Verwaltungskompetenz des Bundes – die Verbandskompetenz – ergäbe oder zumindest eine verfassungskräftige Ermächtigung, eine Bundeszuständigkeit zu normieren. Denn dann könnte § 4 Abs. 2 AEG möglicherweise im Lichte dieser Grundgesetznorm interpretiert werden. Eine solche Norm findet sich aber nicht.

Insbesondere Art. 73 Nr. 6 a GG – ausschließliche Gesetzgebungskompetenz des Bundes für „den Verkehr" von Eisenbahnen des Bundes – bedeutet keine Kompetenz des Bundesgesetzgebers, im Rahmen des Eisenbahnrechts auch eine Zuständigkeit im Sinne eines Bundesvollzuges von Landesrecht zu regeln, auch nicht im Wege von Sachzusammenhang oder Annexkompetenz.[26] Schließlich ergibt sich eine Bundeskompetenz zum Verwaltungsvollzug von Landesrecht auch nicht aus Art. 87 e GG. Schon aus der systematischen Stellung ergibt sich, dass in Art. 83 ff. nur die Ausführung von Bundesgesetzen in Rede steht.[27] Ein anderer Wille ist dem verfassungsändernden Gesetzgebungsverfahren des Jahres 1993 nicht zu entnehmen.[28]

---

[26] OVG NRW, Urteil vom 08.06.2005 – Az. 8 A 262/05 –, S. 26 ff. des UA.
[27] Die Überschrift des VIII. Abschnitts des Grundgesetzes lautet: „Die Ausführung der Bundesgesetze und die Bundesverwaltung".
[28] Vgl. BT-Ds. 12/5015, S. 6 und S. 10f.

Nach dem Grundsatz der verfassungskonformen Interpretation ist eine Norm – wenn möglich – so zu verstehen, dass sie verfassungskonform ist. Eine entsprechende Interpretationsmöglichkeit besteht nach der oben skizzierten Argumentationslinie in einer geltungserhaltenden teleologischen Reduktion.
Dann bleibt es beim verfassungsrechtlichen Regelfall des Art. 30 GG. Die Länder und damit nicht das Eisenbahn-Bundesamt sind zuständig.

4. Folgerungen

Künftig wird sich die Deutsche Bahn AG also – wie jeder andere Gewaltunterworfene auch – mit sämtlichen Landes- und Kommunalbehörden auseinander zu setzen haben. Eine nur der Exekutivgewalt des Eisenbahn-Bundesamtes unterworfene „Schneise" zieht sich nicht durch Deutschland. Den Landesbehörden steht es vielmehr frei, die Anforderungen des Landesrechtes gegen die Eisenbahnen des Bundes durchsetzen, so dieses denn Vorgaben enthält – vom Landesimmissionsschutzrecht über das Wasserrecht bis hin zur Baumschutzsatzung.
Die Ausnahme liegt in der Planfeststellung: Aufgrund der Konzentrationswirkung trifft hier der Bund auch Entscheidungen auf Basis des Landesrechts. Das ist und bleibt aber eine Besonderheit des Planfeststellungsverfahrens.
Bestünde der politische Wille, hieran etwas zu ändern, bedürfte es eventuell einer Verfassungsänderung, da der Bund nicht in allen Rechtsbereichen ausreichende Gesetzgebungs- und Verwaltungskompetenzen besitzen dürfte; diese Frage sprengt jedoch den Rahmen dieser Arbeit. Denn die Alternative liegt darin, für die Rechtsmaterien, die das Eisenbahn-Bundesamt vollziehen soll, Bundesrecht zu schaffen – bundesrechtliche Vollregelungen in Parlamentsgesetzen oder Verordnungen wie beispielsweise ein Eisenbahnnaturschutzgesetz oder ein Eisenbahnwasserrechtsgesetz. Zumindest aber bedarf es einer klaren gesetzlichen Regelung der Zuständigkeiten.

III. Exemplarische Rechtsbereiche

Exemplarisch sollen drei – schon benannte – Rechtsbereiche beleuchtet werden, die in der Praxis derzeit im Vordergrund stehen: das Naturschutzrecht, das Immissionsschutzrecht und das Wasserrecht.

1. Naturschutzrecht

Das jüngste Urteil des OVG NRW bezieht sich auf eine naturschutzrechtliche Fragestellung aus Köln: Inwieweit sind die Eisenbahnen des Bundes trotz § 63 BNatSchG (Funktionsvorbehalt für Verkehrsflächen) an Regelungen des Landesrechts (Schnittzeiten) und an kommunale Satzungen (Baumschutzsatzung) gebunden. In der Sache nimmt das OVG eine Bindung an, fordert aber eine sorgfältige Auslegung der im Landesrecht enthaltenen Regelungen und Ausnahmetatbestände. Vollzugsbehörde sind in NRW die Landräte und Oberbürgermeister, nicht das Eisenbahn-Bundesamt. Ähnliche Streitpunkte hatten sich bundesweit bei mehreren anderen Gelegenheiten ergeben.

2. Immissionsschutzrecht:

Der Vollzug des Bundesimmissionsschutzrechtes ist Aufgabe des Eisenbahn-Bundesamtes. Etliche Länder haben aber ergänzende Regelungen des Landesimmissionsschutzrechtes geschaffen. Stets problematisch insoweit ist die in den Ländern Nordrhein-Westfalen, Rheinland-Pfalz, Berlin, Brandenburg und Hamburg grundsätzlich bestehende Genehmigungspflichtigkeit von Nachbaustellen, die im Bundesrecht kein Pendant findet. Entsprechend dem oben Erarbeiteten ist für die Erteilung von solchen Genehmigungen die jeweilige Landesbehörde zuständig. Enthält diese Genehmigung Schutzauflagen für Anwohner, sind auch diese vom Land durchzusetzen. Das schließt aber nicht aus, dass der Bund und damit namentlich das Eisenbahn-Bundesamt ordnungsbehördlich einschreitet, insbesondere auf der Grundlage der §§ 22, 24, 25 BImSchG: Denn das Land befreit mit seiner Genehmigung nicht von den bundesrechtlichen Vorgaben, bei Überschreiten bestimmter Lärmwerte (aus der AVV Baulärm) nach dem Stand der Technik vermeidbaren Lärm zu vermeiden und unvermeidbaren Lärm auf ein Minimum zu reduzieren. Es kann daher zu einem parallelen Vorgehen von Bundes- und Landesbehörde aufgrund desselben Sachverhalts kommen, einmal auf der Basis von Bundesrecht zum anderen auf der Basis von Landesrecht. Diese Zusammenhänge sind allerdings – soweit ersichtlich – gerichtlich noch nicht entschieden. Ein Verwaltungsstreitverfahren vor dem OVG Koblenz hat leider keine Klärung gebracht. Die auf das Landesrecht gestützte und daher nicht revisible Entscheidung hat sich – wie schon die Vorinstanz – leider jeder Äußerung zur Frage der Zuständigkeit enthalten, unterstützt aber die Sicht der Vorinstanz, dass in Rheinland-Pfalz aufgrund eines Ausnahmetatbestandes des Landesrechtes keine Genehmigungspflicht für nächtliche Gleisbaustellen besteht.[29]

3. Wasserrecht

Ob dem Bund und damit namentlich dem Eisenbahn-Bundesamt Zuständigkeiten im Wasserrecht zukommen, ist ungeklärt. Hier existiert in Gestalt des Wasserhaushaltsgesetzes zwar Bundesrecht, dass aber ein Rahmengesetz ist und damit eigentlich nicht vollziehbar. Allerdings wiederum enthält gerade das WHG einzelne Vollregelungen, die damit vollziehbar sind. Damit stellt sich die Frage, ob der Bund in Rechtsbereichen, in denen ihm lediglich eine Rahmengesetzgebungskompetenz zusteht, Verwaltungskompetenzen haben kann.[30] Nimmt man den Lehrsatz ernst, dass die äußerste Grenze der Verwaltungskompetenz die Gesetzgebungskompetenz ist, besteht keine Verwaltungskompetenz für das Was-

---

[29] OVG Koblenz, Urteil vom 30.08.2005, Az. 7 10450/05.OVG; Vorinstanz: VG Neustadt/Weinstraße, Urteil vom 11.02.2005, Az. 7 K 2030/04.NW.

serrecht. Die bestehende Kompetenz zur Rahmengesetzgebung erlaubte nur eine „Rahmenverwaltungskompetenz". Eine „Rahmenverwaltung" ist aber nicht denkbar, da Kern der Verwaltungstätigkeit das Treffen konkreter Einzelentscheidungen ist, insbesondere das Setzen von Verwaltungsakten. „Rahmenentscheidungen" gibt es landläufig nicht, damit auch keine „Rahmenverwaltung". Danach ist auch das Wasserrecht Sache der Länder. Ein Musterverfahren läuft vor dem VG Berlin, eine Entscheidung ist aber derzeit nicht abzusehen.

IV. Ausblick

Einige mit § 4 Abs. 2 AEG verbundene Rechtsfragen sind mit den jüngsten gerichtlichen Entscheidungen klarer geworden. Wünschenswert wäre natürlich eine Klärung durch das Bundesverwaltungsgericht, die gegenüber differierenden obergerichtlichen Entscheidungen ein Mindestmass an Rechtssicherheit schaffen könnte. Ob sich dies realisieren lässt, wird sich zeigen.

Unabhängig davon, wäre eine gesetzliche Klarstellung des § 4 Abs. 2 AEG angezeigt. § 4 Abs. 2 AEG könnte folgenden Wortlaut erhalten. Sinnvoll wäre, ihn als eigenen Paragraphen – z.B. als § 4 a AEG – zu fassen:

„Das Eisenbahn-Bundesamt ist ausschließlich zuständig für die Abwehr von Gefahren für die öffentliche Sicherheit und für sonstige Entscheidungen bezogen auf Betriebsanlagen und Schienenfahrzeuge von Eisenbahnen des Bundes auf Grund anderer Rechtsvorschriften des Bundesrechts. Ihm stehen neben den sich aus den jeweiligen anderen Rechtsvorschriften ergebenden Befugnissen die Befugnisse aus diesem Gesetz zu. Es ist insbesondere befugt, alle notwendigen Maßnahmen zur Abwehr von Gefahren für die öffentliche Sicherheit zu treffen.

---

[30] Vgl. Maunz/Dürig – Lerche, Art. 83 Rdn. 63 und 67.

Der Vollzug von Landesrecht obliegt nicht dem Eisenbahn-Bundesamt; das Planfeststellungsverfahren bleibt unberührt".

Eine solche Norm schafft Rechtsklarheit und stellte zugleich sicher, dass dem Eisenbahn-Bundesamt nicht allein Zuständigkeiten übertragen werden, sondern dass die dem Eisenbahn-Bundesamt zu Gebote stehenden Befugnisse Schritt halten. Dem Eisenbahn-Bundesamt als Sonderordnungsbehörde fehlt eine ordnungsbehördliche Generalklausel, die es ermächtigt, die notwendigen Maßnahmen zur Abwehr von Gefahren für die öffentliche Sicherheit und Ordnung zu treffen. Die im AEG vorhandenen Ermächtigungsgrundlagen beziehen sich nur auf die Durchsetzung des Eisenbahnrechtes.[31] Angesichts einer Zuständigkeit für das gesamte Bundesrecht klafft hier eine Lücke. Das ist äußerst misslich, wenn das jeweilige Fachgesetz keine zureichende Ermächtigungsgrundlagen bereithält: Beim Vollzug durch Landesbehörden steht diesen immer der Rückgriff auf die landesrechtlichen Generalklauseln des Ordnungsbehördenrechtes offen, so dass sich unzureichende fachgesetzliche Ermächtigungsgrundlagen tendenziell nicht auswirken. Das Eisenbahn-Bundesamt steht in einer solchen Situation hilflos mit gebundenen Händen da.

---

[31] Vgl. BVerwG NVwZ 1995, 379.

RA Dr. Andreas Geiger, München

Inbetriebnahmegenehmigung versus Planfeststellung

I. Einleitung

Die Inbetriebnahmegenehmigung ist europarechtlichen Ursprungs. Die Wettbewerbsfähigkeit der Schiene im Verhältnis zu anderen Verkehrsträgern wird heute u.a. durch Unterschiede behindert, die in den Mitgliedstaaten im Hinblick auf die Fahrzeuge, die Technologie, die Signalgebung, die Sicherheitsvorschriften, die Bremssysteme, die Fahrstromarten und die Geschwindigkeitsbegrenzungen bestehen. In jedem Mitgliedstaat gibt es unterschiedliche Vorschriften zu Abmessungen und technischen Details, die auf den Besonderheiten der Eisenbahn-Industrien und Eisenbahnunternehmen der einzelnen Länder beruhen.

Zur Beseitigung der Uneinheitlichkeit des transeuropäischen Eisenbahnnetzes daher erließ die EG zwei Interoperabilitätsrichtlinien, die durch eine Änderungsrichtlinie zwischenzeitlich modifiziert wurden. Dies sind die Richtlinie 96/48 EG des Rates vom 23.07.1996 über die Interoperabilität des transeuropäischen Hochgeschwindigkeitsbahnsystems, (Abl. L 235, S. 6); Richtlinie 2001/16/EG des Europäischen Parlaments und des Rates vom 19.03.2001 über die Interoperabilität des konventionellen transeuropäischen Eisenbahnsystems (Abl. L 110, S. 1) und die Richtlinie 2004/50/EG des Europäischen Parlaments und des Rates vom 29.04.2004 zur Änderung der Richtlinie 96/48/EG und der Richtlinie 2001/16/EG (Abl. L 220, S. 40).

Die Richtlinie 96/48/EG definiert den Begriff der Interoperabilität als „die Tauglichkeit des transeuropäischen Hochgeschwindigkeits-Bahnsystems für den sicheren und durchgehenden Verkehr von Hochgeschwindigkeitszügen, die den spezifizierten Leistungskennwerten entsprechen. Diese Fähigkeit beruht auf den gesamten ordnungsrechtlichen, technischen und betrieblichen Voraussetzungen, die zur Erfüllung der grundlegenden Anforderungen gegeben sein müssen". Die Richtlinie 2001/16/EG übernimmt diese Definition nahezu identisch für das konventionelle transeuropäische Eisenbahnsystem. Ziel ist es, durch gemeinsame Anforderungen an Bereiche wie Zugsteuerung/Zugsicherung, Signalgebung und Telematikanwendungen alle Züge auf allen transeuropäischen Hochgeschwindigkeits- und konventionellen Eisenbahnstrecken einsetzen zu können. Die Richtlinien sollen damit – wie von Art. 154 EGV vorgesehen - einen Beitrag zur Schaffung eines „Raumes ohne Binnengrenzen" durch bessere Vernetzung seiner Verkehrsmittel leisten.

Langfristiges Ziel ist insbesondere auch eine Entlastung der Straßen in der EU durch Verlagerung des Güter- und Personenverkehrs auf die Schiene.

Die Gemeinschaft hat sich auch einen konkreten Zeitrahmen gesteckt: für das Jahr 2008 ist die vollständige Öffnung des Eisenbahnnetzes für grenzüberschreitende Güterverkehrsleistungen geplant.

Die Interoperabilitätsrichtlinien gelten übrigens nur für Eisenbahnen, nicht für Magnetschwebebahnen, für deren Planfeststellung und Zulassung das Eisenbahnbundesamt bekanntlich ebenfalls zuständig ist.

Umgesetzt in deutsches Recht wurden die Interoperabilitätsrichtlinien durch das Bundesministerium für Verkehr, Bau- und Wohnungswesen in Form der Eisenbahn-Interoperabilitätsverordnung (EIV) vom 20.05.1999 (BGBl. I S. 1072) und der Konventioneller-Verkehr-Eisenbahn-Interoperabilitätsverordnung (Kon-

VEIV) vom 09.06.2005 (BGBl. I S. 1653). Während für die Umsetzung der Richtlinie 96/48 EG keine Umsetzungsfrist vorgegeben war, hätte die Richtlinie 2001/16 bis zum 20.04.2003 in nationales Recht umgesetzt werden müssen, was ersichtlich nicht geschah. Die Richtlinie 2004/50/EG ist bis zum 30.04.2006 in nationales Recht umzusetzen. Auch die erst kürzlich erlassene KonVEIV berücksichtigt die Änderungs-Richtlinie 2004/50 /EG noch nicht.

Die EIV ist rückwirkend zum 01.04.1999 in Kraft getreten. Auf ein Datum des Inkrafttretens der KonVEIV wollte sich der deutsche Verordnungsgeber offenbar nicht festlegen (§ 13 KonVEIV lautet: „Die Verordnung tritt am... in Kraft"). Nach Artikel 82 Abs. 2 S. 2 GG gilt die KonVEIV jedenfalls seit dem 04.07.2005, also mit Ablauf des Vierzehnten Tages nach Ablauf des Tages der Ausgabe des Bundesgesetzblattes.

Rechtsgrundlage für den Erlass der EIV ist § 26 Abs. 1 Nr. 1 a) in Verbindung mit Abs. 4 Nr. 1 des AEG vom 27.12.1993 (BGBl. I S. 2378, 2396) in Verbindung mit Artikel 56 des Zuständigkeitsanpassungs-Gesetzes vom 18.03.1975 (BGBl. I S. 705) und dem Organisationserlass vom 27.10.1998 (BGBl. I S. 3288). Die KonVEIV beruht auf § 26 Abs. 1 Nr. 1 a) in Verbindung mit Abs. 4 Nr. 1 des AEG.

II. Inhalt der RL und Verordnungen

1. Richtlinien

Bevor ich auf das Verhältnis von Inbetriebnahmegenehmigung und Planfeststellung eingehe, möchte ich zunächst noch einmal kurz den Inhalt der beiden RL und der entsprechenden deutschen Verordnungen skizzieren. Selbst unter Eisenbahnrechtsexperten können diese Vorschriften nämlich wegen ihrer relativen Neuheit nicht ohne weiteres als bekannt vorausgesetzt werden. Um hier an der

Bewusstseinsbildung mitzuwirken, hat meine Kanzlei übrigens vor etwa einem Jahr in Hamburg einen Workshop zum Thema TSI (Technische Spezifikationen für die Interoperationalität) unter Beteiligung von Herrn Breitling, Direktor des UIC und AEIF[1] durchgeführt. Auch einige von Ihnen hier im Saal haben an diesem Workshop teilgenommen.

Die Richtlinien sind, soweit hier interessierend bezüglich der Inbetriebnahmegenehmigung, praktisch gleichlautend, so dass ich, um Wiederholungen zu vermeiden, meine Ausführungen jeweils auf beide Richtlinien beziehe, sofern nicht ausdrücklich anders dargestellt.

a) Ausgangsnorm Art. 14 Abs. 1 der Richtlinien

Art. 14 Abs. 1 der jeweiligen Richtlinien sieht vor, dass auf der Ebene der Mitgliedstaaten eine Entscheidung über die Genehmigung für die Inbetriebnahme von strukturellen Teilsystemen getroffen wird, soweit diese Bestandteil des transeuropäischen Hochgeschwindigkeits- bzw. konventionellen Eisenbahnsystems sind. Gleiches gilt seit dem Jahre 2004 nach Artikel 14 Abs. 3 der Richtlinien für die Erneuerung oder Umrüstung eines strukturellen Teilsystems[2], wenn durch die geplanten Arbeiten die Gefahr einer Beeinträchtigung des Gesamtsicherheitsniveaus des betreffenden Teilsystems besteht.

Zentral sind somit zum einen die Begriffe der Inbetriebnahme und der strukturellen Teilsysteme. Außerdem stellt sich die Frage des räumlichen Anwen-

---

[1] AEIF = Europäische Vereinigung für die Interoperabilität im Bereich der Bahn, bestehend aus Vertretern der Infrastrukturbetreiber, der EVU und der Industrie.
[2] Art. 14 Abs. 3 der RL in der Fassung durch die Berichtigung der RL 2004/50 EWG zur Änderung der RL 96/48 EWG und 2001/16 EWG.

dungsbereichs der Richtlinien, kurz gefragt, für welche Eisenbahnstrecken gelten die Richtlinien und damit der Genehmigungsvorbehalt?

(1) Räumlicher Anwendungsbereich
Aus Anhang I der Richtlinien lässt sich zunächst der räumliche Anwendungsbereich der Richtlinien entnehmen. In Ziffer 1. wird dargestellt, welche Strecken zu der Infrastruktur des transeuropäischen Hochgeschwindigkeits- bzw. konventionellen transeuropäischen Bahnnetzes zählen.

Für das Hochgeschwindigkeitsbahnsystem ergibt sich dies aus der Zweckbestimmung der neu oder ausgebauten Eisenbahnstrecken. Hochgeschwindigkeitsstrecken sind nur solche, die grundsätzlich für Geschwindigkeiten von 250 km/h für Neu- und 200 km/h für Ausbaustrecken ausgelegt sind.

Welche Strecken im einzelnen umfasst sind, ergibt sich aus der Entscheidung Nr. 1692/96 EG des Europäischen Parlaments und des Rates vom 23.07.1996 über gemeinschaftliche Leitlinien für den Aufbau eines transeuropäischen Verkehrsnetzes (TEN-V) – (Abl. EG Nr. L 228 S.1), die fortgeschrieben wird. Daraus gehen die Hochgeschwindigkeitsstrecken, die konventionellen Strecken, die jeweils geplanten Strecken (Anhang I, Abschnitt 3) und solche von gemeinsamen Interesse (Anhang III) hervor.

Das Erfordernis einer Inbetriebnahmegenehmigung bezieht sich grundsätzlich auf Projekte dieses TEN-Schienennetzes.

(2) Teilsysteme / strukturelle Teilsysteme

Der Genehmigung bedürfen strukturelle Teilsysteme. Was unterfällt dem Begriff der Teilsysteme und gibt es einen Unterschied zwischen Teilsystemen und strukturellen Teilsystemen? Nach der Legaldefinition in Art. 2 c) der Richtlinie 96/48 EG ist unter einem Teilsystem „die in Anhang II aufgeführte Unterteilung des transeuropäischen Hochgeschwindigkeitsbahnsystems in strukturelle oder funktionale Teilsysteme, für die grundlegende Anforderungen festgelegt werden müssen" zu verstehen. Art. 2 c) der Richtlinie 2001/16 EG definiert den Begriff der Teilsysteme für den Bereich des konventionellen Bahnsystems im wesentlichen wortgleich.

Der Begriff der strukturellen Teilsysteme stellt sich also als Unterfall des Oberbegriffs Teilsystem dar. Die Unterscheidung der Begrifflichkeiten wird insoweit bedeutsam, als dass ausweislich des ausdrücklichen Wortlauts des Art. 14 Abs. 2 der Richtlinien das Erfordernis einer Inbetriebnahmegenehmigung nur für die strukturellen Teilsysteme gilt.

In Anhang II der Richtlinien sind die Teilsysteme, untergliedert in strukturelle und funktionelle Bereiche, einzeln aufgeführt (in Ziffer 1.) und anschließend erläutert (in Ziffer 2.).

Der strukturelle Bereich umfasst:
- Infrastruktur
- Energie
- Zugsteuerung, Zugsicherung und Signalgebung
- Verkehrsbetrieb und Verkehrssteuerung und
- Fahrzeuge.

Der funktionelle Bereich gliedert sich auf in:
- Instandhaltung und
- Telematikanwendungen für den Personen- und Güterverkehr.

Die einzelnen Kategorien der strukturellen Teilsysteme sollen nun ausgehend von Anhang II Ziff. 2 der Richtlinie 2001/16 EG noch näher beschrieben werden.

Das Teilsystem Infrastruktur umfasst unter anderem Gleise, Weichen, Brücken und zu der Infrastruktur in den Bahnhöfen gehörende Bauteile und Bereiche.

Das Teilsystem Energie beinhaltet z.b. Oberleitungen, das Teilsystem Zugsteuerung, Zugsicherung, Signalgebung und alle zur Gewährleistung der Sicherung, Steuerung und Kontrolle der Bewegung von Zügen erforderliche Ausrüstungen. Das Teilsystem Verkehrsbetrieb und Verkehrssteuerung umfasst insbesondere Zugführung, Planung und Abwicklung des Verkehrsbetriebes, das Teilsystem Fahrzeuge schließlich bezieht sich z.b. auf Bremsanlagen, Türen, Kupplungen, insgesamt alle Strukturen und Systeme der Zugsteuerung und Zugsicherung.

(3) TSI

Gemeinsamer Maßstab für die technischen Anforderungen an die strukturellen Teilsysteme sind die TSI, die sog. technischen Spezifikationen für die Interoperabilität. Kurz gesagt werden in den TSI allgemeine und besondere grundlegende Anforderungen festgeschrieben, die im Hinblick auf z.B. Sicherheit, Gesundheit und Umweltschutz sowie technische Kompatibilität erfüllt werden müssen.

Dr. Andreas Geiger

Die TSI werden jeweils bezogen auf ein Teilsystem des Gesamteisenbahnsystems von der Europäischen Vereinigung für die Interoperabilität im Bereich der Bahn (AEIF), einer gemeinsamen Interessenvertretung von Betreibern der Infrastruktur, der Eisenbahnunternehmen und der Industrie, ausgearbeitet.

Die Kommission erlässt die TSI gemäß Artikel 6 Abs. 1 in Verbindung mit Artikel 21 Abs. 2 der Richtlinien in Verbindung mit Artikel 5 Abs. 3 des Beschlusses des Rates vom 28. 06. 1999 (1999/468 EG). Beispielsweise hat die Kommission erstmals am 30.05.2002 TSI für das Teilsystem Infrastruktur für das transeuorpäische Hochgeschwindigkeitsbahnsystem als Entscheidung erlassen. Anders als die Richtlinien ist die o.g. Entscheidung der Kommission gemäß Art. 249 Abs. 4 EGV gegenüber den Mitgliedstaaten, an die sie nach Art. 24 der Entscheidung gerichtet ist, unmittelbar verbindlich, ohne dass es einer Umsetzung in nationales Recht bedarf.

Durch eine leider etwas unübersichtliche Verweisungs- und Bezugnahmetechnik hat der deutsche Verordnungsgeber die TSI zudem in die Verordnungen eingebunden und damit den TSI Rechtsnormqualität gegeben.

(4) Inbetriebnahme
Die Genehmigung nach Art. 14 Rlen ist erforderlich für die Inbetriebnahme von (strukturellen) Teilsystemen.

Die Inbetriebnahme ist in den RL[3] definiert als „die Gesamtheit aller Tätigkeiten, durch die ein Teilsystem in seine nominale Betriebsbereitschaft versetzt

---

[3] Art. 2 Lit.p), neu eingefügt in RL 96/48 EG und 2001/16 EG durch Berichtigung der RL 2004/50 EG.

wird". Diese Definition ist nicht besonders griffig. Abzugrenzen ist die Inbetriebnahme im wesentlichen von den vorangegangen Stadien der Planung, des Baus und der Installation oder Montage eines Teilsystems. Die Inbetriebnahme ist jedenfalls die Phase, die zeitlich dem Bau der Anlage nachfolgt. Mit Hilfe der Darstellung des Verhältnisses des Inbetriebnahmegenehmigungsverfahrens zur Planfeststellung, wird das Institut der Inbetriebnahme und der entsprechenden Genehmigung konturiert.

b) Art. 14 Abs. 2 der Richtlinien
Nachdem Art. 14 Abs. 1 UAbs. 1 der Richtlinien das Erfordernis einer Inbetriebnahmegenehmigung allgemein statuiert, konkretisiert Art. 14 Abs. 1 UAbs. 2 der Richtlinien die Anforderungen näher. Danach dürfen die strukturellen Teilsysteme „nur dann in Betrieb genommen werden, wenn sie so geplant, gebaut und installiert und/oder betrieben werden, dass die einschlägigen grundlegenden Anforderungen ohne Einschränkung erfüllt werden, wenn sie in das transeuropäische Hochgeschwindigkeitsbahnsystem bzw. das konventionelle transeuropäische Eisenbahnsystem einbezogen werden".

2. Verordnungen (EIV und KonVEIV)
Durch § 2 Ziff. 1 a. EIV und § 4 Abs. 1 KonVEIV hat der deutsche Verordnungsgeber das Institut der Inbetriebnahmegenehmigung in unmittelbar geltendes nationales Recht integriert.

Für das Verfahren und die Anforderungen zur Erteilung der Inbetriebnahmegenehmigung gilt daher zwar ausschließlich das nationale Recht, hier in Form der beiden Verordnungen. Die Richtlinien selbst bilden keine unmittelbare rechtliche Grundlage für die Durchführung des Verfahrens[4]. Gleichwohl hat der Verordnungsgeber mit dem Mittel der Verweisungstechnik Teile der Richtlinien in die Verordnungen einbezogen. Gemäß § 1 EIV gelten wesentliche Teile der Richtlinie, unter anderem ein Großteil der Anhänge, unmittelbar. Auch hierdurch spart sich der Verordnungsgeber eine detaillierte Umsetzung. Die KonVEIV kommt mit nur 13 Paragraphen, die EIV sogar mit nur fünf aus. Daher muss man die Interoperabilitätsrichtlinien gleichsam immer dazulesen.

Wenn sich der deutsche Normgeber bei der Umsetzung von EU-Richtlinien im wesentlichen mit deren Wiedergabe und mit Verweisen begnügt, statt rechtspolitische Gestaltungsspielräume zu nutzen, die den Richtlinien immanent sind[5], fragt man sich gelegentlich, weshalb dann die Umsetzung Jahre benötigt, wie wir dies auch schon bei der Umsetzung der FFH-RL und Vogelschutz-RL beobachten konnten.

a) Zuständigkeit und Verfahren der Inbetriebnahmegenehmigung
Wie gestaltet sich nun das Verfahren der Inbetriebnahmegenehmigung?

(1) Zuständigkeit

Zuständig für die Genehmigungserteilung ist das Eisenbahn-Bundesamt. Während die EIV in § 2 Satz 1 die Zuständigkeit des Eisenbahn-Bundesamtes festschreibt, spricht die KonVEIV nur von „der Genehmigungsbehörde". Für die

---

[4] Gemäß Art. 249 Abs. 3 EGV sind die Richtlinien an die Mitgliedstaaten gerichtet und nur hinsichtlich der Ziele verbindlich. Unmittelbare rechtliche Wirkung in den Mitgliedstaaten erlangt erst die Umsetzung der Richtlinien in nationales Recht, wobei die Mitgliedstaaten hinsichtlich der Wahl der Form und Mittel frei sind, begrenzt nur durch Art. 10 Abs. 1 EGV – Grundsatz des „effet-utile"-.
[5] Allerdings wird der Umsetzungsspielraum in der Gemeinschaftspraxis insbesondere bei der Rechtsangleichung in technischen Bereichen zunehmend geringer (vgl. Oppermann, Europarecht, 2. Aufl., § 6 Rn. 551).

KonVEIV ist daher auf die Zuständigkeitsregelungen des § 5 AEG zurückzugreifen, wovon offenbar auch der Verordnungsgeber ausging, als er in der amtlichen Begründung zu § 4 der KonVEIV lapidar auf die „nach § 5 AEG zuständigen Genehmigungsbehörde" verweist. Für die bundeseigenen Eisenbahnen ergibt sich die Zuständigkeit des Eisenbahn-Bundesamtes aus § 5 Abs. 1a AEG. An dieser Stelle soll nicht vertieft werden, inwieweit die Zuständigkeitsregelungen des § 5 AEG für den Vollzug der KonVEIV ausreichen. Ich möchte hierzu lediglich darauf hinweisen, dass der Bund nach § 5 Abs. 1 a AEG grundsätzlich nur zuständig für Eisenbahnen des Bundes ist. Hier können Probleme entstehen, wenn z.b. nichtbundeseigene Eisenbahnunternehmen oder Hersteller von Teilsystemen, die nicht bundeseigene Eisenbahnen sind, Antragsteller sind. Es dürfte insoweit allerdings schwer vorstellbar sein, dass im Anwendungsbereich der KonVEIV für die Genehmigungserteilungen neben dem Eisenbahn-Bundesamt noch eine oder mehrere Landesbehörden für die Erteilung von Inbetriebnahmegenehmigungen zuständig sein sollten. Es empfiehlt sich daher m.E., die Unklarheit mit einer Analogie zu § 2 EIV zu schließen.

(2) Antragserfordernis

Sowohl die EIV (in § 2 S. 1 Nr. 1 a)) als auch die KonVEIV (in § 4 Abs. 2 S. 1) schreiben die schriftliche Antragstellung bei der Genehmigungsbehörde vor.

(3) Antragsteller

Nach § 4 KonVEIV können Antragsteller der Inbetriebnahmegenehmigung sein:
1. Eisenbahnen gemäß § 2 Abs. 1 des AEG
2. Halter von Eisenbahnfahrzeugen oder
3. Hersteller.

Die EIV beschränkt sich in § 2 S. 1 Nr. 1 a) auf die Feststellung, dass „wer in der Bundesrepublik Deutschland ein strukturelles Teilsystem betreiben will, das in das transeuropäische Hochgeschwindigkeitsbahnsystem einbezogen werden soll", einer Genehmigung bedarf.

(4) Antragsunterlagen

Gemäß § 4 Abs. 3 KonVEIV ist bei Antragstellung nachzuweisen

1. eine EG-Prüferklärung nach Artikel 18 in Verbindung mit Anhang V der Richtlinie 2001/16, nachdem eine benannte Stelle ein EG-Prüfverfahren nach Anhang VI der Richtlinie 2001/16 durchgeführt und darüber eine Konformitätsbescheinigung ausgestellt hat,
2. die Einhaltung der sonstigen zu beachtenden Rechtsvorschriften, soweit sie die Betriebssicherheit, die Betriebsbereitschaft, den Schutz der Gesundheit, den Umweltschutz und die technische Kompatibilität der Infrastruktur oder von Fahrzeugen regeln und
3. die Verwendbarkeit des strukturellen Teilsystems in dem konventionellen transeuropäischen Eisenbahnsystem.

§ 2 EIV schreibt in Satz 1 Nr. 1 a) die Vorlage

1. der EG-Prüferklärung nach Artikel 18 in Verbindung mit den Anhängen V und VI und
2. den gegebenenfalls erforderlichen EG-Konformitäts- oder Gebrauchstauglichkeitserklärungen nach Artikel 13 Abs. 1, 2, 3 in Verbindung mit Anhang IV der Richtlinie

vor.

Dies bedeutet aber nicht, dass die Erteilung der Inbetriebnahmegenehmigung an andere Voraussetzungen geknüpft wäre als die nach der KonVEIV. Auch gemäß § 3 S. 1 Nr. 1 EIV b) erteilt das Eisenbahn-Bundesamt die Genehmigung nur, wenn die weiteren Voraussetzungen nach der Eisenbahn-Bau- und Betriebsordnung und der Eisenbahn-Signalordnung vorliegen und Artikel 14 Abs. 2 der Richtlinie 96/48 EG erfüllt ist. Die Voraussetzungen des Art. 14 Abs. 2 der Richtlinie sind erfüllt, wenn die in Anhang III aufgelisteten einschlägigen grundlegenden Anforderungen, wie Sicherheit, Zuverlässigkeit und Betriebsbereitschaft, Gesundheit, Umweltschutz, technische Kompatibilität und die besonderen Anforderungen für das jeweilige Teilsystem eingehalten werden. Soweit spezielle TSI fehlen, ist die Genehmigungsfähigkeit, grob gesagt, am „Stand der Sicherheitstechnik" zu messen.

(5) EG-Prüferklärung
Sowohl nach der VEI als auch der KonVEIV sind EG-Prüferklärungen vorzulegen.

Die EG-Prüfung ist nach Art. 18 in Verbindung mit Anhang VI beider Richtlinien das Verfahren, bei dem eine benannte Stelle auf Verlangen des Auftraggebers und späteren Antragstellers der Genehmigung prüft und bescheinigt, dass ein Teilsystem mit den Bestimmungen der Richtlinie und mit den übrigen nach dem Vertrag geltenden Vorschriften übereinstimmt und in Betrieb genommen werden kann.

Die Prüfung besteht aus den Stufen der Gesamtkonzeption, des Baus des Teilsystems und der Abnahmeprüfung des fertiggestellten Teilsystems. Nach Durchführung der Prüfung stellt die benannte Stelle für den Antragsteller die Konformitätsbescheinigung aus, der Antragsteller wiederum stellt die EG-Prüferklärung für die Aufsichtsbehörde des Mitgliedstaats aus. Die EG-Prüferklärung ist also die Erklärung des Antragstellers, dass das jeweilige strukturelle Teilsystem den Anforderungen (TSI) entspricht. Der EG-Prüferklärung sind nach Nr. 4 des Anhangs VI der Richtlinien die jeweiligen Pläne und Abnahmeprüfprotokolle beizufügen. Grundlage der EG-Prüferklärung ist die von der benannten Stelle ausgestellte EG-Konformitätsbescheinigung. Diese bescheinigt die Übereinstimmung einzelner Interoperabilitätskomponenten, also einzelner Bauteile oder Bauteilgruppen, die in die Teilsysteme eingebaut werden sollen, mit den einschlägigen technischen Spezifikationen.

(6) Benannte Stelle

Als benannte Stelle kommt gemäß § 2 EIV nur eine durch das Eisenbahn-Bundesamt anerkannte Stelle in Betracht. Nach § 10 Abs. 1 KonVEIV in Verbindung mit § 5 Abs. 1 d) des AEG wurde bei dem Eisenbahn-Bundesamt eine benannte Stelle mit dem Namen Eisenbahn-Cert eingerichtet.

(7) Zusammenfassung

Kurz zusammengefasst kann also gesagt werden, dass die Inbetriebnahmegenehmigung nach der EIV und nach der KonVEIV trotz unterschiedlicher sprachlicher Fassung an die gleichen Voraussetzungen geknüpft ist. Beide Verordnungen fordern das Vorliegen einer EG- Prüferklärung und die Beachtung der sonstigen Rechtsvorschriften, wozu insbesondere die Eisenbahn- Bau- und Betriebsordnung und die Eisenbahn-Signalordnung zählen.
Auch der etwas missverständliche Wortlaut des § 4 Abs. 1 S.1 KonVEIV, der von einer „erstmaligen" Inbetriebnahme spricht, stellt keine inhaltliche Abweichung zu § 2 EIV dar. Die Richtlinie 2001/16/EG, deren Umsetzung die Kon-

VEIV ja ist, unterscheidet in Artikel 14 zwischen der „Inbetriebnahme" und dem späteren laufenden „Betrieb" eines Teilsystems. In Anhang VI wird der Umfang der EG-Prüferklärung vorgegeben. Diese umfasst danach unter anderem die Abnahme des fertig gestellten Teilsystems. Die Abnahme stellt sich als Prüfakt dar, der nur einmal, nämlich vor der einzigen und damit gleichzeitig ersten, Inbetriebnahme durchgeführt wird. Dem Wort „erstmalig" kommt folglich keine eigenständige Bedeutung zu.

III. Verhältnis zur Planfeststellung

Der sozusagen „guten alten Planfeststellung" (immerhin seit dem Preußischen Eisenbahngesetz v. 3.11.1838 existent) ist also mit der Inbetriebnahmegenehmigung von Europa her ein weiteres Genehmigungserfordernis hinzugefügt worden. Daher stellt sich die Frage nach dem Verhältnis die Inbetriebnahmegenehmigung zur Planfeststellung.

Zum Begriff der Planfeststellung brauche ich in Ihrem Kreise nicht viel zu sagen.

Wie bereits aus dem Begriff „Planfeststellung" hervorgeht und in § 18 Abs. 1 S. 1 AEG positivrechtlich normiert wird, geht es dabei um die Prüfung und Genehmigung der Pläne zum Bau oder der baulichen Änderung von Betriebsanlagen einer Eisenbahn. Erst nach Abschluss dieses Prüfungs- und Genehmigungsverfahrens darf das Vorhaben gebaut werden.

Die Planfeststellung nach § 18 AEG ist gegenständlich für Betriebsanlagen einer Eisenbahn einschließlich der Bahnstromfernleitungen vorgesehen. Den Begriff der „Betriebsanlagen" definiert § 4 Abs. 1 EBO, wonach Bahnanlagen alle

Grundstücke, Bauwerke und sonstigen Einrichtungen einer Eisenbahn sind, die unter Berücksichtigung der örtlichen Verhältnisse zur Abwicklung oder Sicherung des Reise- oder Güterverkehrs auf der Schiene erforderlich sind[6].

Die eisenbahnrechtliche Planfeststellung ist – und darauf hinzuweisen besteht immer wieder Anlass – Bau – und nicht Betriebsplanfeststellung[7]. Gegenstand sind ausschließlich Betriebsanlagen.

1. Notwendigkeit einer Planfeststellung für die strukturellen Teilsysteme

Da das Europarecht – vornehm gesagt – indifferent hinsichtlich gewachsener deutscher Rechtsinstitute des Verwaltungsrechts ist, stellt sich die Frage, wie sich der Begriff der strukturellen Teilsysteme und das Institut der Planfeststellung zueinander verhalten. Unterfallen die Teilsysteme der Notwendigkeit einer Planfeststellung?

Die Antwort ergibt sich relativ problemlos aus dem Wortlaut des § 18 Abs. 1 S. 1 AEG, nachdem nur für Betriebsanlagen einer Eisenbahn ein Planfeststellungsverfahren durchzuführen ist.

Während der Begriff der Eisenbahnbetriebsanlage gem. § 18 I AEG eine Eisenbahnbetriebsbezogenheit, also die Verkehrsfunktion und einen räumlichen Zusammenhang im Eisenbahnbetrieb, voraussetzt[8], bezieht sich der Begriff der strukturellen Teilsysteme, für die eine Inbetriebnahmegenehmigung zu erteilen ist, auf die für den Einsatz einer Eisenbahn im transeuropäischen Eisenbahnnetz notwendigen Elemente. Beispielsweise umfasst das Teilsystem „Fahrzeuge"

---

[6] Diese Definition wird insbesondere auch von der Rechtsprechung verwendet, vgl. BVerwGE 81, 111, 114.
[7] Vgl. Blümel, der Gegenstand der Planfeststellung, VerwArch 1992, 146ff.
[8] Kunz, Eisenbahnrecht, A 4.1, Nr. 2.

auch die für die Gesundheit der Fahrgäste und des Fahrpersonals erforderlichen Einrichtungen. Fahrzeuge sind aber bekanntlich bereits keine Bahnbetriebsanlagen (vgl. § 4 Abs. 1 S. 4 EBO) und damit nicht Gegenstand des Planfeststellungsverfahrens.

Damit ergibt sich aus der Terminologie der strukturellen Teilsysteme in Anhang II der Richtlinien, dass nicht alle für die jeweiligen Teilsysteme aufgelisteten Elemente Eisenbahnbetriebsanlagen sind. Für einzelne Elemente eines strukturellen Teilsystems ist mangels Vorliegens einer Bahnanlage per se nur eine Inbetriebnahmegenehmigung, jedoch keine Planfeststellung erforderlich.

Es findet somit lediglich eine Überschneidung der Anwendungsbereiche von Inbetriebnahmegenehmigung und Planfestellung statt, wobei ein strukturelles Teilsystem zwar immer inbetriebnahmegenehmigungsbedürftig, nicht aber in jedem Fall auch Gegenstand eines Planfeststellungsverfahrens ist. Andererseits sind aber Eisenbahnbetriebsanlagen als Elemente vor allem des strukturellen Teilsystems Infrastruktur sowohl Gegenstand der Planfeststellung als auch der Inbetriebnahmegenehmigung, sofern für sie insbesondere die TSI bereits im Planfeststellungsverfahren als zwingendes technisches Recht („Planungsleitsätze" i.S. BVerwGE 71, 163 (165)) zu beachten sind (vgl. Planfeststellungsrichtlinien des Eisenbahn-Bundesamtes, Ausgabe 1 2004, S. 19).

2. Ersetzung der Planfeststellung durch die Inbetriebnahmegenehmigung oder umgekehrt?

Man mag sich daher die Frage stellen, ob die Planfeststellung nach § 18 I AEG durch die Inbetriebnahmegenehmigung oder andersherum die Inbetriebnahmegenehmigung durch die Planfeststellung ersetzt werden kann oder sogar muss.

Die Frage stellt sich nur für solche strukturellen Teilsysteme, die als Eisenbahnanlagen einzustufen sind.

a) Text der KonVEIV

Eine Analyse von Inbetriebnahmegenehmigung und Planfeststellung kommt zu dem klaren Ergebnis, dass zwischen den beiden Rechtsinstituten erhebliche Unterschiede bestehen.

(1) Wortlautauslegung

Der deutsche Verordnungsgeber hat im Zuge der Umsetzung der europarechtlichen Vorgaben das Verhältnis zwischen Planfeststellung und Inbetriebnahmegenehmigung in § 4 Abs. 1 S.2 KonVEIV ausdrücklich normiert.

Dieser schreibt die Notwendigkeit einer Inbetriebnahmegenehmigung für die Inbetriebnahme eines strukturellen Teilsystems unbeschadet eines vorherigen Planfeststellungs- oder Plangenehmigungsverfahrens vor.

Damit hat der Verordnungsgeber zunächst festgestellt, dass auch durch Einführung des Verfahrens der Inbetriebnahmegenehmigung die deutsche Planfeststellung nicht entfällt, diese wird in § 4 Abs. 1 S. 2 KonVEIV im Gegenteil als bestehend vorausgesetzt.

Andererseits soll aber auch die Konzentrationswirkung des § 75 Abs. 1 S. 1 HS 2 VwVfG, also die Ersetzung aller weiteren öffentlich-rechtlichen Genehmigungen durch den Planfeststellungsbeschluss, nach dem Wortlaut der Verordnung nicht greifen. Der Verordnungsgeber wollte damit ausweislich der Verordnungsbegründung (BR-Drucks. 892/04) v. 17.12.03) klarstellen, „dass es einer

Inbetriebnahmegenehmigung auch dann bedarf, wenn für das Projekt ein Planverfahren nach § 18 AEG durchzuführen ist."

Damit hat der deutsche Verordnungsgeber, jedenfalls auf den ersten Blick, die Unabhängigkeit beider Verfahren bestimmt und damit die Notwendigkeit einer – wie dargelegt partiellen - „Doppelprüfung" angeordnet.

Dieses Ergebnis hält indes auch im Lichte der übrigen Auslegungsmethoden stand. Insbesondere ist die Entscheidung des Verordnungsgebers mit höherrangigem deutschem und Gemeinschaftsrecht vereinbar.

(2) Teleologische Auslegung
Zunächst lässt sich die Existenz des § 4 Abs. 1 S. 2 KonVEIV bereits aus den Unterschieden in Zielsetzung und Gegenstand beider Verfahren erklären.

Ziele und Gegenstand der Verfahren
Ziel der eisenbahnrechtlichen Planfeststellung ist es, die Zulässigkeit des Baus eines Vorhabens im Sinne insbesondere der Planrechtfertigung und der Beachtung des Abwägungsgebotes sowie die Übereinstimmung der Planung mit den jeweiligen Fachgesetzen, namentlich dem Naturschutzrecht, festzustellen. Auch spielen naturgemäß grundstücksbezogene Fragen eine Rolle, also etwa die nach dem Grundstücksbedarf und der Notwendigkeit von Enteignungen zur Realisierung des Vorhabens, außerdem nationale raumordnungs- und verkehrspolitische und -rechtliche Aspekte. In das Verfahren fließen Ergebnisse etwa in Bezug auf unterschiedliche Trassenalternativen und Umweltverträglichkeitsprüfungen ein. Das Planfeststellungsverfahren berücksichtigt durch das Vorhaben notwendig werdende Folgemaßnahmen an anderen Anlagen wie Straßenbau und

Erschließungsmaßnahmen, Leitungsverlegungen oder Umgestaltungen von Baudenkmälern.

Dagegen ist Ziel und Gegenstand der Inbetriebnahmegenehmigung allein die Feststellung der Tauglichkeit eines Eisenbahnsystems zum Einsatz im transeuropäischen Schienenverkehrswegenetz, also letztlich die Schaffung eines Raumes ohne Binnengrenzen mit dem Mittel einheitlicher technischer Vorschriften.

Verfahrensrecht

Auch eröffnet das Planfeststellungsverfahren als förmliches Verwaltungsverfahren nach den §§ 72 ff. in Verbindung mit §§ 63 ff. VwVfG den Betroffenen die Möglichkeit, im Rahmen eines Anhörungsverfahrens Einwendungen gegen das Vorhaben vorzubringen. Das Planfeststellungsverfahren mit Auslegung der Pläne, Anhörungsverfahren und damit umfassender Beteiligungsrechte Dritter unterscheidet sich erheblich von dem Verfahren der Inbetriebnahmegenehmigung, bei dem die zuständige Behörde in einem einfachen Verwaltungsverfahren ausgehend von dem EG-Prüfbericht ohne die Beteiligung Drittbetroffener alleine auf der Grundlage einer Konformität mit den technischen Vorgaben entscheidet.

Schließlich fehlt es auch strukturell an der Identität des Antragstellers. Den Planfeststellungsantrag hat zwingend der Vorhabenträger zu stellen. Dies ist derjenige, der das Vorhaben für sich oder einem Dritten verwirklichen, also bauen will (vgl. zutreffend die PF-RL EBA, Ziff. 13 Abs. 1 Satz 2). Dementgegen ist statthafter Antragsteller einer Inbetriebnahmegenehmigung neben Eisenbahnunternehmen auch der Hersteller von Eisenbahnsystemen oder der Halter von Eisenbahnfahrzeugen.

Zwischenergebnis:
Es bleibt festzuhalten, dass sich die Verfahren der Planfeststellung und der Inbetriebnahmegenehmigung in Ziel, Gegenstand und Verfahrensrecht deutlich unterscheiden. Da insbesondere der Prüfungsumfang in weiten Teilen nicht deckungsgleich ist, muss bereits aus diesem Grund die erste Frage, nämlich ob die Inbetriebnahmegenehmigung die Planfeststellung ersetzen kann, mit „Nein" beantwortet werden. Da das deutsche Planfeststellungsverfahren etwa in Bezug auf naturschutzrechtliche Belange weit über den auf technische Kompatibilität beschränkten Prüfungsumfang der Inbetriebnahmegenehmigung hinausgeht, scheidet eine Ersetzung nach derzeitiger deutscher Rechtslage aus.

Gleichermaßen umfasst auch die Planfeststellung, die eben bau- und nicht betriebsbezogen ist, nicht alle im Rahmen der Inbetriebnahme vorzunehmenden Prüfungen, so dass ausgehend von Ziel und Gegenstand auch die Ersetzung der Inbetriebnahmegenehmigung durch die Planfststellung ausscheidet.

(3) Gesetzessystematische Auslegung
Parallelität von Planfeststellung und Betriebserlaubnis
Dass dem deutschen Recht aus gesetzessystematischer Sicht die Parallelität von Planfeststellung und eigenständigem (zusätzlichem) Genehmigungsverfahren nicht fremd ist, zeigt sich zum Beispiel der Betriebserlaubnis nach § 4 MbBO für Magnetschwebebahnen. Auch hier ist neben der Planfeststellung eine Genehmigung vor Aufnahme des eigentlichen Betriebes auf einer Strecke durch das Eisenbahn-Bundesamt erforderlich. Die Behörde überprüft unter anderem die Betriebsanlagen, die Fahrzeuge und das Sicherheitskonzept, da sich die Planfeststellung natürlich nur auf die Erfüllung der theoretischen Anforderungen beschränken kann. Ob das System in der Praxis auch funktioniert und etwa den

Sicherheitsvorschriften tatsächlich entspricht, konnte nicht Gegenstand der Planfeststellung sein.

Parallelität von Planfeststellung und Bauausführungsgenehmigung
Ähnliches gilt im übrigen auch für die – gesetzlich nicht normierte aber ständiger Praxis des Eisenbahn-Bundesamtes entsprechende - Bauausführungsgenehmigung. Diese macht sogar den Baubeginn – und nicht erst die Inbetriebnahme – von einer weiteren Prüfung und Freigabe abhängig.

Zeitlicher Zusammenhang
Die fehlende Konzentrationswirkung der Planfeststellung in Bezug auf die Inbetriebnahmegenehmigung ergibt sich ebenfalls aus gesetzessystematischen Gründen. Der Planfeststellung nachgeschaltete Verfahren werden von der Konzentrationswirkung des § 75 Abs. 1 HS 2 VwVfG nicht erfasst.[9] Bei der Inbetriebnahmegenehmigung handelt es sich aber um ein der Planfeststellung nachgeschaltetes Verfahren, in dem nur solche Komponenten geprüft werden, deren Inbetriebnahme im Hinblick auf ein kohärentes transeuropäisches Schienenwegenetz von Bedeutung ist.

(1) Ziele und Gegenstand der Verfahren
Ziel der eisenbahnrechtlichen Planfeststellung ist es, die Zulässigkeit des Baus eines Vorhabens im Sinne insbesondere der Planrechtfertigung und der Beachtung des Abwägungsgebotes sowie die Übereinstimmung der Planung mit den jeweiligen Fachgesetzen, insbesondere dem Naturschutzrecht, festzustellen. Auch spielen naturgemäß grundstücksbezogene Fragen eine Rolle, also etwa die nach dem Grundstücksbedarf und der Notwendigkeit von Enteignungen zur

---

[9] Kopp/Schenke, § 75, Rn. 7.

Realisierung des Vorhabens, außerdem nationale raumordnungs- und verkehrspolitische und -rechtliche Aspekte. In das Verfahren fließen Ergebnisse etwa in Bezug auf unterschiedliche Trassenalternativen und Umweltverträglichkeitsprüfungen ein. Das Planfeststellungsverfahren berücksichtigt durch das Vorhaben notwendig werdende Folgemaßnahmen an anderen Anlagen wie Straßenbau und Erschließungsmaßnahmen, Leitungsverlegungen oder Umgestaltungen von Baudenkmälern.

Dagegen ist Ziel und Gegenstand der Inbetriebnahmegenehmigung allein die Feststellung der Tauglichkeit eines Eisenbahnsystems zum Einsatz im transeuropäischen Schienenverkehrswegenetz, also letztlich die Schaffung eines Raumes ohne Binnengrenzen mit dem Mittel einheitlicher technischer Vorschriften.

(2) Verfahrensrecht

Auch eröffnet das Planfeststellungsverfahren als förmliches Verwaltungsverfahren nach den §§ 72 ff. in Verbindung mit §§ 63 ff. VwVfG den Betroffenen die Möglichkeit, im Rahmen eines Anhörungsverfahrens Einwendungen gegen das Vorhaben vorzubringen. Das Planfeststellungsverfahren mit Auslegung der Pläne, Anhörungsverfahren und damit umfassender Beteiligungsrechte Dritter unterscheidet sich erheblich von dem Verfahren der Inbetriebnahmegenehmigung, bei dem die zuständige Behörde in einem einfachen Verwaltungsverfahren ausgehend von dem EG-Prüfbericht ohne die Beteiligung Drittbetroffener alleine auf der Grundlage einer Konformität mit den technischen Vorgaben entscheidet.

Schließlich fehlt es auch strukturell an der Identität des Antragstellers. Den Planfeststellungsantrag hat zwingend der Vorhabensträger zu stellen. Dies ist derjenige, der das Vorhaben für sich oder einem Dritten verwirklichen, also bauen will (vgl. PF-RL EBA, Ziff. 13 Abs. 1 Satz 2). Dementgegen ist statthafter Antragsteller einer Inbetriebnahmegenehmigung neben Eisenbahnunternehmen auch der Hersteller von Eisenbahnsystemen oder der Halter von Eisenbahnfahrzeugen.

(3) Zwischenergebnis

Damit ist im Ergebnis festzuhalten, dass sich beide Rechtsinstitute in Zielsetzung und Gegenstand deutlich unterscheiden, von einer durch Art. 15 der Richtlinien verbotenen „Doppelprüfung" keine Rede sein kann. Auch ist deutlich geworden, dass die Inbetriebnahmegenehmigung die Planfeststellung keinesfalls ersetzen oder – mit Durchbrechungswirkung – von bestandskräftigen Planfeststellungsbeschlüssen abweichen kann.

3. Möglichkeit der Ersetzung der Inbetriebnahmegenehmigung durch die Planfeststellung?

Die Entscheidung des Verordnungsgebers begegnet somit auch aus gesetzessystematischen Gründen keinen Bedenken.

Insgesamt bleibt festzuhalten, dass § 4 Abs. 1 S.2 KonVEIV seine Stütze im deutschen Recht findet.

Umgekehrt stellt sich die Frage, ob eine vorausgehende Planfeststellung, auch im Hinblick auf eine Konzentrationswirkung nach § 75 Abs. 1 S. 1 HS 2 VwVfG, die Erteilung der Inbetriebnahmegenehmigung ersetzen und damit entbehrlich machen kann. Die Frage stellt sich indes gegenständlich nur eingeschränkt für solche strukturellen Teilsysteme, die als Eisenbahnbetriebsanlagen einzuordnen sind.

a) Verordnungstext

(1) Wortlautauslegung

Ausgangspunkt ist der Wortlaut von § 4 Abs. 1 S. 2 KonVEIV. Im Zuge der Umsetzung der europarechtlichen Vorgaben hat der deutsche Verordnungsgeber das Verhältnis zwischen Planfeststellung und Inbetriebnahmegenehmigung in § 4 Abs. 1 S.2 KonVEIV ausdrücklich normiert.

Dieser schreibt die Notwendigkeit einer Inbetriebnahmegenehmigung für die Inbetriebnahme eines strukturellen Teilsystems unbeschadet eines vorherigen Planfeststellungs- oder Plangenehmigungsverfahrens vor.

Die Konzentrationswirkung des § 75 Abs. 1 S. 1 HS 2 VwVfG, also die Ersetzung aller weiteren öffentlich-rechtlichen Genehmigungen durch den Planfeststellungsbeschluss, soll dementsprechend nach dem Wortlaut der Verordnung nicht greifen. Der Verordnungsgeber wollte damit ausweislich der Verordnungsgründung (Drucks. 892/04) v. 17.12.04) klarstellen, „dass es einer Inbetriebnahmegenehmigung auch dann bedarf, wenn für das Projekt ein Planverfahren nach § 18 AEG durchzuführen ist."

Damit hat der deutsche Verordnungsgeber jedenfalls auf den ersten Blick die Unabhängigkeit beider Verfahren bestimmt und damit die Notwendigkeit einer – wie dargelegt partiellen - „Doppelprüfung".

Dieses vorläufige Ergebnis ist aber anhand der weiteren Auslegungsmethoden zu überprüfen. Es stellt sich die Frage, wie sich diese Entscheidung des Verordnungsgebers in deutsches und Gemeinschaftsrecht einordnen lässt, insbesondere ob dadurch gegen höherrangiges Recht verstoßen wird.

(2) Teleologische Auslegung

Inwieweit lässt sich die Existenz des § 4 Abs. 1 S. 2 KonVEIV bereits aus den Unterschieden in Zielsetzung und Gegenstand beider Verfahren erklären?

Wie bereits im vorangegangenen Abschnitt erläutert, ist der Prüfungsgegenstand beider Verfahren nicht deckungsgleich. Das Planfeststellungsverfahren hat ausschließlich die Zulässigkeit des Baus von Betriebsanlagen zum Gegenstand, während sich die Inbetriebnahmegenehmigung auf alle zu einem Betrieb der Eisenbahn erforderlichen Systeme und Systemteile bezieht. Bereits der Begriff „Inbetriebnahmegenehmigung" und der Wortlaut des Art. 14 Abs. 1 S. 2 der Richtlinien machen deutlich, dass es sich nicht um den Bau einer Anlage, sondern um die Inbetriebnahme einzelner Komponenten handelt.

(3) Gesetzessystematische Auslegung

Die fehlende Konzentrationswirkung der Planfeststellung in Bezug auf die Inbetriebnahmegenehmigung ergibt sich auch aus gesetzessystematischen Gründen. Der Planfeststellung nachgeschaltete Verfahren werden von der Konzentrationswirkung des § 75 I 1 HS 2 VwVfG nicht erfasst.[10] Bei der Inbetriebnahmegenehmigung handelt es sich aber um ein der Planfeststellung nachgeschaltetes Verfahren, in dem nur solche Komponenten geprüft werden, deren Inbetriebnahme im Hinblick auf ein kohärentes transeuropäisches Schienenwegenetz von Bedeutung ist.

Dass dem deutschen Recht die Parallelität von Planfeststellung und eigenständigem (zusätzlichem) Genehmigungsverfahren nicht fremd ist, zeigt sich zum Beispiel der Betriebserlaubnis nach § 4 MbBO für Magnetschwebebahnen. Auch

Inbetriebnahmegenehmigung versus Planfeststellung

hier ist neben der Planfeststellung eine Genehmigung vor Aufnahme des eigentlichen Betriebes auf einer Strecke durch das Eisenbahn-Bundesamt erforderlich. Die Behörde überprüft unter anderem die Betriebsanlagen, die Fahrzeuge und das Sicherheitskonzept, da sich die Planfeststellung natürlich nur auf die Erfüllung der theoretischen Anforderungen beschränken kann. Ob das System in der Praxis auch funktioniert und etwa den Sicherheitsvorschriften tatsächlich entspricht, konnte nicht Gegenstand der Planfeststellung sein.

Ähnliches gilt im übrigen auch für die – gesetzlich nicht normierte aber ständiger Praxis des Eisenbahn-Bundesamtes entsprechende - Bauausführungsgenehmigung. Diese macht sogar den Baubeginn – und nicht erst die Inbetriebnahme – von einer weiteren Prüfung und Freigabe abhängig.

Auch wenn dies aus vordergründig praktischen Überlegungen der Vermeidung einer partiellen „Doppelprüfung" müßig erscheinen mag: die Möglichkeit, die Inbetriebnahmegenehmigung durch den Planfeststellungsbeschluss zu ersetzen, scheidet nach der deutschen Rechtslage aus.

(4) Europarecht

Aus Sicht des Gemeinschaftsrechts ist das deutsche Planfeststellungsverfahren nicht vorgeschrieben, mit anderen Worten, das Gemeinschaftsrecht stünde einer Ersetzung der Planfeststellung durch die Inbetriebnahme nicht im Wege.

Diese Indifferenz des Europarechts gilt allerdings nicht für den umgekehrt denkbaren Fall der Ersetzung der Inbetriebnahme durch die Planfeststellung.

Zwar sagt das Europarecht naturgemäß zu dem Verhältnis der beiden Verfahren nichts, weil es sich bei der Planfeststellung um ein mitgliedstaatsrechtliches Rechtsinstitut handelt.

Die Umsetzung von gemeinschaftsrechtlichen Richtlinien obliegt dem nationalen Gesetz- bzw. Verordnungsgeber, der insoweit nur hinsichtlich des Ziels der Richtlinie gebunden ist, aber grundsätzlich in der Wahl der Form und der Mittel gemäß Art. 249 Abs. 3 EGV frei ist. Allerdings enthalten die RL bereits detaillierte Vorgaben im Hinblick auf Gegenstand und Verfahren der Inbetriebnahmegenehmigung, wie dies im Bereich „technischer Rechtsangleichung" immer mehr der Fall ist[11]. Ein wie auch immer ausgestaltetes nationales Verfahren muss sich im Rahmen dieser verbindlichen Vorgaben halten[12]. Bei einer detaillierten Richtlinie beschränkt sich die Umsetzungspflicht letztlich auf ein „Abschreiben" des Richtlinieninhalts[13]. Wie im vorangegangen Abschnitt ausgeführt, gibt es zwar Überschneidungen der beiden Verfahren, sie sind allerdings nicht deckungsgleich. Insbesondere sind Bau einer Bahnanlage und deren Inbetriebnahme sind eben zwei paar Schuhe. Eine Ersetzung der Inbetriebnahmegenehmigung durch die Planfeststellung hätte somit m.E. einen Verstoß gegen Gemeinschaftsrecht zur Folge.

Nicht § 4 Abs. 1 S. 2 KonVEIV, sondern im Gegenteil eine Regelung, nach der das Erfordernis einer Inbetriebnahmegenehmigung immer dann obsolet würde, wenn bereits ein Planfeststellungs- oder Plangenehmigungsverfahren durchgeführt wurde, verstieße gegen höherrangiges Europarecht.

---

[11] Oppermann, aaO, § 6 Rn. 551f.
[12] Es gilt das Gebot vollständiger Richtlinienumsetzung: EuGHE 1991, I-791 FF,-RS C-360/87, st. Rspr.
[13] Oppermann, aaO, § 6 Rn. 552.

Durch Artikel 15 der Richtlinien, nach dem den Mitgliedstaaten untersagt ist, Prüfungen vorzuschreiben, die bereits im Rahmen des Verfahrens zur Ausstellung der EG-Prüferklärung erfolgt sind, wird das Verhältnis zwischen Inbetriebnahmegenehmigung und Planfeststellungsverfahren im übrigen nicht berührt.

Zu verstehen ist diese Regelung im Hinblick auf die Zielsetzung des freien Wettbewerbs zwischen den Mitgliedstaaten unter anderem mit dem Mittel der Angleichung der Verfahrensvorschriften. Jeder, der ein strukturelles Teilsystem in Betrieb nehmen will, soll in einem europaweit einheitlichen Genehmigungsverfahren den gleichen Anforderungen unterworfen sein. Ausgeschlossen sein sollen also nur solche „Doppelprüfungen", die inhaltlich identische Prüfungsgegenstände hätten.

IV. Zusammenfassung:

Die Antwort auf die Frage, ob die Planfeststellung die europarechtliche vorgegebene Schöpfung der Inbetriebnahmegenehmigung ersetzen kann oder aber umgekehrt die Planfeststellung durch die Inbetriebnahmegenehmigung überflüssig wird, kann aus meiner Sicht mit einem klaren „Nein" beantwortet werden:

Die Genehmigung der Inbetriebnahme struktureller Teilsysteme des transeuropäischen Eisenbahnnetzes und die Planfeststellung sind zwei paar Schuhe.

Dieser eindeutigen Aussage liegen im wesentlichen folgende Überlegungen zu Grunde:

- Zwar sind in der Planfeststellung technische Vorgaben der Interoperabilität als zwingendes technisches Recht materiell zu beachten; die TSI gehören zum planfeststellungsrechtlichen Zulassungstatbestand. Die Planfeststellung entscheidet aber nur über die Zulässigkeit des Baus der Anlage. Damit ist zum einen noch nicht geprüft, ob die Anlagen, also etwa Gleise oder Brücken als Bestandteile des strukturellen Teilsystems Infrastruktur, auch entsprechend des Planfeststellungsbeschlusses gebaut wurden. Der Umfang der Prüfung zur Erteilung der Inbetriebnahmegenehmigung ergibt sich u.a. aus dem Umfang der von der benannten Stelle vorgenommenen EG-Prüfung. Weder nimmt die Planfeststellung eine Bewertung der „Gesamtkonzeption" einer Anlage vor, noch wird die „Montage" einer Bahnanlage geprüft.

- Die Unterschiede in den Prüfungsgegenständen beider Verfahren wird natürlich noch deutlicher, wenn man den Bereich des Teilsystems „Infrastruktur" verlässt und z.b. das Teilsystem „Fahrzeuge" betrachtet. Überschneidungen im Prüfverfahren gibt es hier nicht, da etwa Brems- und Kupplungsanlagen gar nicht Gegenstand der Planfeststellung waren.

- Antragsteller der Planfeststellung sind diejenigen, die die Bahnanlage bauen wollen. Antragsteller der Inbetriebnahmegenehmigung können auch Hersteller von Teilsystemen sein. Wie aber soll ein Verfahren, das durch einen Hersteller eingeleitet worden ist, die Planfeststellung, die zwingend durch den Vorhabenträger einzuleiten ist, ersetzen können?

- Argumente der Verfahrensökonomie sprechen im übrigen keinesfalls dafür, lediglich den Teil noch einer (zusätzlichen) Prüfung zur Erteilung der Inbetriebnahme bzw. der vorgeschalteten EG-Prüfung zu unterziehen, der nicht bereits Gegenstand der Planfststellung war. Denn dann würde man einem an den Verfahren Beteiligten, z.B. den benannten Stellen, also Sachverständigenbüros, zu der Prüfung verpflichten, ob ein bestimmter Prüfgegenstand bereits in einem vorangegangenen Verfahren erschöpfend bewertet wurde. Denn die Verfahren sind eben nicht vollständig deckungsgleich. Schließlich müsste der gleiche Beteiligte auch die rechtliche Verantwortung dafür tragen, dass es für ein bestimmtes Teilsystem – entgegen der Konzeption der europäischen Richtlinien – keiner selbständigen Inbetriebnahmegenehmigung mehr bedarf. Dieses Vorgehen ist schlicht nicht praktikabel.

Es ergibt sich also die Konsequenz, dass beide Verfahren nach- oder auch nebeneinander koexistieren. Aus juristischer Sicht stellt sich noch die Frage, ob ein bestandskräftiger Planfeststellungsbeschluss bindend im Hinblick auf die zeitlich nachfolgende Inbetriebnahmegenehmigung ist. Darf - oder muss - eine Inbetriebnahmegenehmigung für ein Teilsystem erteilt werden, obwohl der Plan unter Verstoß gegen die TSI, bezogen auf das selbe Teilsystem, zuvor festgestellt wurde? Auch hier heißt die Antwort aus meiner Sicht „Nein". Es darf nicht aus den Augen verloren werden, dass das Institut der Inbetriebnahmegenehmigung dem Gemeinschaftsrecht entspringt. Mangels einer entsprechenden gemeinschaftsrechtlichen Regelung bedürfte es der Durchführung eines Planfeststellungsverfahrens aus der Sicht des Europarechts nicht. Lediglich das Verfahren zur Erteilung der Inbetriebnahmegenehmigung ist danach vorgeschrieben. Die Erteilung einer Inbetriebnahmegenehmigung aufgrund eines zwar rechtswidrigen, aber bestandskräftigen Planfeststellungsbeschlusses hätte eine Umgehung der europarechtlichen Anforderungen an Teilsysteme zur Folge. Unter dem Gesichtspunkt des Vorrangs des Europarechts vor nationalem Recht und der effetiven Wirksamkeit des Europarechts wäre dies sicherlich nicht zu vereinbaren.

Dr. Hendrik Schoen, EBA

Zulassungsentscheidungen öffentlicher Stellen als Gegenstand einer Untersagung im Sinne des § 12 ROG

I. Einleitung

Mit dem am 1. Januar 1998 durch das BauROG 1998[1] in Kraft gesetzten § 12 ROG,[2] der die amtliche Überschrift »Untersagung raumordnungswidriger Planungen und Maßnahmen« trägt, hat der Bundesgesetzgeber das zuvor in § 7 ROG a.f.[3] verankerte Sicherungsmittel der landesplanerischen Untersagung neu geregelt. Den Landesgesetzgebern wird rahmenrechtlich die Schaffung einer Rechtsgrundlage für die Untersagung solcher Planungen, Maßnahmen und Zulassungsentscheidungen vorgeschrieben, denen Ziele der Raumordnung entgegenstehen, oder die die spätere Verwirklichung von erst in Aufstellung befindlichen Zielen der Raumordnung gefährden.

Die Bundesländer sind diesem Regelungsauftrag inzwischen größtenteils nachgekommen.[4] Sie haben in ihre Landesplanungsgesetze Bestimmungen aufge-

---

[1] Gesetz zur Änderung des Baugesetzbuchs und des Rechts der Raumordnung (Bau- und Raumordnungsgesetz) idF der Bekanntmachung v. 16.09.1997 (BGBl I S.2081).
[2] Raumordnungsgesetz (ROG) v. 18.08.1997 (BGBl I S.2081), zul. geändert durch Gesetz v. 25.06.2005 (BGBl I S.1746).
[3] Raumordnungsgesetz des Bundes v. 08.04.1965 (BGBl I S.306) idF des Änderungsgesetzes v. 14.07.1989 (BGBl I S.1417) oder idF des Änderungsgesetzes v. 23.11.1994 (BGBl I S.3486).
[4] In den Flächenstaaten wurde die vierjährige Umsetzungsfrist des § 23 S.1 ROG, die mit dem 31.12.2001 abgelaufen ist, zwar teilweise überschritten, doch verfügen inzwischen - mit Ausnahme von Schleswig-Holstein - alle Bundesländer über Landesplanungsgesetze, die auf das »neue« Raumordnungsgesetz rekurrieren. In den Stadtstaaten Hamburg und Bremen wird mit Blick auf § 8 Abs.1 S.2 Hs.1 ROG auf landesplanungsrechtliche Vor-

nommen, die im Wesentlichen die verfahrensrechtlichen Einzelheiten des Untersagungsverfahrens festlegen. Hinsichtlich des Tatbestandes, der materiellrechtlich eine Untersagung rechtfertigt, geben die Landesplanungsgesetze den Inhalt des § 12 ROG entweder mit einem zum Bundesrecht nahezu identischen Wortlaut[5] oder mit mehr oder weniger geringfügigen sprachlichen Abwandlungen[6] wieder. Gleiches gilt hinsichtlich der Rechtsfolgen.

Mit der vorliegenden Untersuchung wird anlässlich eines aktuellen Falles aus dem Zuständigkeitsbereich des Eisenbahn-Bundesamtes[7] der Frage nachgegan-

---

schriften gänzlich verzichtet; kritisch hierzu *Schoen*, Landesplanerische Untersagung, Münster 1999, S.117.

[5] § 20 LplG BW (Landesplanungsgesetz Baden-Württemberg idF der Bekanntmachung v. 11.08.2003 (GVBl S.385), zul. geändert durch Gesetz v. 01.07.2004 (GVBl S.469)); Art.24 BayLplG (Bayerisches Landesplanungsgesetz idF der Bekanntmachung v. 27.12.2004 (GVBl S.521)); § 16 LPlG MV (Gesetz über die Raumordnung und Landesplanung des Landes Mecklenburg-Vorpommern idF der Bekanntmachung v. 05.05.1998 (GVBl S.503)); § 22 NROG (Niedersächsisches Gesetz über Raumordnung und Landesplanung v. 18.05.2001 (GVBl S.301), zul. geändert durch Gesetz v. 05.11.2004 (GVBl S.412)); § 19 LPlG RP (Landesplanungsgesetz Rheinland-Pfalz v. 10.04.2003 (GVBl S.41)); § 7 SLPG (Saarländisches Landesplanungsgesetz v. 12.06.2002 (ABl. S.1506)); § 11 LPlG LSA (Landesplanungsgesetz des Landes Sachsen-Anhalt v. 28.04.1998 (GVBl S.255), zul. geändert durch Gesetz v. 16.07.2003 (GVBl S.158)); § 15 LPlG SH (Gesetz über die Landesplanung des Landes Schleswig-Holstein idF der Bekanntmachung v. 10.02.1996 (GVBl S.232), zul. geändert durch Verordnung v. 16.09.2003 (GVBl S.503)); § 18 ThürLPlG (Thüringer Landesplanungsgesetz v. 18.12.2001 (GVBl S.485)).

[6] § 16 HLPG (Hessisches Landesplanungsgesetz v. 06.09.2002 (GVBl S.548)); § 34 LPlG NW (Landesplanungsgesetz vom 03.05.2005 (GVBl S.430)); § 18 SächsLPlG (Gesetz zur Raumordnung und Landesplanung des Freistaates Sachsen v. 14.12.2001 (GVBl S.716)).

[7] Mit Bescheid vom 12.12.2001 hatte das Bayerische Staatsministerium für Landesentwicklung und Umweltfragen unter Berufung auf einen Regionalplan dem Eisenbahn-Bundesamt den Erlass eines Planfeststellungsbeschlusses insoweit untersagt, als das Vorhaben den Verzicht auf näher bestimmte Kreuzungsmöglichkeiten zum Gegenstand hatte. Hinsichtlich der hiergegen gerichteten Anfechtungsklage hat das VG München mit Beschluss vom 12.11.2004 das Ruhen des Verfahrens angeordnet, da die streitgegenständlichen Rückbaumaßnahmen aus dem Gesamtvorhaben herausgelöst wurden und die Untersagungsverfügung somit (zunächst) gegenstandslos geworden ist.

gen, ob und inwieweit auch Zulassungsentscheidungen öffentlicher Stellen Gegenstand einer landesplanerischen Untersagung sein können.

II. Materiell-rechtliche Bindungswirkungen der Ziele und Grundsätze der Raumordnung

Um die Frage zu beantworten, ob Zulassungsentscheidungen öffentlicher Stellen Gegenstand einer Untersagung im Sinne des § 12 ROG sein können, gilt es zunächst einmal, sich die materiell-rechtlichen Hintergründe dieser Vorschrift zu vergegenwärtigen. Denn die Untersagung ist kein kreativer Rechtssetzungsakt, sondern vielmehr ein nachlaufendes Mittel des Verwaltungsvollzuges, welches der Sicherung der (gesetzlichen) Bindungswirkungen der Ziele der Raumordnung im Einzelfall dient. Diese Bindungswirkungen - beziehungsweise im Falle der befristeten Untersagung möglichen Bindungswirkungen - sind der Anknüpfungspunkt für die Untersagungsoption nach § 12 ROG.[8] Bevor daher auf die einzelnen Voraussetzungen und Rechtsfolgen dieser Vorschrift und damit insbesondere auf die Untersagungsfähigkeit von Zulassungsentscheidungen öffentlicher Stellen eingegangen werden kann, gilt es zunächst, die Bindungswirkung der Ziele der Raumordnung zu erläutern.

1. Differenzierung zwischen Zielen und Grundsätzen der Raumordnung

Nach der Legaldefinition in § 3 Nr.2 ROG sind Ziele der Raumordnung »verbindliche Vorgaben in Form von räumlich und sachlich bestimmten oder bestimmbaren, vom Träger der Landes- oder Regionalplanung abschließend abge-

---

[8] Auch in der Gesetzesbegründung der Bundesregierung wird dieser enge Zusammenhang zwischen den Bindungswirkungen des § 4 ROG und dem Untersagungstatbestand explizit betont, BT-Drs. 13/6392, S.86: »Die Untersagung raumordnungswidriger Planungen und Maßnahmen steht im engen Zusammenhang mit den in § 4 Entwurf normierten Bindungswirkungen der Ziele der Raumordnung.«

wogenen textlichen oder zeichnerischen Festlegungen in Raumordnungsplänen zur Entwicklung, Ordnung und Sicherung des Raums«. Die Ziele der Raumordnung sind abzugrenzen von den Grundsätzen der Raumordnung, bei denen es sich gemäß § 3 Nr.3 ROG um »allgemeine Aussagen zur Entwicklung, Ordnung und Sicherung des Raums (...) als Vorgaben für nachfolgende Abwägungs- oder Ermessensentscheidungen« handelt.

Trotz der beiden Legaldefinitionen des Bundesgesetzgebers ist die Abgrenzung zwischen Zielen und Grundsätzen der Raumordnung noch immer die wohl am heftigsten umstrittene Frage des Raumordnungsrechts. So wird insbesondere darüber diskutiert, ob und inwieweit »Soll-Formulierungen« in Raumordnungsplänen den Charakter von Zielen der Raumordnung haben können.[9] Auf den Streitstand kann an dieser Stelle im Einzelnen nicht weiter eingegangen werden. Für die hier interessierende Thematik ist vielmehr davon auszugehen, dass eine Festlegung in einem Raumordnungsplan die Kriterien des § 3 Nr.2 ROG tatsächlich erfüllt und damit ein Ziel der Raumordnung im Sinne dieser Vorschrift vorliegt.

2. Gegenstand, Adressat und Inhalt der Bindungswirkungen der Ziele der Raumordnung gemäß § 4 ROG

Wenn eine Festlegung in einem Raumordnungsplan den Charakter eines Zieles der Raumordnung hat, richten sich die mit diesem Rechtscharakter verbundenen Bindungswirkungen grundsätzlich nach § 4 ROG. Der § 4 ROG enthält - ebenso wie der Definitionskatalog in § 3 ROG - unmittelbar geltendes Bundesrecht, das keiner Umsetzung der Landesgesetzgeber in ihren Landesplanungsgesetzen bedarf.[10] Im Folgenden sollen die Gegenstände, die Adressaten sowie der Inhalt und Umfang der Bindungswirkungen der Ziele der Raumordnung nach Maßgabe dieser Vorschrift näher betrachtet werden.

a) Gegenstand der Bindungswirkungen
(1) Raumbedeutsame Planungen und Maßnahmen
Gemäß § 4 Abs.1 S.1 und Abs. 3 ROG sind die Ziele der Raumordnung von öffentlichen Stellen und bestimmten Privatpersonen, die formal privatisierte öffentliche Aufgaben erfüllen,[11] bei ihren raumbedeutsamen Planungen und Maßnahmen zu beachten. Damit wird ein erster Gegenstand der Bindungswirkungen benannt, der wiederum durch eine Legaldefinition in § 3 Nr.6 ROG näher erläutert wird. Raumbedeutsame Planungen und Maßnahmen sind demnach »Planungen einschließlich der Raumordnungspläne, Vorhaben und sonstige Maßnahmen, durch die Raum in Anspruch genommen oder die räumliche Entwicklung oder Funktion eines Gebietes beeinflußt wird, einschließlich des Einsatzes der hierfür vorgesehenen Finanzmittel«.

Ob diese Definition wirklich ergiebig ist, kann jedenfalls hinsichtlich des Terminus »Planungen« durchaus angezweifelt werden. Denn dieser Begriff wird seinerseits unter Verwendung des Wortes »Planungen« definiert, so dass ein wirkliche Erklärung hiermit nicht verbunden ist.[12] Die Hauptaufgabe der Defini-

---

[9] Vgl. zum Streitstand nur *El Bureiasi*, Landesplanerische Beurteilung des großflächigen Einzelhandels, Münster 2005; *Hoppe*, BayVBl 2005, 356 ff; *drs.*, DVBl 1993, 681 ff; *Goppel*, BayVBl 1998, 289 ff; *drs.*, BayVBl 1999, 331 ff; *drs.* BayVBl 2002,449 ff.

[10] Vgl. die Gesetzesbegründung der Bundesregierung, BT-Drs. 13/6392, S.32.

[11] Dazu unten 2 b.

[12] Vgl. dazu sowie zu den Schwierigkeiten bei der Definition des Begriffes Planung *Schoen*, Die Planfeststellung zwischen Kontrollerlaubnis und Planungsentscheidung, Münster 2003, S.18 ff.

tion in § 3 Nr.6 ROG dürfte daher nur darin liegen, die Frage nach der Raumbedeutsamkeit einer Planung zu beantworten. Hingegen wird die Antwort auf die Frage, was überhaupt eine Planung ist, auch von der Legaldefinition schon vorausgesetzt.

Unter den Begriff der Planung im Sinne des § 3 Nr.6 ROG lässt sich neben der dort ausdrücklich erwähnten Raumordnungsplanung zumindest die Aufstellung von Bauleitplänen im Sinne des § 1 Abs.2 BauGB[13] subsumieren. Darüber hinaus sind den raumbedeutsamen Planungen jedenfalls solche Verfahren auf Bundes- und Landesebene zuzuordnen, mit denen eine (Bau-)Maßnahme zwar nicht unmittelbar zugelassen wird, die jedoch die künftige Nutzung des Raumes vorbereiten. Als Beispiele lassen sich hier die Linienbestimmung für den Bau von Bundesfernstraßen durch den Bundesminister für Verkehr, Bau- und Wohnungswesen nach § 16 Abs.1 S.1 FStrG[14] oder die Aufstellung von Abfallwirtschaftsplänen durch die Länder im Sinne des § 29 KrW-/AbfG[15] nennen.

Für die Auslegung des Begriffes Maßnahme in § 4 Abs.1 S.1 ROG ist die Definition in § 3 Nr.6 ROG hingegen hilfreicher. Wenn dort von »Vorhaben« und »sonstigen Maßnahmen« die Rede ist, wird deutlich, dass damit konkrete Bauprojekte gemeint sind. Demnach können insbesondere auch planfeststellungspflichtige Vorhaben raumbedeutsame Maßnahmen im Sinne des § 3 Nr.6 ROG sein.

---

[13] Baugesetzbuch idF der Bekanntmachung v. 23.09.2004 (BGBl I S.2414), zuletzt geändert durch Gesetz v. 21.06.2005 (BGBl I S.1818).

[14] Bundesfernstraßengesetz idF der Bekanntmachung v. 20.02.2003 (BGBl I S.286), zuletzt geändert durch Gesetz v. 22.04.2005 (BGBl I S.1128).

[15] Gesetz zur Förderung der Kreislaufwirtschaft und Sicherung der umweltverträglichen Beseitigung von Abfällen v. 27.09.2004 (BGBl I S.2705), zul. geändert durch Gesetz v. 21.06.2005 (BGBl I S.1666).

(2) Planfeststellungen und andere Zulassungsentscheidungen

Noch offen ist, ob auch der Erlass eines Planfeststellungsbeschlusses eine raumbedeutsame Planung sein kann. Blickt man hier auf das traditionelle, in der Rechtsprechung des Bundesverwaltungsgerichts entwickelte Verständnis, so müsste diese Frage an sich zu bejahen sein. Denn das Wesen der Planfeststellung ist nach dieser Rechtsprechung dadurch gekennzeichnet, dass der Planfeststellungsbehörde - ebenso wie der Gemeinde im Rahmen der Bauleitplanung - mit dem Planfeststellungsauftrag eine Planungsbefugnis und eine planerische Gestaltungsfreiheit zugesprochen wird.[16] Allerdings ist die These vom planerischen Charakter der Planfeststellung in jüngster Zeit zunehmend ins Wanken geraten.[17] Auch die »Väter des Raumordnungsgesetzes« haben offensichtlich Zweifel daran gehabt, ob Planfeststellungen ohne weiteres als Planungen im Sinne des § 4 Abs.1 S.1 ROG gewertet werden können. Sie haben daher dem § 4 Abs.1 S.1 ROG einen Satz 2 angehängt, demzufolge die Bindungswirkung nach Satz 1 unter anderem auch bei »Planfeststellungen (...) über die Zulässigkeit raumbedeutsamer Maßnahmen« öffentlicher Stellen (Nr.1) und von Personen des Privatrechts (Nr.2) gilt. Der § 4 Abs.1 S.2 ROG stellt somit Planfeststellungen über die Zulässigkeit raumbedeutsamer Maßnahmen zumindest den raumbedeutsamen Planungen im Sinne des § 4 Abs.1 S.1 ROG gleich.[18]

---

[16] Vgl. nur *BVerwG*, Urt. v. 14.02.1975 - IV C 21.74 -, BVerwGE 48, 56 (59); *BVerwG*, Urt. v. 10.02.1978 - 4 C 25.75 -, BVerwGE 55, 220 (225 f); *BVerwG*, Urt. v. 29.01.1991 - 4 C 51.89 -, BVerwGE 87, 332 (341); *BVerwG*, Urt. v. 27.03.1992 - 7 C 18.91 -, BVerwGE 90, 96 (99).

[17] Vgl. *Erbguth*, DVBl 1992, 398 ff; *Hoppe/Just*, DVBl 1997, 789 ff; *Jarass*, Die materiellen Voraussetzungen der Planfeststellung in neuerer Sicht, DVBl 1998, 1202 ff; *Dürr*, in: Kodal/Krämer, Straßenrecht, 6. Aufl., München 1999, Kap.34 Rn.25.31; *Schoen*, Die Planfeststellung zwischen Kontrollerlaubnis und Planungsentscheidung, Münster 2003, passim.

[18] Die Gesetzesbegründung der Bundesregierung spricht allerdings nur von einer klarstellenden Funktion des § 4 Abs.1 S.2 ROG, BT-Drs. 13/6392, S.81 f. Dazu ausführlicher unten C I 1.

Darüber hinaus erweitert § 4 Abs.2 S.2 Nr.1 ROG den Gegenstand der Bindungswirkungen der Ziele der Raumordnung nach § 4 Abs.1 S.1 ROG über Planfeststellungen hinaus auch auf andere Genehmigungen und sonstige behördliche Entscheidungen über die Zulässigkeit raumbedeutsamer Maßnahmen öffentlicher Stellen. In § 4 Abs.1 S.2 Nr.1 ROG werden behördliche Zulassungsentscheidungen für raumbedeutsame Maßnahmen öffentlicher Stellen somit umfassend einer Zielbeachtungspflicht unterworfen.

Etwas anders sieht es bei den Zulassungsentscheidungen für raumbedeutsame Maßnahmen von Privatpersonen aus. Hier werden in § 4 Abs.1 S.2 Nr.2 ROG neben den Planfeststellungen nur »Genehmigungen mit der Rechtswirkung der Planfeststellung«, also Plangenehmigungen,[19] als Gegenstand einer Zielbeachtungspflicht im Sinne des § 4 Abs.1 S.1 ROG genannt. Für Zulassungsentscheidungen ohne den Charakter einer Planfeststellung oder Plangenehmigung gilt hingegen nur eine Verpflichtung zur Berücksichtigung[20] der Ziele der Raumordnung gemäß § 4 Abs.4 S.1 und S.3 ROG.[21]

b) Adressat der Bindungswirkungen
(1) Öffentliche Stellen
Der § 4 Abs.1 S.1 ROG benennt als Adressaten der Zielbeachtungspflicht »öffentliche Stellen«. Nach der Definition des § 3 Nr.5 ROG sind darunter die »Behörden des Bundes und der Länder, kommunale Gebietskörperschaften, bundesunmittelbare und die der Aufsicht eines Landes unterstehenden Körperschaften,

---

[19] Vgl. die Gesetzesbegründung der Bundesregierung für die gleichlautende Formulierung in § 38 S.1 Hs.1 BauGB; BT-Drs. 13/6392, S.61.
[20] Zur Abgrenzung zwischen Beachtungs- und Berücksichtigungspflichten s. unten 3 a.
[21] Zu den in § 4 Abs.4 S.1 und S.3 ROG in Bezug genommenen Erfordernissen der Raumordnung gehören gem. § 3 Nr.1 ROG eben auch die Ziele der Raumordnung.

Anstalten und Stiftungen des öffentlichen Rechts« zu verstehen. Es besteht somit eine weitgehende Deckungsgleichheit mit dem funktionalen Behördenbegriff des § 1 Abs.4 VwVfG.[22] Auch die Planfeststellungsbehörden des Bundes und der Länder sind öffentliche Stellen im Sinne des § 3 Nr.5 und des § 4 Abs.1 S.1 ROG.

In § 4 Abs.1 S.2 Nr.1 ROG wird ein Adressat der Bindungswirkungen der Ziele der Raumordnung insoweit benannt, als dort von Genehmigungen, Planfeststellungen und sonstigen behördlichen Entscheidungen die Rede ist. Auch hier kommen als Adressaten der Zielbeachtungspflicht somit nur öffentliche Stellen und Behörden in Betracht. Nichts anderes gilt für die Berücksichtigungspflicht für Ziele der Raumordnung nach § 4 Abs.4 ROG, wo ebenfalls Genehmigungen, Planfeststellungen und sonstige behördliche Entscheidungen in Bezug genommen werden.

Schließlich bildet auch § 4 Abs.1 S.2 Nr.2 ROG keine Ausnahme. Zwar wird dort ein Adressat der Zielbeachtungspflicht nicht ausdrücklich benannt, doch liegen die Zulassungsentscheidungen im Sinne dieser Vorschrift, also die Planfeststellungen und Plangenehmigungen, ebenfalls in der Hand von öffentlichen Stellen beziehungsweise von Behörden.

---

[22] Verwaltungsverfahrensgesetz idF der Bekanntmachung v. 23.01.2003 (BGBl I S.102), zul. geändert durch Gesetz v. 05.05.2004 (BGBl I S.718). Zum funktionalen Behördenbegriff des § 1 Abs.4 VwVfG vgl. zB *Stelkens/Schmitz*, in: Stelkens/Bonk/Sachs, VwVfG, 6. Aufl., München 2001, § 1 Rn.212 ff; *Kopp/Ramsauer*, VwVfG, 8. Aufl., München 2003, § 1 Rn.51 ff.

Dr. Hendrik Schoen

(2) Privatrechtssubjekte

Privatrechtssubjekte werden durch die Ziele der Raumordnung grundsätzlich nur insoweit gebunden, als eine Beachtungs- oder eine Berücksichtigungspflicht im Rahmen behördlicher Zulassungsentscheidungen über ihre (Bau-)Vorhaben besteht. Unmittelbarer Adressat der Bindungswirkungen der Ziele der Raumordnung nach § 4 Abs.1 S.2 und Abs.4 ROG bleiben in dieser Konstellation die zuständigen öffentlichen Stellen beziehungsweise Behörden.[23] Etwas anderes gilt nur dann, wenn eine Person des Privatrechts in Wahrnehmung formal privatisierter öffentlicher Aufgaben handelt. Für diesen Fall ordnet § 4 Abs.3 ROG eine entsprechende Geltung von § 4 Abs.1 S.1 und S.2 Nr.1 ROG an, soweit öffentliche Stellen an dem Privatrechtssubjekt mehrheitlich beteiligt sind oder eine raumbedeutsame Planung oder Maßnahme überwiegend mit öffentlichen Mitteln finanziert wird. Daraus folgt ohne weiteres, dass beispielsweise eine Entwurfsplanung der DB Netz AG, für die später eine Planfeststellung oder eine Plangenehmigung beantragt werden soll, schon einer originären Zielbeachtungspflicht gemäß § 4 Abs.3 ROG unterworfen ist.

---

[23] Ob diese Konstruktion indessen die These rechtfertigt, dass Ziele der Raumordnung generell keine unmittelbaren Rechtswirkungen gegenüber Privatpersonen entfalten, erscheint jedoch zweifelhaft. Denn häufig vollziehen Zulassungsentscheidungen nur striktes Gesetzesrecht nach, so dass die materiell-rechtliche Bindung der Privatperson letztlich doch unmittelbar aus dem Raumordnungsplan herzuleiten sein kann. Besonders deutlich wird dies am Beispiel des § 35 Abs.3 S.3 BauGB, der die Zulässigkeit eines Vorhabens im Außenbereich u.a. davon abhängig macht, dass für den Vorhabentyp keine Gebietsausweisungen in Gestalt von Zielen der Raumordnung an anderer Stelle erfolgt sind. Vgl. zur Frage, ob und inwieweit Ziele der Raumordnung unmittelbare Rechtswirkungen nach außen entfalten und dem Primärrechtsschutz für Privatrechtssubjekte zugänglich sind: *Kment*, Rechtsschutz im Hinblick auf Raumordnungspläne, Münster 2002, passim.

c) Inhalt und Umfang der Bindungswirkungen

(1) Differenzierung zwischen Beachtungs- und Berücksichtigungspflichten

Nach § 4 Abs.1 und Abs.3 ROG sind die Ziele der Raumordnung zu beachten. Diese Beachtungspflicht bedeutet, dass das mit dem Ziel der Raumordnung festgelegte Ge- oder Verbot von dem Adressaten der Bindungswirkung nicht im Wege der (planerischen) Abwägung oder der Ermessensausübung[24] überwunden werden kann.[25] In der Terminologie des Planfeststellungsrechts kann man insoweit von einem zwingenden Rechtssatz sprechen.[26]

Die Beachtungspflicht ist abzugrenzen von so genannten Berücksichtigungspflichten. Diese sind dadurch gekennzeichnet, dass der zu berücksichtigende Belang - gerade im Gegensatz zur Beachtungspflicht - durchaus im Rahmen der Abwägung oder der Ausübung des Ermessens zurückgestellt werden kann. Eine Berücksichtigungspflicht ist gemäß § 4 Abs.2 ROG die charakteristische Bindungswirkung, die von den Grundsätzen der Raumordnung ausgeht. Zielen der Raumordnung kann diese im Vergleich zur Beachtungspflicht deutlich eingeschränktere Bindungswirkung alleine nach Maßgabe des § 4 Abs.4 ROG zukommen. Im Übrigen ist für die Ziele der Raumordnung - wie bereits erwähnt - charakteristisch, dass sie beachtet werden müssen.

---

[24] Zur Frage, ob es einen qualitativen Unterschied zwischen dem sog. Planungsermessen und dem herkömmlichen Rechtsfolgenermessen gibt, vgl. *Schoen*, Die Planfeststellung zwischen Kontrollerlaubnis und Planungsentscheidung, Münster 2003, S.16 ff und S.268 ff.

[25] Gesetzesbegründung der Bundesregierung, BT-Drs. 13/6392, S.81.

[26] Vgl. zu diesem Begriff *BVerwG*, Beschl. v. 30.10.1992 - 4 A 4.92 -, NuR 1993, 125 (127); *BVerwG*, Beschl. v. 30.12.1996 - 11 VR 21/95 -, NVwZ-RR 1998, 284 (287); *BVerwG*, Urt. v. 21.03.1996 - 4 C 19.94 -, BVerwGE 100, 370 (380); *Schoen*, Die Planfeststellung zwischen Kontrollerlaubnis und Planungsentscheidung, Münster 2003, S.247.

(2) Bindungswirkung bei besonderen Bundesmaßnahmen (§ 5 ROG)

In § 5 Abs.1 ROG ist vorgesehen, dass bestimmte raumbedeutsame Planungen und Maßnahmen des Bundes oder im Auftrage des Bundes von den materiellrechtlichen Bindungswirkungen nach § 4 Abs.1 und Abs.3 ROG befreit sind. Dies trägt dem Umstand Rechnung, dass dem Bund zugewiesene Verwaltungsaufgaben nicht ohne weiteres an Ziele der Raumordnung, die in Raumordnungsplänen der Länder festgelegt sind, gebunden werden können.[27] Nach § 5 Abs.1 ROG werden von dieser Privilegierung solche raumbedeutsamen Planungen oder Maßnahmen erfasst,

- deren besondere öffentliche Zweckbestimmung einen bestimmten Standort oder eine bestimmte Linienführung erfordert oder
- die auf Grundstücken durchgeführt werden sollen, die nach dem Landbeschaffungsgesetz oder nach dem Schutzbereichsgesetz in Anspruch genommen sind, oder
- über die in einem Verfahren nach dem Bundesfernstraßengesetz, dem Allgemeinen Eisenbahngesetz, dem Magnetschwebebahnplanungsgesetz, dem Bundeswasserstraßengesetz, dem Luftverkehrsgesetz oder dem Atomgesetz zu entscheiden ist.

Die letztgenannte Alternative schließt eine Vielzahl von Vorhaben ein, die bundesgesetzlich einem Planfeststellungsvorbehalt unterworfen sind.[28] Für die privi-

---

[27] Gesetzesbegründung der Bundesregierung, BT-Drs. 13/6392, S.82; vgl. auch die Stellungnahme des Bundesrates zur Gesetzesbegründung der Bundesregierung, BT-Drs. 13/6392, S.124.

[28] Ausgenommen sind die bundesrechtlichen Planfeststellungsvorbehalte in § 28 Abs.1 S.1 PBefG (Personenbeförderungsgesetz idF der Bekanntmachung v. 08.08.1990 (BGBl I S.1690), zuletzt geändert durch Gesetz v. 07.07.2005 (BGBl I S.1954)), § 2 Abs.1 S.1 Hs.1 BahnVG (Gesetz über den Bau und Betrieb von Versuchsanlagen zur Erprobung von Tech-

Zulassungsentscheidungen öffentlicher Stellen als Gegenstand einer Untersagung im Sinne des § 12 ROG

legierten besonderen Bundesmaßnahmen gelten die Bindungswirkungen der Ziele der Raumordnung nach § 4 Abs.1 oder Abs.3 ROG nur, wenn

- die für die Planung oder Maßnahme zuständige Stelle oder Person nach § 7 Abs.5 ROG[29] beteiligt worden ist,
- das Verfahren nach § 5 Abs.2 ROG zu keiner Einigung geführt hat

und

- die für die Planung oder Maßnahme zuständige Stelle oder Person innerhalb einer Frist von zwei Monaten nach Mitteilung des rechtsverbindlichen Ziels nicht widersprochen hat.

Nur wenn diese drei Voraussetzungen kumulativ erfüllt sind, unterliegt auch die besondere Bundesmaßnahme der Zielbeachtungspflicht nach § 4 Abs.1 oder Abs.3 ROG. Von den genannten Voraussetzungen dürfte dabei das Widerspruchserfordernis von besonderer Bedeutung sein, da es dem Träger der Bun-

---

niken für den spurgeführten Verkehr v. 29.01.1976 (BGBl I S.241), zuletzt geändert durch Verordnung v. 29.10.2001 (BGBl I S.2785)), § 41 Abs.3 FlurbG (Flurbereinigungsgesetz idF der Bekanntmachung v. 16.03.1976 (BGBl I S.546), zuletzt geändert durch Gesetz v. 20.12.2001 (BGBl I S.3987)), § 31 Abs.2 S.1 KrW-/AbfG, § 52 Abs.2a BBergG (Bundesberggesetz v. 13.08.1980 (BGBl I S.1310), zuletzt geändert durch Gesetz v. 21.06.2005 (BGBl I S.1818)), § 31 Abs.2 S.1 WHG (Gesetz zur Ordnung des Wasserhaushalts idF der Bekanntmachung v. 19.08.2002 (BGBl I S.3245), zuletzt geändert durch Gesetz v. 25.06.2005 (BGBl I S.1746)), § 11a Abs.1 S.1 EnWG (Gesetz über die Elektrizitäts- und Gasversorgung idF der Bekanntmachung v. 07.07.2005 (BGBl I S.1970)) und § 20 Abs.1 UVPG (Gesetz über die Umweltverträglichkeitsprüfung in der Fassung der Bekanntmachung vom 25.06.2005 (BGBl I S.1757), zuletzt geändert durch Gesetz vom 24.06.2005 (BGBl I S.1794)).

[29] Gemeint ist hier wohl § 7 Abs.6 ROG, da sich im Zuge der Novellierung der Raumordnungsgesetzes durch Art.2 EAG Bau v. 24.06.2004 die Absatzfolge des § 7 ROG geändert hat, in § 5 Abs.1 ROG eine Anpassung jedoch unterblieben ist.

desplanung oder -maßnahme ein aktives Tun und die Wahrung einer Ausschlussfrist abverlangt.[30]

Zu beachten ist in diesem Zusammenhang zudem der § 5 Abs.3 ROG, nach dessen Wortlaut der Widerspruch die Bindungswirkung des Ziels der Raumordnung gegenüber der widersprechenden Stelle nicht entstehen lässt, wenn dieses

- auf einer fehlerhaften Abwägung beruht oder
- mit der Zweckbestimmung des Vorhabens nicht in Einklang steht

und das Vorhaben nicht auf einer anderen geeigneten Fläche durchgeführt werden kann.

Die materiellen Bindungswirkungen des in Rede stehenden Ziels der Raumordnung für die konkrete Bundesmaßnahme entfallen mithin nur dann, wenn es sich um einen berechtigten Widerspruch handelt. Wenn der Träger der Landes- oder Regionalplanung als Adressat des Widerspruches seine Berechtigung anzweifelt, muss er dagegen mit der Feststellungsklage nach § 43 Abs.1 VwGO vorgehen.[31] Als problematisch erweist sich dabei der Zeitraum bis zur verwaltungsgerichtlichen Entscheidung über einen jedenfalls nicht offensichtlich unberechtigten Widerspruch. Vorzugswürdig dürfte hier sein, den Träger der besonderen Bundesmaßnahme in dieser Phase nicht als an das Ziel der Raumordnung gebunden anzusehen. Dies folgt aus der Erwägung, dass die neue Regelung dem früheren § 6 ROG entsprechen soll.[32] Für die Vorgängerregelung war anerkannt, dass auch

---

[30] Auf das Beteiligungserfordernis nach § 7 Abs.5 bzw. Abs.6 ROG und das Konsensfindungsverfahren soll an dieser Stelle nicht näher eingegangen werden.
[31] *Runkel*, in: Bielenberg u.a., Raumordnungs- und Landesplanungsrecht des Bundes und der Länder, Bd.2, Stand 2004, Berlin, K § 5 Rn.97.
[32] Gesetzesbegründung der Bundesregierung, BT-Drs. 13/6392, S.82.

die Wirkungen eines unbegründeten Widerspruches erst dann erlöschen, wenn diese Unbegründetheit (gerichtlich) unanfechtbar festgestellt worden ist.[33] Gegenvorschläge des Bundesrates[34] und des Vermittlungsausschusses,[35] die den Bund in die Rolle des Klägers drängen wollten, haben sich im Gesetzgebungsverfahren nicht durchsetzen können.

Selbst wenn ein Widerspruch nicht binnen der zweimonatigen Frist des § 5 Abs.1 ROG erhoben wurde, steht damit die Bindung der besonderen Bundesmaßnahme noch nicht unausweichlich fest. Vielmehr kann die zuständige öffentliche Stelle noch einen nachträglichen Widerspruch erheben, wenn eine Veränderung der Sachlage ein Abweichen von den Zielen der Raumordnung erforderlich macht. Der nachträgliche Widerspruch bedarf der Zustimmung der nächst höheren Behörde und ist spätestens innerhalb von sechs Monaten ab Kenntnis der veränderten Sachlage geltend zu machen.

Als Zwischenfazit lässt sich festhalten, dass die Bindungswirkungen der Ziele der Raumordnung gemäß § 4 ROG grundsätzlich auch beim Erlass eines Planfeststellungsbeschlusses oder bei der Erteilung einer Plangenehmigung Geltung beanspruchen. Nur unter den zusätzlichen Voraussetzungen des § 5 ROG kommt insoweit eine Privilegierung besonderer Bundesmaßnahmen in Betracht. Im Übrigen ist es für die Bindungswirkungen nach § 4 ROG unbeachtlich, ob

---

[33] Vgl. *Bielenberg/Erbguth/Söfker*, Raumordnungs- und Landesplanungsrecht des Bundes und der Länder, Bd.2, Stand April 1996, Bielefeld u.a., K § 7 Rn.23; *Niemeier/Dahlke/Lowinski*, Landesplanung in Nordrhein-Westfalen, Essen 1977, § 20 Anm.11; *Hoppe*, in: Hoppe/Schoeneberg, Raumordnungs- und Landesplanungsrecht des Bundes und des Landes Niedersachsen, Köln u.a. 1987, Rn.840; vgl. auch die Entschließung der *Ministerkonferenz für Raumordnung* v. 04.06.1998, GMBl 1998, S.432 ff.
[34] BT-Drs. 13/6392, S.123.
[35] BR-Drs. 339/97, S.31 f.

die Zuständigkeit für die Planfeststellung oder Plangenehmigung bei einer Bundes- oder bei einer Landesbehörde liegt.

d) Kompetenzrechtliche Grenzen der Raumordnungsplanung

Die auf den ersten Blick strenge Bindung der Fachplanung an die Raumordnung wird bei näherem Hinsehen aber deutlich relativiert. Der Hauptgrund hierfür liegt in der auf eine zusammenfassende und übergeordnete Planung beschränkten Aufgabe der Raumordnung (§ 1 Abs.1 S.1 ROG), die es den Trägern der Raumordnungsplanung verwehrt, eine Ersatzfachplanung zu betreiben.[36] Festlegungen in Raumordnungsplänen, die diesen Kompetenzrahmen überschreiten, sind grundsätzlich nichtig.[37] Wo indessen im Einzelnen die Grenzen der raumordnerischen Planungskompetenzen zu ziehen sind, bleibt fraglich. Gesichert erscheint insoweit nur, dass die Raumordnungspläne standortrelevante und raumbezogene Vorgaben für die Fachplanung enthalten dürfen.[38] Dies folgt nicht zuletzt aus § 7 Abs.2 S.1 Nr.3 ROG, wonach die Raumordnungspläne insbesondere Festlegungen zu »den zu sichernden Standorten und Trassen für Infrastruktur« enthalten sollen. Darüber hinaus ist auch ein Blick auf § 5 ROG hilfreich, der den Trägern der Fachplanung die Möglichkeit eröffnet, sich insbesondere bei allen einem Planfeststellungsvorbehalt unterfallenden Verkehrswegebauvorhaben des Bundes unter bestimmten Voraussetzungen durch einen Widerspruch von der Geltung des § 4 Abs.1 und Abs.3 ROG zu lösen.[39] Da die Widerspruchsmöglichkeit gerade an standortrelevante Festlegungen anknüpft

---

[36] *BayVerfGH*, Entsch. v. 15.07.2002 - Vf. 10-VII-00, Vf. 12-VII-00 -, DÖV 2003, 78; *Runkel*, in: Bielenberg u.a., Raumordnungs- und Landesplanungsrecht des Bundes und der Länder, Bd.2 (Kommentar), Berlin, Stand November 2004, K § 4 Rn.120; *Goppel*, DVBl 2000, 86 (87 f).

[37] *Spannowsky*, UPR 2000, 418 (421).

[38] *Spannowsky*, UPR 2000, 418 (425).

[39] S oben 3 b.

(§ 5 Abs.1 Nr.1 und Abs.3 Nr.2 ROG), folgt auch daraus im Rückschluss die grundsätzliche Zulässigkeit entsprechender Ziele der Raumordnung.

Zweifelhaft bleibt indessen, ob die Raumordnungspläne beispielsweise auch Festlegungen zum Bedarf oder zur Dringlichkeit einer Fachplanung enthalten dürfen. Der in diesem Zusammenhang vertretenen These, dass die Raumordnung kraft ihrer Aufgabenbeschreibung der Fachplanung »übergeordnet« sei[40], hält die Gegenansicht unter anderem einen Übergriff in die Finanzhoheit des Bundes und in den Kernbereich der Fachplanung entgegen.[41] Im ursprünglichen Gesetzesentwurf zum EAG Bau hatte die Bundesregierung sich dem letztgenannten Standpunkt angeschlossen und einen § 5 Abs.1 S.2 ROG vorgesehen, wonach hinsichtlich der in § 5 Abs.1 S.1 ROG genannten raumbedeutsamen Planungen und Maßnahmen die Rechte des Bundes »zur Feststellung des Bedarfs, der Dringlichkeit, der Zeitplanung sowie der konkreten Ausgestaltung von Standorten oder Trassenführungen« unberührt bleiben sollten.[42] Dabei wurde davon ausgegangen, dass die Vorschrift einen rein deklaratorischen Charakter habe.[43] Der Bundesrat hatte daraufhin in seiner Stellungnahme den nur deklaratorischen Charakter der Neuregelung angezweifelt und die weitreichende Freistellung der Bundesplanungen von jeglicher raumordnerischer Bindung abgelehnt.[44] Obgleich die Bundesregierung in ihrer Gegenäußerung zur Stellung-

---

[40] *Goppel*, UPR 2000, 431 (432); vgl. auch *Gruber*, DÖV 1995, 488 (491 f).
[41] *Spannowsky*, UPR 2000, 418 ff; *Schulte*, NVwZ 1999, 942 (943); wohl auch *BayVerfGH*, Entsch. v. 15.07.2002 - Vf. 10-VII-00, Vf. 12-VII-00 -, DÖV 2003, 78, wonach entsprechende Festlegungen nur als »appellative Mitteilung der raumordnerischen Vorstellungen des Landes gegenüber dem Bund interpretiert werden« können.
[42] BT-Drs. 15/2250, S.23.
[43] BT-Drs. 15/2250, S.70.
[44] BT-Drs. 15/2250, S.88.

nahme des Bundesrates ihren Standpunkt noch einmal untermauert hat[45], ist die Regelung letztendlich nicht in den Gesetzesbeschluss eingegangen. Eine abschließende Klärung der Streitfrage steht damit weiterhin aus.

III. Tatbestand und Rechtsfolgen des § 12 ROG

Die materiell-rechtlichen Bindungswirkungen der Ziele der Raumordnung gemäß § 4 ROG sind indessen nur eine Seite der Medaille. Auf einem anderen Blatt steht, ob und inwieweit diese gesetzlichen Bindungswirkungen von den Trägern der Landes- und Regionalplanung im Einzelfall durchgesetzt werden können. Im Folgenden soll daher der Frage nachgegangen werden, ob die durch § 12 ROG für den Einzelfall eröffneten Möglichkeiten zur Untersagung raumbedeutsamer Planungen, Maßnahmen und Zulassungsentscheidungen mit den gesetzlichen Bindungswirkungen der Ziele der Raumordnung nach § 4 ROG korrespondieren.

1. Unbefristete Untersagung raumbedeutsamer Planungen und Maßnahmen (§ 12 Abs.1 Nr.1 ROG)

Die erste Konstellation, mit der § 12 Abs.1 Nr.1 ROG sich befasst, ist eine Option zur unbefristeten Untersagung. Danach ist in den Landesplanungsgesetzen vorzusehen,[46] dass »raumbedeutsame Planungen und Maßnahmen, die von den Bindungswirkungen der Ziele der Raumordnung nach § 4 Abs.1 und Abs.3 ROG erfaßt werden, (zeitlich unbefristet) untersagt werden können (...), wenn Ziele der Raumordnung entgegenstehen«.

---

[45] BT-Drs. 15/2250, S.97.
[46] Zum Stand der Umsetzung in den einzelnen Bundesländern s. oben B I.

a) Gegenstand und Adressat der Untersagung

Hinsichtlich des Gegenstandes der Untersagung knüpft § 12 Abs.1 Nr.1 ROG unmittelbar an die Bindungswirkungen der Ziele der Raumordnung nach § 4 Abs.1 und Abs.3 ROG an. Auf den ersten Blick möchte man daher ohne weiteres eine vollständige Kongruenz zwischen diesen (generell-abstrakten) Bindungswirkungen und der (konkret-individuellen) Untersagungsmöglichkeit annehmen. Gerade im Hinblick auf die hier vorrangig zu betrachtenden Zulassungsentscheidungen der öffentlichen Hand steckt der Teufel indessen im Detail. Denn während in § 4 Abs.1 S.2 ROG behördliche Zulassungsentscheidungen, einschließlich Planfeststellungen und Plangenehmigungen, ausdrücklich als Objekte der Bindungswirkungen der Ziele der Raumordnung benannt werden, ist in § 12 Abs.1 Nr.1 ROG ausschließlich von »raumbedeutsamen Planungen und Maßnahmen« die Rede.[47] Es stellt sich daher die Frage, ob und inwieweit behördliche Zulassungsentscheidungen den Charakter von raumbedeutsamen Planungen und Maßnahmen im Sinne des § 12 Abs.1 ROG haben.

(1) Wortlaut

Einer Einbeziehung von behördlichen Zulassungsentscheidungen in den Anwendungsbereich des § 12 Abs.1 ROG steht grundsätzlich nicht schon der Wortlaut dieser Vorschrift entgegen. Denn selbst wenn man unter Rückgriff auf eine vielzitierte These aus der juristischen Methodenlehre davon ausgeht, dass die Grenze jeglicher Auslegung der noch mögliche Wortsinn des Gesetzes ist,[48] ist es nicht von vornherein ausgeschlossen, jedenfalls die Institute der Planfeststellung und der Plangenehmigung unter den Begriff der raumbedeutsamen Planun-

---

[47] Auf diesen Umstand weist auch hin *Goppel*, BayVBl 2002, 617 (618).
[48] *Larenz/Canaris*, Methodenlehre der Rechtswissenschaft, 4. Aufl., Berlin 2005, S.143; *Meyer-Hayoz*, Der Richter als Gesetzgeber, Zürich 1951, S.42.

gen und Maßnahmen zu subsumieren. Der identische Wortstamm »Plan« liegt insoweit auf der Hand.[49]

(2) Systematik

Problematischer könnte die Zuordnung von Planfeststellungen und Plangenehmigungen zu den raumbedeutsamen Planungen und Maßnahmen im Sinne des § 12 Abs.1 ROG jedoch unter gesetzessystematischen Gesichtspunkten sein. Es gilt daher an dieser Stelle erneut der bisher offenen Frage nachzugehen, ob der § 4 Abs.1 S.2 ROG, in dem die »Genehmigungen, Planfeststellungen und sonstigen behördlichen Entscheidungen« Erwähnung finden, die Bindung dieser Entscheidungen an die Ziele der Raumordnung konstitutiv begründet, oder ob es sich um eine ausschließlich klarstellende Regelung handelt, die den vorangehenden § 4 Abs.1 S.1 ROG nur näher erläutert. Nur im letztgenannten Fall wäre es möglich, eine einheitliche Auslegung des Begriffes der raumbedeutsamen Planungen und Maßnahmen im gesamten Raumordnungsgesetz zu gewährleisten und gleichzeitig Planfeststellungen und Plangenehmigungen in den Anwendungsbereich des § 12 Abs.1 ROG einzubeziehen.

Isolierte Betrachtung des § 4 Abs.1 ROG

Blickt man zur Beantwortung der vorstehenden Frage in die Gesetzesbegründung, so weist diese zunächst auf eine nur klarstellende Funktion des § 4 Abs.1 S.2 ROG hin. Wörtlich heißt es dort: »Satz 2 soll klarstellen, daß die Beachtungspflicht auch dann gilt, wenn für eine raumbedeutsame Maßnahme einer öffentlichen Stelle einschließlich der dazu gehörenden Planung eine Genehmi-

---

[49] Inwieweit Zulassungsentscheidungen ohne den Charakter einer Planfeststellung oder Plangenehmigung den Charakter einer »echten« Planung haben können, soll an dieser Stelle nicht weiter vertieft werden; s. dazu *Schoen*, Die Planfeststellung zwischen Kontrollerlaubnis und Planungsentscheidung, Münster 2003, passim.

gung, Planfeststellung oder sonstige behördliche Entscheidung über deren Zulässigkeit durch eine andere öffentliche Stelle erforderlich ist.«[50]

Aber auch bei dieser Formulierung der Gesetzesbegründung erscheint ein genaueres Hinsehen erforderlich:

Zum einen bezieht sich die zitierte Aussage inhaltlich nur auf § 4 Abs.1 S.2 Nr.1 ROG, also die Zulassungsentscheidungen über raumbedeutsame Maßnahmen öffentlicher Stellen. Die Planfeststellungen und Plangenehmigungen im Sinne des § 4 Abs.1 S.2 Nr.2 ROG für raumbedeutsame Maßnahmen von Personen des Privatrechts werden hingegen jedenfalls nicht ausdrücklich erfasst. Wenn man diesen Ansatz konsequent zu Ende denkt, so ist nicht ausgeschlossen, dass dem § 4 Abs.1 S.2 Nr.1 ROG nur eine klarstellende Funktion zukommt, während durch § 4 Abs.1 S.2 Nr.2 ROG die Bindung der dort genannten Zulassungsentscheidungen an die Ziele der Raumordnung konstitutiv begründet wird. Gerade für die Tätigkeit des Eisenbahn-Bundesamts wäre eine solche Differenzierung durchaus relevant, da die Planfeststellungen und Plangenehmigungen für Bauvorhaben von Eisenbahninfrastrukturunternehmen wegen der privatrechtlichen Organisationsform dieser Unternehmen dem § 4 Abs.1 S.2 Nr.2 ROG zuzuordnen wären.

Des Weiteren fällt auf, dass nach der Wortwahl in der Gesetzesbegründung die Klarstellung in § 4 Abs.1 S.2 ROG dem Ziele dient, bei einem Auseinanderfallen von Entwurfs- und Zulassungsbehörde auf die durchgängige Bindung der raumbedeutsamen Maßnahme an die Ziele der Raumordnung hinzuweisen. Vor

---

[50] Gesetzesbegründung der Bundesregierung, BT-Drs. 13/6392, S.81 f. Hervorhebungen durch den Verfasser.

diesem Hintergrund könnte § 4 Abs.1 S.2 ROG daher auch als bloße Betonung dahingehend gewertet werden, dass die Bindungswirkungen der Ziele der Raumordnung nach § 4 Abs.1 S.1 ROG vom Erfordernis einer öffentlich-rechtlichen Zulassungsentscheidung für die raumbedeutsame Maßnahme unabhängig sind.

Über die mangelnde Klarheit der Aussage in der Gesetzesbegründung hinaus ist ferner zu bedenken, dass nach dem einleitenden Wortlaut des § 4 Abs.1 S.2 ROG die Regelung des § 4 Abs.1 S.1 ROG auch bei den genannten Zulassungsentscheidungen gilt. Wenn der Regelung nur eine klarstellende Funktion zukommen soll, wäre eine Wendung wie zum Beispiel »Zu den raumbedeutsamen Planungen und Maßnahmen zählen insbesondere auch ... « wesentlich besser geeignet gewesen, um diesen gesetzgeberischen Willen zum Ausdruck zu bringen. Außerdem hätte es nahe gelegen, dieses weite Verständnis des Begriffes der raumbedeutsamen Planungen und Maßnahmen von vornherein schon in der Legaldefinition des § 3 Nr.6 ROG zu verdeutlichen. Gerade das ist aber nicht geschehen.

Ein weiteres Argument gegen den nur klarstellenden Charakter des § 4 Abs.1 S.2 ROG liefert die in der Literatur seit jeher vertretene These, nach der behördliche Aufsichtsentscheidungen oder andere Kontrollvorgänge nicht dem Begriff der raumbedeutsamen Maßnahmen unterfallen.[51] Den in § 4 Abs.1 S.2 ROG genannten behördlichen Zulassungsentscheidungen ist - unter Einschluss der Plan-

---

[51] *Runkel*, in: Bielenberg u.a., Raumordnungs- und Landesplanungsrecht des Bundes und der Länder, Bd.2, Stand 2004, Berlin, K § 3 Rn.269; *Hendler*, in: Hoppe/Kauch (Hg.), Raumordnungsziele nach Privatisierung öffentlicher Aufgaben, Münster 1996, S.45; *Schmidt-Aßmann*, Fortentwicklung des Rechts im Grenzbereich zwischen Raumordnung und Städtebau, Bonn 1977, S.82.

feststellung und der Plangenehmigung - eine solche (präventive) Kontrollfunktion aber gerade immanent. Dieses gilt unabhängig davon, ob man den Instrumenten der Planfeststellung und der Plangenehmigung zusätzlich noch den Charakter einer »echten« Planung beimisst.

Als weiteres Zwischenfazit lässt sich somit festhalten, dass eine Vielzahl von Argumenten gegen einen nur klarstellenden Charakter des § 4 Abs.1 S.2 ROG spricht.

Einheitlichkeit als Auslegungsziel
Es wäre allerdings verfehlt, aus den vorstehenden Erkenntnissen einen zwingenden Schluss für die Auslegung des Begriffes der raumbedeutsamen Planungen und Maßnahmen zu ziehen. Denn das Wesen der systematischen Gesetzesauslegung ist gerade dadurch gekennzeichnet, dass zur Wahrung der Einheit der Rechtsordnung bei der Auslegung identischer Begriffe in verschiedenen Vorschriften möglichst harmonische Ergebnisse erzielt werden. Dieses gilt umso mehr, wenn - wie in der vorliegenden Konstellation - diese Begriffe von einer Legaldefinition erfasst werden.

Die Einheit der Rechtsordnung als primäres Ziel der systematischen Gesetzesauslegung hat zur Konsequenz, dass Bedenken gegen den nur klarstellenden Charakter des § 4 Abs.1 S.2 ROG dann zurücktreten können und müssen, wenn überwiegende sonstige Auslegungsergebnisse dieses gebieten und gleichzeitig nicht der mögliche Wortsinn des Gesetzes überschritten wird. Da letzteres nicht der Fall ist,[52] kommt es somit entscheidend darauf an, ob und inwieweit sonstige systematische Erwägungen, der Sinn und Zweck sowie gegebenenfalls die His-

---

[52] Dazu soeben oben a.

torie des § 12 ROG eine Einbeziehung von behördlichen Zulassungsentscheidungen in den Anwendungsbereich dieser Norm nahe legen.

Sonstige systematische Erwägungen

In § 12 Abs.2 ROG ist vorgesehen, dass eine befristete Untersagung im Sinne des §12 Abs.1 Nr.2 ROG »auch bei behördlichen Entscheidungen über die Zulässigkeit raumbedeutsamer Maßnahmen von Privatpersonen« möglich sein soll. Aus dieser Formulierung lässt sich zunächst einmal schließen, dass derartige »behördliche Entscheidungen« keine raumbedeutsamen Planungen sind, da sie andernfalls schon unmittelbar dem Anwendungsbereich des § 12 Abs.1 ROG unterfielen. Darüber hinaus deutet die Gesetzessystematik darauf hin, dass Planfeststellungen und Plangenehmigungen nicht zu den »behördlichen Entscheidungen« im Sinne des § 12 Abs.2 ROG gehören. Denn andernfalls hätte ein dem § 4 Abs.1 S.2 Nr.2 ROG entsprechender Wortlaut nahe gelegen.

Ob sich indessen aus der Existenz des § 12 Abs.2 ROG auch Rückschlüsse auf die Anwendbarkeit des § 12 Abs.1 ROG auf Planfeststellungen und Plangenehmigungen ziehen lassen, erscheint fraglich.[53] Denn die Tatsache, dass § 12 Abs.2 ROG Planfeststellungen und Plangenehmigungen aus seinem Anwendungsbereich ausschließt, lässt sich in zwei Richtungen deuten: Einerseits könnte darin die Aussage impliziert sein, dass Planfeststellungen und Plangenehmigungen damit insgesamt nicht dem Anwendungsbereich des § 12 ROG unterfallen. Andererseits könnte der Verzicht auf die Erwähnung von Planfeststellungen

---

[53] Anders wohl *Schmitz*, in: Bielenberg u.a., Raumordnungs- und Landesplanungsrecht des Bundes und der Länder, Bd.2, Stand 2004, Berlin, K § 5 Rn.15 und *Goppel*, BayVBl 2002, 617 (618). Letzterer schließt aus § 12 Abs.2 ROG, »dass der Gesetzgeber von der grundsätzlichen Möglichkeit der Untersagung behördlicher Zulassungsentscheidungen nach § 12 Abs.1 ROG ausgeht«.

und Plangenehmigungen in § 12 Abs.2 ROG aber ebenso gut dahingehend ausgelegt werden, dass dieses nicht erforderlich war, weil diese beiden Rechtsinstitute bereits von § 12 Abs.1 ROG erfasst werden.

Die »innere« Systematik des § 12 ROG liefert mithin ebenfalls keine eindeutigen Argumente für oder gegen die Anwendbarkeit des § 12 Abs.1 ROG auf Planfeststellungen und Plangenehmigungen.

(3) Normzweck und Historie

Ausweislich der Gesetzesbegründung der Bundesregierung kommt dem § 12 ROG »tragende Bedeutung für die Durchsetzbarkeit der übergeordneten Planung gegenüber örtlichen oder fachlichen Planungen und Maßnahmen und damit für die Umsetzung des Gesetzes insgesamt zu«.[54] Aus diesem Hinweis auf die »tragende Bedeutung« des § 12 ROG lässt sich ableiten, dass der Sinn und Zweck der Vorschrift darin besteht, die Verwirklichung von Zielen der Raumordnung umfassend zu sichern.[55] Dieses führt für die hier in Rede stehenden Planfeststellungen und Plangenehmigungen fast zwangsläufig zu dem Ergebnis, dass auch sie vom Anwendungsbereich des § 12 Abs.1 ROG erfasst sein müssen.[56] Denn das Gefährdungspotential, das von einer im Widerspruch zu den Zielen der Raumordnung stehenden Planfeststellung oder Plangenehmigung ausgeht, liegt auf der Hand.

---

[54] Gesetzesbegründung der Bundesregierung, BT-Drs. 13/6392, S.86.
[55] *Schoen*, Landesplanerische Untersagung, Münster 1999, S.28; *Dolderer*, NVwZ 1998, 435 (347); *Runkel*, DVBl 1996, 698 (703).
[56] Ebenso *Schmitz*, in: Bielenberg u.a., Raumordnungs- und Landesplanungsrecht des Bundes und der Länder, Bd.2, Stand 2004, Berlin, K § 5 Rn.15; *Goppel*, BayVBl 2002, 617 (618 f).

Auch das Bundesverwaltungsgericht teilt offensichtlich den vorstehend skizzierten Standpunkt. So heißt es in zwei Beschlüssen des 11. Senates vom 03.09.1997 nahezu beiläufig und ohne Problematisierung, dass die Trassenwahl im Rahmen eines eisenbahnrechtlichen Planfeststellungsbeschlusses jedenfalls der Untersagungsverfügung des für Raumordnung zuständigen Ministeriums widerspreche und somit - mangels eines offensichtlichen Rechtsfehlers im Sinne des § 44 VwVfG - die Planfeststellungsbehörde binde.[57] Auch wenn sich diese Entscheidungen noch auf die Vorgängernorm des § 12 ROG, also den § 7 ROG a.F. bezogen, lässt sich ihnen doch recht eindeutig entnehmen, dass eine fachplanerische Zulassungsentscheidung (des Bundes) grundsätzlich als legitimer Gegenstand einer landesplanerischen Untersagung angesehen wird. Warum unter der Geltung des § 12 ROG insoweit etwas anderes anzunehmen sein sollte, ist nicht ersichtlich.

Interessant ist in diesem Zusammenhang allerdings noch ein Urteil des VGH Mannheim aus dem Jahre 2002. In dieser Entscheidung wird die Auffassung vertreten, dass mit der gesetzlich angeordneten Konzentrationswirkung des Planfeststellungsbeschlusses auch die Zuständigkeit für den Erlass einer Zielabweichungsentscheidung im Sinne des § 11 S.1 ROG auf die Planfeststellungsbehörde übergehe.[58] Diese Sichtweise hätte zur Konsequenz, dass die an sich an ein Ziel der Raumordnung gebundene Planfeststellungsbehörde von eben diesem Ziel abweichen kann, wenn die Abweichung gemäß § 11 S.1 ROG unter raum-

---

[57] *BVerwG*, Beschl. v. 03.09.1997 - 11 VR 20/96 -, NVwZ-RR 1998, 289; *BVerwG*, Beschl. v. 03.09.1997 - 11 VR 22/96 -, JURIS, Rn.12.
[58] *VGH Mannheim*, Urt. v. 08.07.2002 - 5 S 2715/01 -, JURIS, S.13 ff; ebenso *Runkel*, in: Bielenberg u.a., Raumordnungs- und Landesplanungsrecht des Bundes und der Länder, Bd.2, Stand 2004, Berlin, K § 4 Rn.144.

ordnerischen Gesichtspunkten vertretbar ist und die Grundzüge der (Raumordnungs-)Planung nicht berührt werden.

Ob die Rechtsansicht des VGH Mannheim haltbar ist, erscheint indessen zweifelhaft. Denn die Möglichkeit, sich als Adressat eines Zieles der Raumordnung einseitig und nachträglich von dessen Bindungswirkungen zu lösen, dürfte schon durch § 5 Abs.4 S.1 ROG abschließend geregelt sein. Beim § 11 S.1 ROG und den auf ihm fußenden Bestimmungen der Landesplanungsgesetze handelt es sich hingegen um Vorschriften, die der Zuständigkeitskonzentration des Planfeststellungsbeschlusses nicht zugänglich sind. Besonders deutlich bringt das auch der § 11 S.2 ROG zum Ausdruck, in dem es für das Zielabweichungsverfahren heißt, dass »antragsbefugt insbesondere die öffentlichen Stellen und Personen nach § 5 Abs.1 sowie die kommunalen Gebietskörperschaften sind, die das Ziel der Raumordnung zu beachten haben«. Die Vorschrift geht also erkennbar von einer bloßen Antrags-, nicht aber von einer Entscheidungsbefugnis des Fachplanungsträgers aus. Für den Gesetzgeber war dabei ohne weiteres erkennbar, dass eine Vielzahl der in § 11 S.2 ROG genannten »öffentlichen Stellen« ihre Entscheidungen im Rahmen eines mit einer Konzentrationswirkung ausgestatteten Planfeststellungs- oder Plangenehmigungsverfahren treffen. Ein Verweis auf die Geltung der Konzentrationswirkung hätte daher nahe gelegen.

Doch selbst wenn man der Ansicht des VGH Mannheim folgt und Zielabweichungsentscheidungen als zulässigen Gegenstand von Planfeststellungsbeschlüssen akzeptiert, würde das - im Einklang mit der Rechtsprechung des Bundesverwaltungsgerichts - nichts an der grundsätzlichen Untersagungsfähigkeit von fachplanerischen Zulassungsentscheidungen ändern. Denn eine landesplanerische Untersagung, die sich auf das im Wege der Zielabweichungsentscheidung überwundene Ziel der Raumordnung stützt, wäre selbst bei unterstellter Rechtmäßigkeit der Abweichungsentscheidung grundsätzlich nur anfechtbar, nicht aber nichtig.

(4) Verfassungsrechtliche Erwägungen

Auch wenn nach Maßgabe der vorstehenden Ausführungen insbesondere der Normzweck dafür spricht, Zulassungsentscheidungen - einschließlich Planfeststellungen und Plangenehmigungen durch Bundesbehörden - in den Anwendungsbereich des § 12 Abs.1 Nr.1 ROG einzubeziehen, bleibt doch noch zu beachten, dass nach einem in der Rechtsprechung des Bundesverwaltungsgerichts entwickelten Grundsatz eine Hoheitsverwaltung nicht mit Anordnungen oder gar Zwang in die hoheitliche Tätigkeit einer anderen Hoheitsverwaltung - sei es derselben, sei es einer anderen Körperschaft - eingreifen darf.[59] Da auf den ersten Blick mit dem Erlass einer landesplanerischen Untersagung dieser Grundsatz auch dann missachtet wird, wenn Adressat der Untersagung eine Fachzulassungsbehörde ist, stellt sich die Frage, ob die bisher erzielten Auslegungsergebnisse einer Korrektur im Wege der verfassungskonformen Auslegung bedürfen.

Im Ergebnis ist diese Frage zu verneinen. Denn selbst wenn man in Anlehnung an die Rechtsprechung ein prinzipielles Verbot des Übergriffs in die hoheitliche Tätigkeit eines anderen Verwaltungsträgers akzeptiert, stellt § 12 Abs.1 Nr.1 ROG insoweit einen Ausnahmetatbestand dar, der als spezielle gesetzliche Regelung dem allgemeinen Grundsatz vorgeht.[60] Auch in dem grundlegenden Urteil des Bundesverwaltungsgerichts wird das Übergriffsverbot unter den Vorbe-

---

[59] *BVerwG*, Urt. v. 16.01.1968 – I A 1.67 -, BVerwGE 29, 52 (57); vgl. auch *BVerwG*, Urt. v. 09.05.2001 – 6 C 4/00 -, NVwZ 2001, 1152; *Reigl*, DÖV 1967, 397 ff.
[60] Ebenso *Goppel*, BayVBl 2002, 617 (618 f).

halt der Existenz von »Sonderregelungen und Ausnahmelagen« gestellt.[61] Wollte man den § 12 ROG dahingehend interpretieren, dass sämtliche hoheitliche Tätigkeiten von der Untersagungsoption ausgenommen sind, bliebe kaum mehr ein praktisch relevanter Anwendungsbereich der Vorschrift übrig, da sowohl die raumbedeutsamen Fachplanungen als auch die kommunale Bauleitplanung im Regelfall durch Hoheitsträger in dieser Eigenschaft getragen und verantwortet werden. Der Erlass einer Untersagungsverfügung käme faktisch nur dann in Betracht, wenn der Planungsträger eine Privatperson ist, die im Sinne des § 4 Abs.3 ROG formal privatisierte öffentliche Aufgaben wahrnimmt. Ein derart restriktives Verständnis des § 12 ROG stünde zum Normzweck und zur »tragenden Bedeutung«[62] dieser Vorschrift für die Sicherung der Ziele der Raumordnung im eklatanten Widerspruch.[63]

b) Mangelnde Zielkonformität

Eine unbefristete Untersagung von raumbedeutsamen Planungen und Maßnahmen kommt gemäß § 12 Abs.1 Nr.1 ROG nur dann in Betracht, »wenn Ziele der Raumordnung entgegenstehen«. Die zuständige Landesbehörde hat also zu prüfen, ob der festzustellende oder zu genehmigende Vorhabenplan mit den in den Raumordnungsplänen festgelegten Zielen der Raumordnung vereinbar ist. Als verfahrensrechtliche Grundlagen dieser Prüfung können insbesondere ein Raumordnungsverfahren, das Anhörungsverfahren als Bestandteil des Planfeststellungsverfahrens oder die Benehmensherstellung im Rahmen des Plangeneh-

---

[61] *BVerwG*, Urt. v. 16.01.1968 – I A 1.67 -, BVerwGE 29, 52 (57)

[62] Siehe dazu oben c.

[63] Eine ganz andere Frage ist, ob eine Untersagungsverfügung, gegen die Widerspruch und Anfechtungsklage gemäß § 12 Abs.3 ROG kraft Gesetzes keine aufschiebende Wirkung entfalten, mit Mitteln des Verwaltungszwanges gegen andere Hoheitsträger durchgesetzt werden darf; vgl. dazu *Schmitz*, in: Bielenberg u.a., Raumordnungs- und Landesplanungsrecht des Bundes und der Länder, Bd.2, Stand 2004, Berlin, K § 5 Rn.104 ff.

migungsverfahrens dienen. Diese Verfahren sind jeweils dadurch gekennzeichnet, dass sie den Trägern der Landes- und Regionalplanung Informationen über raumbedeutsame Vorhaben verschaffen.

Auch wenn der Vergleich zwischen dem festzustellenden oder zu genehmigenden Vorhabenplan und den Zielen der Raumordnung bei einer theoretischen Betrachtung einfach erscheint, bildet er doch das Hauptproblem bei der Prüfung der materiellen Untersagungsvoraussetzungen. Es wurde insoweit bereits auf die äußerst diffizile begriffliche Abgrenzung zwischen Zielen und Grundsätzen der Raumordnung sowie auf die beschränkten Kompetenzen der Länder bei der Aufstellung von Zielen der Raumordnung hingewiesen.[64] Die Landes- und Regionalplanungsbehörden stehen daher häufig vor dem Problem, dass sowohl der rechtliche Charakter als auch die Wirksamkeit einer raumordnerischen Festlegung fraglich ist. Doch auch wenn sicherlich zu fordern ist, dass beide Aspekte vor dem Erlass einer Untersagungsverfügung einer eingehenden Prüfung unterzogen werden, trägt das Risiko einer unrichtigen Auslegung oder der Unwirksamkeit der raumordnerischen Festlegung zunächst grundsätzlich der Adressat der Untersagung. Denn jedenfalls bei der Untersagung gegenüber einer Bundesbehörde handelt es sich um einen Verwaltungsakt,[65] dessen Rechtswidrigkeit - abgesehen von evidenten Fällen im Sinne des § 44 VwVfG - seine Wirksamkeit unberührt lässt.[66]

---

[64] Siehe oben B I und B II 4.
[65] Vgl. *Schoen*, NuR 2000, 138 (144).
[66] Siehe dazu auch schon oben 1 c.

c) Rechtsfolge

Auf der Rechtsfolgenseite sehen sämtliche auf § 12 ROG fußende Untersagungsvorschriften in den Landesplanungsgesetzen ein (Entschließungs-) Ermessen der zuständigen Landesbehörde vor.[67] Besonderheiten bei der Ausübung dieses Ermessens bestehen nicht. Insbesondere ist die Untersagungsbehörde gemäß § 40 VwVfG gehalten, ihr Ermessen entsprechend dem Zweck der Ermächtigung auszuüben und die gesetzlichen Grenzen des Ermessens einzuhalten.

2. Befristete Untersagung raumbedeutsamer Planungen und Maßnahmen (§ 12 Abs.1 Nr.2 ROG)

Die befristete Untersagung im Sinne des § 12 Abs.1 Nr.2 ROG dient der präventiven Sicherung noch nicht verbindlicher Ziele der Raumordnung. Sie kommt in Betracht, wenn eine raumbedeutsame Planung oder Maßnahme, die gemäß § 4 Abs.1 und Abs.3 ROG grundsätzlich an die Ziele der Raumordnung gebundenen ist, befürchten lässt, dass »die Verwirklichung in Aufstellung, Änderung, Ergänzung oder Aufhebung befindlicher Ziele der Raumordnung unmöglich gemacht oder wesentlich erschwert werden würde«. Die befristete Untersagung nach § 12 Abs.1 Nr.2 ROG stellt gleichsam das landesplanungsrechtliche Pendant zu den Veränderungssperren im Recht der Bauleitplanung (§ 14 BauGB) und der Fachplanung (zB § 19 AEG[68]) dar.

Da hinsichtlich des Gegenstandes und des Adressaten der Untersagung die Tatbestände in Nr.1 und Nr.2 des § 12 Abs.1 ROG einen identischen Wortlaut haben, beschränkt sich die folgende Darstellung auf diejenigen Gesichtspunkte, die

---

[67] Zur Zulässigkeit anderer Regelungsmodelle in den Landesplanungsgesetzen vgl. *Schoen*, Landesplanerische Untersagung, Münster 1999, S.47 ff.

[68] Allgemeines Eisenbahngesetz (AEG) vom 27.12.1993 (BGBl I 1993 S.2378, 2396, berichtigt BGBl I 1994, S.2439), zuletzt geändert durch Gesetz vom 07.07.2005 (BGBl I S.1970)

wegen der noch fehlenden Rechtsverbindlichkeit des zu sichernden Zieles der Raumordnung nicht ohne weiteres auf die bisherigen Ausführungen übertragen werden können.

a) Widerspruch (§ 5 ROG) und befristete Untersagung

Auch gegen ein erst in Aufstellung[69] befindliches Ziel der Raumordnung ist ein Widerspruch im Sinne des § 5 ROG möglich.[70] Auf diese Weise kann sich der Widerspruchsführer schon im Vorfeld der Rechtsverbindlichkeit eines Zieles der Raumordnung von dessen (zukünftigen) Bindungswirkungen lösen und dem Erlass einer befristeten Untersagungsverfügung die materielle Grundlage entziehen. Er ist allerdings nicht davor gefeit, dass die Landesplanungsbehörde gleichwohl eine Untersagungsverfügung erlässt. Sofern in einem solchen Fall die Untersagungsverfügung nicht unter einem zur Nichtigkeit führenden Mangel leidet, bleibt dem Adressaten - ebenso wie bei einem Widerspruch nach Erlass der befristeten Untersagungsverfügung - nur die Möglichkeit, sich mit verwaltungsprozessualen Mitteln zur Wehr zu setzen.[71]

b) Fachplanerische Veränderungssperren und befristete Untersagung

Gemäß § 19 Abs.1 S.1 AEG und vergleichbaren Vorschriften in den anderen Fachplanungsgesetzen dürfen vom Beginn der Auslegung der Pläne im Planfeststellungsverfahren an auf den vom Plan betroffenen Flächen bis zu ihrer Inanspruchnahme wesentlich wertsteigernde oder die geplante Baumaßnahme erheb-

---

[69] Im Folgenden wird nur noch von in Aufstellung befindlichen Zielen der Raumordnung gesprochen und auf die jeweils parallele Erwähnung der Änderung, Ergänzung und Aufhebung von Zielen der Raumordnung verzichtet.

[70] *Schoen*, Landesplanerische Untersagung, Münster 1999, S.61 f.

[71] *Schmitz*, in: Bielenberg u.a., Raumordnungs- und Landesplanungsrecht des Bundes und der Länder, Bd.2, Stand 2004, Berlin, K § 12 Rn.112 f; *Schoen*, Landesplanerische Untersagung, Münster 1999, S.62.

lich erschwerende Veränderungen nicht vorgenommen werden. Für den § 12 Abs.1 Nr.2 ROG folgt daraus, dass das Verfahren zur Aufstellung des Zieles der Raumordnung bereits vor dem Beginn der Auslegung der Pläne im Planfeststellungsverfahren eingeleitet worden sein muss, um eine befristete Untersagung zu rechtfertigen. Maßgeblich für diese Einschätzung ist ein Blick auf § 19 Abs.1 S.2 AEG bzw. auf die ihm entsprechenden Bestimmungen in den anderen Fachplanungsgesetzen, die ebenfalls von einem Prinzip der zeitlichen Priorität ausgehen.

c) Konkretisierungsgrad des in Aufstellung befindlichen Zieles der Raumordnung

Anders als bei der Veränderungssperre nach § 14 BauGB, bei der die kommunalen Planungsabsichten im Zeitpunkt ihres Erlasses nur in einem Mindestmaß konkretisiert sein müssen,[72] verlangt § 12 Abs.1 Nr.2 ROG, dass der Inhalt und der räumliche Geltungsbereich der künftigen Ziele der Raumordnung bereits klar erkennbar ist, damit eine befristete Untersagung darauf gestützt werden kann.[73] Je geringer die von dem Vorhaben ausgehende Raumbeanspruchung oder Raumbeeinflussung ist, desto konkreter müssen die künftigen Ziele der Raumordnung schon gefasst sein. Andererseits fallen die Anforderungen an den Konkretisierungsgrad geringer aus, wenn eine großflächige Planung oder Maßnahme in Rede steht, da der Großflächigkeit ein gesteigertes Gefährdungspotential für raumordnerische Belange immanent ist.[74] Darüber hinaus muss sich der

---

[72] *BVerwG*, Urt. v. 09.10.1976 - IV C 39.74 -, BVerwGE 51, 121 (128); *BGH*, Urt. v. 17.12.1981 - III ZR 88/80 -, BGHZ 82, 361 (367).

[73] *Schmitz*, in: Bielenberg u.a., Raumordnungs- und Landesplanungsrecht des Bundes und der Länder, Bd.2, Stand 2004, Berlin, K § 12 Rn.43; *Dyong*, in: Cholewa u.a., Raumordnung in Bund und Ländern, Stand 2004, Stuttgart, § 12 Rn.11; *Schoen*, Landesplanerische Untersagung, Münster 1999, S.74 ff.

[74] *Schoen*, Landesplanerische Untersagung, Münster 1999, S.77.

Wille zur Aufstellung des Zieles der Raumordnung durch eine nach außen hin in Erscheinung tretende Handlung, also einen Ziel- bzw. Planaufstellungsbeschluss, manifestiert haben.[75]

3. Befristete Untersagung behördlicher Zulassungsentscheidungen über raumbedeutsame Maßnahmen von Privatpersonen (§ 12 Abs.2 ROG)

In § 12 Abs.2 ROG wird die Option einer befristeten Untersagung ausgedehnt auf »behördliche Entscheidungen über die Zulässigkeit raumbedeutsamer Maßnahmen von Personen des Privatrechts (...), wenn die Ziele der Raumordnung bei der Genehmigung der Maßnahme nach § 4 Abs.4 und 5 rechtserheblich sind«.[76] Obgleich auch die hier vornehmlich interessierenden Planfeststellungen und Plangenehmigungen den Charakter einer behördlichen Zulassungsentscheidung haben, dürften sie gleichwohl nicht von der Vorschrift erfasst werden. Denn zum einen unterfallen nach der hier vertretenen Auffassung Planfeststellungen und Plangenehmigungen bereits unmittelbar dem Anwendungsbereich des § 12 Abs.1 ROG und zum anderen hätte ein dem § 4 Abs.1 S.2 ROG entsprechender Wortlaut nahe gelegen, wenn eine Zuordnung dieser Rechtsinstitute zu § 12 Abs.2 ROG gewollt gewesen wäre.[77]

Da somit Planfeststellungen und Plangenehmigungen nicht dem § 12 Abs.2 ROG unterfallen, dürfte diese Vorschrift hauptsächlich bei (einfachen) Bauge-

---

[75] *Schmitz*, in: Bielenberg u.a., Raumordnungs- und Landesplanungsrecht des Bundes und der Länder, Bd.2, Stand 2004, Berlin, K § 12 Rn.44; *Schoen*, Landesplanerische Untersagung, Münster 1999, S.73 f.

[76] Der § 12 Abs.2 ROG ist sprachlich nicht korrekt fasst, da es um eine hypothetische Bindungswirkung von in Aufstellung befindlichen Zielen der Raumordnung geht. Statt »verbindlich sind« müsste es daher zutreffend »verbindlich *wären*« heißen; vgl. *Schoen*, Landesplanerische Untersagung, Münster 1999, S.64 ff.

[77] Dazu schon oben I 1 b cc.

nehmigungen für private Großvorhaben im Außenbereich Anwendung finden. Denn wenn solche Vorhaben die Grenze der Raumbedeutsamkeit überschreiten, dürfen sie gemäß § 35 Abs.3 S.2 Hs.1 BauGB den Zielen der Raumordnung nicht widersprechen.

IV. Fazit

Als Ergebnis lässt sich festhalten, dass Zulassungsentscheidungen öffentlicher Stellen - einschließlich Planfeststellungen und Plangenehmigungen - Gegenstand einer Untersagung im Sinne des § 12 ROG sein können. Eine rechtmäßige Untersagung setzt allerdings insbesondere voraus, dass die die Untersagungsverfügung tragende Festlegung in einem Raumordnungsplan tatsächlich die Begriffsmerkmale eines Zieles der Raumordnung erfüllt und dabei zugleich die Kompetenzgrenzen der Raumordnung gewahrt bleiben. Sind diese Voraussetzungen im Einzelfall nicht erfüllt, ist die Untersagungsverfügung jedenfalls anfechtbar, gegebenenfalls sogar nichtig.

Andreas Neumann, Universität Bonn

Entgeltregulierung – ein Vergleich zwischen Strom, Gas und Eisenbahn

I. Einleitung

Seit dem 30. April 2005 ist im deutschen Eisenbahnrecht ein gestuftes Regulierungsverfahren vorgesehen, das auch die Entgelte für den Infrastrukturzugang erfasst. Mit Inkrafttreten des Dritten Gesetzes zur Änderung eisenbahnrechtlicher Vorschriften vom 27. April 2005[1] wurde nämlich § 14 AEG, die Magna Charta der Infrastrukturzugangsregulierung im deutschen Eisenbahnrecht, umfassend neu gestaltet und verfahrensseitig durch die Einfügung der §§ 14a bis 14f AEG ergänzt. Diese Vorschriften sehen u. a. eine Verpflichtung der öffentlichen Eisenbahninfrastrukturunternehmen vor, die beabsichtigte Neufassung oder Änderung von Entgeltgrundsätzen und Entgelthöhen vier Wochen vor Inkrafttreten der entsprechenden Maßnahme der – mit der genannten Novelle nunmehr auch für den Eisenbahnsektor etablierten – Regulierungsbehörde anzuzeigen (§ 14d S. 1 Nr. 6 i. V. m. § 14e Abs. 1 Nr. 4 u. Abs. 2 Nr. 2 AEG).[2] Diese hat dann die Möglichkeit, der beabsichtigten Neufassung oder Änderung zu wider-

---

[1] BGBl. I 2005, 1138.
[2] Eine an dieser Stelle nicht zu vertiefende Frage ist, ob diese Anzeigepflicht nur solche Entgeltgrundsätze und Entgelthöhen erfasst, die Bestandteil von Schienennetz-Benutzungsbedingungen oder von Nutzungsbedingungen für Serviceeinrichtungen sind, oder ob sie generell für die geplante Neufassung oder Änderung von Entgeltgrundsätzen und Entgelthöhen für den Zugang zur Eisenbahninfrastruktur Geltung beansprucht. Der Wortlaut ist insofern ambivalent. § 14d S. 1 Nr. 5 AEG deutet tendenziell eher auf die erstgenannte Alternative hin. Der systematische Gesamtzusammenhang mit §§ 14b ff. AEG, in dem die (jeweiligen) Benutzungsbedingungen als gleichwertiger Parameter neben Entgeltgrundsätzen und Entgelthöhen Verwendung finden, legt jedoch die zweitgenannte Alternative näher. Die Ausführungen im vorliegenden Beitrag verstehen sich unabhängig von einer Entscheidung für eine dieser beiden Auslegungsalternativen.

sprechen, soweit die beabsichtigte Entscheidung des Eisenbahninfrastrukturunternehmens nicht den Vorschriften des Eisenbahnrechts über den Zugang zur Eisenbahninfrastruktur entspricht (§ 14e Abs. 1 Nr. 4 AEG). Im Umfang dieses Widerspruchs dürfen die vorgesehenen Entgeltgrundsätze und Entgelthöhen nicht in Kraft treten (§ 14e Abs. 3 Nr. 2 AEG). Flankiert wird diese Untersagungsbefugnis, die das Gesetz verwaltungsrechtsterminologisch unglücklich als „Widerspruchsrecht" (§ 14e Abs. 3 AEG) bezeichnet, von der Möglichkeit einer nachträglichen Prüfung durch die Regulierungsbehörde (§ 14f AEG), in deren Rahmen auch Regelungen über die Höhe oder Struktur der Entgelte für den Eisenbahninfrastrukturzugang für ungültig erklärt werden können (§ 14f Abs. 1 S. 2 Nr. 2 AEG) oder das Eisenbahninfrastrukturunternehmen zur Änderung solcher Entgeltregelungen nach regulierungsbehördlicher Maßgabe verpflichtet werden kann (§ 14f Abs. 1 S. 2 Nr. 1 AEG), soweit die betreffenden Regelungen nicht den Vorschriften des Eisenbahnrechts über den Zugang zur Eisenbahninfrastruktur entsprechen.

Für die künftige Regulierung des Eisenbahninfrastrukturzugangs sind somit neue Auslegungs- und Anwendungsfragen zu erwarten, die sich spezifisch auf die Regulierung der Entgelte für die Gewährung dieses Zugangs beziehen. Die neuen gesetzlichen Vorschriften, die vorstehend dargestellt wurden, geben selbst weniger Antworten auf diese Fragen, als sie im Detail selbst neue Fragen aufwerfen. Insoweit gewinnt an Bedeutung, dass das Eisenbahnrecht, soweit es den Zugang zur Eisenbahninfrastruktur regelt, letzten Endes eine Materie betrifft, die in ähnlicher Form in allen sektorspezifisch regulierten Netzwirtschaftsbranchen – insbesondere also der Energie, der Telekommunikation und der Post – Gegenstand gesetzlicher Regelung ist. Dies rührt daher, dass einige grundlegende tatsächliche und dabei vor allem ökonomische Rahmenbedingungen in allen Wirtschaftsbranchen, die auf einer physikalischen Netzinfrastruktur aufbauen, zumindest ähnlich sind. Hieraus ergibt sich freilich keine uneingeschränkte Übertragbarkeit rechtlicher Regelungsmuster, aber doch eine gewisse Vergleichbarkeit. Bisweilen lassen sich Erkenntnisse aus der einen Netzwirtschaft deshalb in eine andere übertragen.

Mit Blick auf die eisenbahnrechtliche Entgeltregulierung bietet sich demzufolge ein Vergleich mit dem Regulierungsrahmen anderer Netzwirtschaften an, in denen die Entgeltregulierung bereits weiter ausdifferenziert ist als im Eisenbahnrecht. Als Vergleichsmaßstab soll im Folgenden primär das Energiewirtschaftsrecht herangezogen werden, das der Regulierung sowohl der Strom- als auch der Gasmärkte dient. Dabei kann im vorliegenden Rahmen kein umfassender Vergleich der jeweiligen Entgeltregulierungssysteme erfolgen. Vielmehr soll beispielhaft versucht werden, netzwirtschaftsübergreifendes Transferpotential zur Auslegung des Begriffs der Entgeltgrundsätze heranzuziehen. Dieser Begriff wird im AEG kaum konkretisiert,[3] spielt im Regulierungssystem der §§ 14b ff. AEG jedoch eine prominente Rolle, die seine Bedeutung derjenigen gleich erscheinen lässt, die den konkreten Entgelthöhen zukommt[4] – und damit einem der zentralen Parameter des Eisenbahninfrastrukturzugangs. Dabei soll zunächst die energiewirtschaftliche Entgeltregulierung kurz skizziert werden (dazu unter II.). Danach soll vor dem Hintergrund der so gewonnenen

---

[3] Lediglich in der Verordnungsermächtigung des § 26 Abs. 1 Nr. 7 AEG findet sich ein potentieller Hinweis darauf, was das Gesetz unter den „Grundsätze[n] zur Erhebung des Entgeltes für die Benutzung einer Eisenbahninfrastruktur" versteht, wenn es dort weiter heißt, dass darin „Vorschriften ... über die Bemessungsgrundlagen und das Verfahren für die Entrichtung des Entgeltes" enthalten sein können. Insoweit ist jedoch zunächst zu berücksichtigen, dass § 26 Abs. 1 Nr. 7 AEG durch das Dritte Gesetz zur Änderung eisenbahnrechtlicher Vorschriften nicht geändert wurde, so dass der dort zugrunde gelegte Begriffsgehalt schon aus diesem Grund nicht zwingend auf die Bedeutung des Begriffes der „Entgeltgrundsätze" abgestimmt sein muss. Vor allem aber findet sich in § 26 Abs. 1 Nr. 7 AEG gerade nicht der in §§ 14b ff. AEG durchgängig einheitlich verwendete Begriff der „Entgeltgrundsätze", sondern abweichend hiervon das Kompositum der „Grundsätze zur Erhebung des Entgeltes". Schon vom Wortlaut her bezeichnet dieser Begriff eher Entgelt*erhebungs*grundsätze.
[4] Vgl. § 14b Abs. 1 Nr. 4, § 14d S. 1 Nr. 6 sowie § 14e Abs. 2 Nr. 2 u. Abs. 3 Nr. 2 AEG.

netzwirtschaftsrechtlichen Erkenntnisse der eisenbahnrechtliche Begriff der Entgeltgrundsätze interpretatorisch unter Rückgriff auf das einschlägige Gemeinschaftsrecht, das AEG und die auf seiner Grundlage ergangene neue Eisenbahninfrastruktur-Benutzungsverordnung[5] (EIBV) ausgefüllt werden (dazu unter III.). Im Anschluss hieran ist kurz auf die praktisch bedeutsame Frage einzugehen, auf welche Weise die Regulierungsbehörde die Einhaltung der eisenbahnrechtlichen Entgeltmaßstäbe, also die Übereinstimmung der Entgelthöhen mit den eisenbahnrechtlichen Vorschriften über den Zugang zur Eisenbahninfrastruktur, überprüfen kann (dazu unter IV.).

II. Überblick über die energiewirtschaftliche Entgeltregulierung

Nicht nur das Eisenbahnrecht, sondern auch das Energiewirtschaftsrecht wurde in der ausklingenden 15. Legislaturperiode einer umfassenden Novellierung unterzogen: Mit dem Zweiten Gesetz zur Neuregelung des Energiewirtschaftsrechts vom 7. Juli 2005[6] wurde ein vollständig neues Energiewirtschaftsgesetz (EnWG) zum 13. Juli 2005 in Kraft gesetzt.[7] Gleichzeitig trat das bis dahin geltende EnWG vom 24. April 1998 außer Kraft.[8] Damit wurde gerade auch die energiewirtschaftliche Entgeltregulierung grundlegend umgestaltet. Dies betrifft zum einen die Ebene des förmlichen Gesetzes. Es betrifft zum anderen mit der Stromnetzentgeltverordnung (StromNEV)[9] und der Gasnetzentgeltverordnung (GasNEV)[10] vom 25. Juli 2005 aber insbesondere auch zwei in seinem Nachgang und auf seiner Grundlage erlassene Rechtsverordnungen, die ausdrücklich

---

[5] Verordnung über den diskriminierungsfreien Zugang zur Eisenbahninfrastruktur und über die Grundsätze zur Erhebung von Entgelt für die Benutzung der Eisenbahninfrastruktur (Eisenbahninfrastruktur-Benutzungsverordnung – EIBV), BGBl. I 2005, 1566.
[6] BGBl. I 2005, 1970.
[7] Art. 5 Abs. 1 des Zweiten Gesetzes zur Neuregelung des Energiewirtschaftsrechts.
[8] Art. 5 Abs. 2 Nr. 1 des Zweiten Gesetzes zur Neuregelung des Energiewirtschaftsrechts.
[9] BGBl. I 2005, 2225.

die Entgeltregulierung für den Zugang zu Strom- bzw. Gasnetzen zum Gegenstand haben.[11]

In der Energieentgeltregulierung wird zwar nicht mit dem nunmehr in der Eisenbahnentgeltregulierung genutzten Begriff der Entgeltgrundsätze gearbeitet. Dennoch bildet die Formulierung von Grundsätzen über die Beschaffenheit und die Kalkulation der Entgelte den materiellen Kern der Vorabprüfung nach § 23a EnWG. Grundsätzlich kontrolliert die Bundesnetzagentur alle Netznutzungsentgelte der Netzbetreiber in einem Vorabprüfungsverfahren nach § 23a EnWG. Damit ist eine echte Ex-ante-Regulierung vorgesehen: Die Preissetzungsfreiheit der regulierten Unternehmen steht unter einem behördlichen Genehmigungsvorbehalt (§ 23a Abs. 1 EnWG). Der Netzbetreiber hat die Genehmigung eines Entgelts mindestens sechs Monate vor dem Zeitpunkt bei der Bundesnetzagentur zu beantragen, an dem das Entgelt wirksam werden soll (§ 23a Abs. 3 S. 1 EnWG). Dieser Antrag muss eine Gegenüberstellung der bisherigen Entgelte sowie der beantragten Entgelte und ihrer jeweiligen Kalkulation enthalten (§ 23a Abs. 3 S. 4 Nr. 1 EnWG). Aus den Antragsunterlagen muss sich des Weiteren ergeben, warum eine etwaige Änderung der Netznutzungsentgelte beantragt wird (§ 23a Abs. 3 S. 4 Nr. 3 EnWG).

Die Bundesnetzagentur muss die Genehmigung für ein Netznutzungsentgelt dann erteilen, wenn es den Anforderungen des EnWG und der jeweiligen Netzentgeltverordnung Strom oder Gas entspricht (§ 23a Abs. 2 S. 1 EnWG). Dies führt unmittelbar zu den Entgeltgrundsätzen des Energierechts. Das EnWG enthält nämlich nicht primär Anforderungen an die Entgelthöhe, also an das Ergebnis der Entgeltbildung, sondern an die Methode der Entgeltbildung selbst. Man

---

[10] BGBl. I 2005, 2197.
[11] Zeitgleich mit diese Entgeltverordnungen wurden mit der Stromnetzzugangsverordnung (StromNZV, BGBl. I 2005, 2243) und der Gasnetzzugangsverordnung (GasNZV, BGBl. I 2005, 2210) auch korrespondierende Verordnungen über den Netzzugang selbst erlassen.

spricht deshalb auch von der so genannten Methodenregulierung. Hierin unterscheidet sich das EnWG namentlich vom Telekommunikationsgesetz (TKG), aber auch vom Postgesetz (PostG), denen primär Vorgaben zur Entgelthöhe zu entnehmen sind.[12] Energierechtlich ist ein beantragtes Netznutzungsentgelt somit genehmigungsfähig, wenn es mit den Entgeltbildungskriterien der Methodenregulierung vereinbar ist. Diese Kriterien sind also letzten Endes die Entgeltgrundsätze der Energiewirtschaft. Ihre Einhaltung ist grundsätzlich Voraussetzung für die Erteilung der erforderlichen Genehmigung (§ 23a Abs. 1 S. 1 u. Abs. 2 S. 1 EnWG). Untersagt die Bundesnetzagentur die Entgelterhöhung sechs Monate nach dem Vorliegen der vollständigen Unterlagen nicht, wird eine Entgeltgenehmigung allerdings gesetzlich fingiert (§ 23a Abs. 4 S. 2 EnWG). Einer ausdrücklichen Genehmigung der Bundesnetzagentur bedarf es damit anders als etwa im Telekommunikationsrecht nicht.

Wie die Entgelte zu gestalten und zu bilden sind, damit sie nach § 23a EnWG genehmigungsfähig sind, ist in der Energiewirtschaft anhand eines Kataloges der die Entgeltbildung bestimmenden Kriterien vorgegeben. Den regulierten Unternehmen wird mithin im Kern die Methode vorgegeben, nach der sie ihre Entgelte zu bilden haben.[13] Diese Methodenregulierung, für die sich der Gesetzgeber im EnWG entschieden hat, ist ein Novum in der Regulierungswelt. Der Gesetz- bzw. Verordnungsgeber legt ex ante die Methoden fest, nach denen die Netzbetreiber ihre Entgelte auf Grundlage der insoweit anfallenden Kosten unternehmensindividuell zu bestimmen haben.

Die den Ausgangspunkt der energierechtlichen Entgeltregulierung bildende Vorschrift des § 21 Abs. 1 EnWG gibt selbst noch keinen Hinweis darauf, wie ein energierechtskonformes Entgelt zu kalkulieren ist. Vielmehr ist in dieser

---

[12] Vgl. § 28 Abs. 1 S. 2, § 31 Abs. 1 S. 1 TKG bzw. § 20 PostG.

Norm die grundsätzliche Gestaltung der Entgelte festgelegt: Die Entgelte sollen danach angemessen, diskriminierungsfrei und transparent gebildet werden und dürfen nicht ungünstiger sein, als sie von dem Netzbetreiber für vergleichbare Leistungen innerhalb des Konzernverbundes tatsächlich oder kalkulatorisch in Rechnung gestellt werden. Das sind zwar wesentliche Parameter; angesichts ihres hohen Abstraktionsgrades bedürfen sie aber zur praktischen Anwendung der energiewirtschaftlichen Konkretisierung. Diese erfolgt in einem ersten Schritt in § 21 Abs. 2 EnWG, der Grundnorm für die Ermittlung der Entgelte in der Methodenregulierung. Hier werden die Maßstäbe der Entgeltbildung für die nähere Ausgestaltung der Methoden im Rahmen der Rechtsverordnungen festgelegt. Diese Norm besagt in Satz 1,

- anhand welchen Maßstabs die Kosten kalkuliert werden – nämlich auf der Grundlage der Kosten einer Betriebsführung, die denen eines effizienten und strukturell vergleichbaren Netzbetreibers entsprechen,

- wie die Verzinsung anzusetzen ist – nämlich angemessen, wettbewerbsfähig und risikoangepasst,

- und dass Anreize für eine effiziente Leistungserbringung zu berücksichtigen sind.

Diese Vorgaben sind aber noch nicht so konkret, dass ein Netzbetreiber danach seine Entgelte gestalten und mit hinreichender Sicherheit von ihrer Genehmigung durch die Bundesnetzagentur ausgehen könnte. Das gilt auch für § 21 Abs. 2 S. 2 EnWG, wonach bei der vorstehend beschriebenen kostenorientierten

---

[13] Vgl. § 24 Abs. 1 S. 1 Nr. 1 EnWG: „Methoden zur Bestimmung der Entgelte für den Netzzugang".

Entgeltbildung nur solche Kosten und Kostenbestandteile berücksichtigt werden dürfen, die sich auch im Wettbewerb einstellen würden.[14] Das eigentliche Herzstück der Methodenregulierung ist in den Rechtsverordnungen festgeschrieben. In der Stromnetzentgeltverordnung und der Gasnetzentgeltverordnung wird die Kalkulation der bei der kostenorientierten Entgeltbildung[15] berücksichtigungsfähigen Kosten im Wege des betriebswirtschaftlichen Dreischritts der Kostenrechnung konkretisiert, der sich aus der Kostenarten-, der Kostenstellen- und der Kostenträgerrechnung zusammensetzt. Aufgabe einer solchen Kostenrechnung ist die Erfassung, Verteilung und Zurechnung der Kosten, die bei der betrieblichen Leistungserstellung entstehen. Die Kostenrechnung ist Teil des internen Rechnungswesens, dient in der Regel also ausschließlich innerbetrieblichen Entscheidungsfindungsprozessen. Indem die energierechtlichen Netzentgeltverordnungen auf dieses betriebswirtschaftliche Instrument zurückgreifen, verdeutlichen sie den entgeltregulatorischen Anspruch, unmittelbar an die unternehmensinternen Prozesse der Produkterstellung anzuknüpfen. Dabei ist jedoch zu berücksichtigen, dass die Verordnungen diesen Zusammenhang normativ überformen. Entgegen ihrer Terminologie, die einen rein instrumentalen Ansatz vermuten lässt, enthält die Ausgestaltung der einzelnen Kostenrechnungsschritte nämlich an zahlreichen Stellen normative Vorgaben

---

[14] Das Gesetz selbst begrenzt die Berücksichtigungsfähigkeit allerdings negativ: Kosten und Kostenbestandteile, die sich ihrem Umfang nach im Wettbewerb nicht einstellen würden, dürfen nicht berücksichtigt werden. Es spricht einiges dafür, dass hiermit eine grundsätzliche Vermutung für die Wettbewerbskonformität tatsächlich entstehender Kosten und Kostenbestandteile aufgestellt werden sollte, die seitens der Regulierungsbehörde entkräftet werden muss.
[15] Daneben sieht das Gesetz in § 21a Abs. 1 EnWG die Möglichkeit vor, abweichend von der in § 21 Abs. 2 bis 4 EnWG normierten kostenorientierten Entgeltbildung eine Methode der Entgeltbestimmung vorzugeben, die Anreize für eine effiziente Leistungsbereitstellung setzt. Nach derzeitigem Diskussionsstand deutet einiges darauf hin, dass diese Anreizregulierung in Form einer so genannten Price-Cap-Regulierung, wie sie etwa in § 34 TKG für den Telekommunikationssektor gesetzlich vorgesehen ist, ausgestaltet werden dürfte.

zur Berücksichtigungsfähigkeit einzelner Kosten und Kostenbestandteile.[16] Es werden also nicht die tatsächlich anfallenden Kosten erfasst, verteilt und zugerechnet, sondern diese zugleich um solche Bestandteile bereinigt, die nicht den energierechtlichen Entgeltmaßstäben entsprechen.

Im Einzelnen geben die Verordnungen in § 3 Abs. 1 S. 1 vor, dass zunächst die Netzkosten zusammenzustellen sind. Bei dieser so genannten Kostenartenrechnung werden systematisch alle Kosten erfasst, die bei der Erstellung der Leistung entstehen, deren Entgelt festgelegt werden soll. Die Kostenartenrechnung ist der Ausgangspunkt der Kostenrechnung. Im Anschluss an diese Erfassung der Kosten sind die so ermittelten Netzkosten den Hauptkostenstellen zuzuordnen. Kostenstellen sind die Orte der Kostenentstehung. Ein Beispiel hierfür wäre die in der Anlage zur Stromnetzentgeltverordnung aufgeführte Hauptkostenstelle „Mittelspannungsnetz", die die Kosten der Mittelspannungsleitungen, der Schaltanlagen in Schwerpunktstationen der Mittelspannung und anderer Anlagen umfasst, die in diesem Bereich Verwendung finden. Damit gibt diese so genannte Kostenstellenrechnung Aufschluss darüber, wo die Kosten angefallen sind. In einem weiteren Schritt werden die Kosten über die Kostenträgerrechnung schließlich auf die Leistungseinheiten verrechnet. Das Ziel hiervon ist die Erfassung, wofür welche Kosten in welcher Höhe in der Abrechnungsperiode entstanden sind. Kostenträger sind die Erzeugnisse des Betriebs, mit Blick auf die Netzzugangsregulierung also die Durchleitungs- bzw. Transportleistungen. Dieser betriebswirtschaftliche Dreischritt der Kostenrechnung wird für die Bereiche Strom und Gas in den Netzentgeltverordnung für die Netzbetreiber verbindlich methodisch und normativ ausdifferenziert. Die regulierten Unterneh-

---

[16] Dies wird bereits in § 4 Abs. 1 der Netzentgeltverordnungen deutlich, wenn dort in Anknüpfung an § 21 Abs. 2 S. 1 EnWG die bilanziellen und kalkulatorischen Kosten nur insoweit für berücksichtigungsfähig erklärt werden, als sie den Kosten eines effizienten und strukturell vergleichbaren Netzbetreibers entsprechen.

men erhalten auf diese Weise einen methodenregulatorischen Leitfaden für die Entgeltbildung.

Der Verordnungsgeber gibt dabei Entgeltgrundsätze im Sinne einer Methodenregulierung in jeweils über einem Dutzend Vorschriften bis ins kleinste Detail vor. Damit kann eine diskriminierungsfreie, transparente Ermittlung der Entgelte erfolgen. Im Rahmen der Vorabprüfung der konkreten Entgelte kann die Regulierungsbehörde anhand derselben Kostenrechnungsvorgaben überprüfen, ob das jeweilige Entgelt den Anforderungen der energierechtlichen Entgeltregulierung entspricht.

III. Entgeltgrundsätze im Eisenbahnrecht

Anders als die energierechtliche Entgeltregulierung, aber auch anders als die telekommunikations- und die postrechtliche Entgeltregulierung sieht das eingangs dargestellte eisenbahnrechtliche Regulierungsverfahren hinsichtlich der Entgelte für die Nutzung der Infrastruktureinrichtungen, also für die Netzzugangsentgelte, keine Genehmigungspflicht vor. Vielmehr hat die Regulierungsbehörde lediglich die Möglichkeit, beabsichtigten Entgeltänderungen innerhalb einer vierwöchigen Frist zu widersprechen. Sie kann somit das Inkrafttreten von Entgelten verhindern, die nicht den gesetzlichen Anforderungen genügen. Es handelt sich bei der Mitteilungspflicht, welche die Eisenbahninfrastrukturunternehmen trifft, und der daran anknüpfenden Untersagungsbefugnis damit nicht um eine Ex-ante-Entgeltregulierung im herkömmlichen Sinne einer Entgeltgenehmigung. Anders als im Telekommunikationsrecht, aber auch anders als im Energierecht[17] ist gerade keine positive behördliche Genehmigung erforderlich,

---

[17] Das gilt namentlich auch, soweit die Möglichkeit einer Genehmigungsfiktion besteht (§ 23a Abs. 4 S. 2 EnWG). Auch in diesem Fall verzichtet das Gesetz gerade nicht auf die behördliche Genehmigung, sondern nur auf ihre ausdrückliche Erteilung.

damit ein Entgelt wirksam vereinbart und verlangt werden kann.[18] Vielmehr wird lediglich die nachträgliche Kontrolle vorverlagert und der Ex-ante-Kontrolle in ihren Wirkungen angenähert. Im Telekommunikationsrecht wurde im Bereich der Ex-post-Regulierung von Zugangs- und Endnutzerentgelten mit der TKG-Novelle im vergangenen Jahr ein ähnlicher Mechanismus etabliert, den man aus Unternehmenssicht als dilatorische Vorlagepflicht[19] und aus Sicht der Regulierungsbehörde als fakultative Vorabregulierung beschreiben kann (§ 38 Abs. 1 und § 39 Abs. 3 S. 2 und 3 TKG).

Zumindest auf den ersten Blick wiegt jedoch ein weiterer Unterschied zwischen der energie- und der eisenbahnrechtlichen Entgeltregulierung weit schwerer. Dies betrifft die Rolle, die den Entgeltgrundsätzen im jeweiligen Regulierungskonzept zukommt. Während die Entgeltgrundsätze, die bei der Entgeltbildung anzuwenden sind, im Energierecht auf Gesetzes- und Verordnungsebene umfassend vorab vorgegeben werden, lässt sich bereits der entsprechenden Mitteilungspflicht nach § 14d S. 1 Nr. 6 AEG entnehmen, dass das Eisenbahnrecht einem anderen Paradigma folgt. Hier ist es der Netzbetreiber selbst, der die Entgeltgrundsätze formuliert. Erst in einem zweiten Schritt kann die Regulierungsbehörde dann überprüfen, ob diese Grundsätze den normativen Vorgaben entsprechen. Dieser Regulierungsansatz erinnert zunächst an ein Judikat des OVG Münster,[20] das so verstanden werden konnte, als sei dem Netzbetreiber nach altem Telekommunikationsrecht ein „Beurteilungsspielraum" bei der Bestimmung der Kosten der effizienten Leistungsbereitstellung, also bei der Ausdeutung des

---

[18] Dieser Unterschied sollte nicht unterschätzt werden. Insbesondere kann eine Entgeltgenehmigung gerade auch für das regulierte Unternehmen von Vorteil sein, da es bei Erteilung einer solchen Genehmigung regelmäßig damit rechnen darf, dass das genehmigte Entgelt von der Regulierungsbehörde während der Geltungsdauer der Genehmigung nicht mehr beanstandet werden wird.
[19] *Kühling/Neumann*, in: Berliner Kommentar zum TKG (im Erscheinen), § 39 Rn. 4 u. 85.
[20] OVG Münster, MMR 2001, 548, 551.

zentralen Maßstabs für die Genehmigungsfähigkeit der Zugangsentgelte, einzuräumen.[21] Will man in diesem dogmatisch schiefen Bild bleiben, so gilt es nun auch im Eisenbahnrecht, die Grenzen dieses betrieblichen „Beurteilungsspielraums" abzustecken. Es ist also erforderlich, den Begriff der Entgeltgrundsätze zu definieren. Vom Wortlaut ausgehend handelt es sich um die Grundsätze, auf denen Entgelte beruhen. Offen bleibt damit insbesondere, auf welche Aspekte sich diese Grundsätze beziehen sollen – denkbar sind insoweit alle Stufen von der Entgeltbildung über die Bestimmung der Entgelthöhe bis hin zur Entgelterhebung und -durchsetzung.

Dabei kann unter Entgeltgrundsätzen inhaltlich jedenfalls nicht ausschließlich verstanden werden, was bereits in den eisenbahnrechtlichen Normen festgelegt ist. Anderenfalls müsste die Regulierungsbehörde angesichts ihres ausdrücklich auf die Entgeltgrundsätze bezogenen Regulierungsauftrages überprüfen, ob die gesetzlichen Vorschriften den gesetzlichen Vorschriften entsprechen. Da angesichts der prominenten Rolle, die den Entgeltgrundsätzen in §§ 14b ff. AEG eingeräumt wurde, nicht davon auszugehen ist, dass derartige Redundanzen dem gesetzlichen Ansatz entsprechen, reicht es jedenfalls nicht aus, wenn der Netzbetreiber solche Entgeltgrundsätze lediglich wiederholt, die möglicherweise bereits im Gesetz und den Verordnungen selbst enthalten sind. Der Netzbetreiber kann aber erst recht nicht hinter dem gesetzlichen Rahmen zurückbleiben und von einer Mitteilung von Entgeltgrundsätzen gänzlich absehen oder lediglich rudimentäre Grundsätze mitteilen. Auch dies würde dem dargestellten gesetzlichen Ansatz nicht entsprechen. Vielmehr ist es erforderlich, konkrete Entgeltgrundsätze aufzustellen, mit denen die gesetzlichen und verordnungsrechtlichen Vorgaben ausgefüllt werden. Die Konkretisierung des an die Entgeltgrundsätze

---

[21] *Koenig/Braun,* MMR 2001, 563, 567.

des Betreibers anzulegenden Maßstabes macht deshalb eine Gesamtschau der entgeltrelevanten Normen des Eisenbahnrechts erforderlich.

1. Entgeltgrundsätze in der Richtlinie 2001/14/EG

Der Begriff der Entgeltgrundsätze geht – wie die meisten Elemente des neu etablierten eisenbahnrechtlichen Regulierungsverfahrens – auf die Richtlinie 2001/14/EG[22] zurück. Anhang I Ziffer 2 Satz 2 dieser Richtlinie zufolge sind unter dem Begriff der Entgeltgrundsätze hinreichende Einzelheiten der Entgeltregelung zu verstehen, was nur von geringem Konkretisierungswert ist. Deutlich grenzt die Richtlinie aber gerade auch hier die Entgeltgrundsätze von den konkreten Entgelthöhen ab, die dabei als „Tarife"[23] bezeichnet werden. Einzelne normative Vorgaben finden sich schließlich in Art. 7 der Richtlinie sowie in den Ausnahmemöglichkeiten, die in Art. 8 eröffnet werden. Diese Vorgaben sind mit den jüngsten eisenbahnrechtlichen Gesetzes- und Verordnungsgebungsverfahren umgesetzt worden. Sie sind somit im Folgenden bei der Auslegung des deutschen Rechts näher zu bestimmen.

---

[22] Richtlinie 2001/14/EG des Europäischen Parlaments und des Rates vom 26. Februar 2001 über die Zuweisung von Fahrwegkapazität der Eisenbahn, die Erhebung von Entgelten für die Nutzung von Eisenbahninfrastruktur und die Sicherheitsbescheinigung, ABl. EG 2001 L 75, 29, zuletzt geändert durch Richtlinie 2004/49/EG des Europäischen Parlaments und des Rates vom 29. April 2004 über Eisenbahnsicherheit in der Gemeinschaft und zur Änderung der Richtlinie 95/18/EG des Rates über die Erteilung von Genehmigungen an Eisenbahnunternehmen und der Richtlinie 2001/14/EG über die Zuweisung von Fahrwegkapazität der Eisenbahn, die Erhebung von Entgelten für die Nutzung von Eisenbahninfrastruktur und die Sicherheitsbescheinigung (Richtlinie über die Eisenbahnsicherheit), ABl. EG 2004 L 164, 44.

[23] Dieser Begriff ist nicht mit dem Tarifbegriff des AEG zu verwechseln. Gemäß § 12 Abs. 1 S. 1 AEG sind Tarife im Sinne des AEG vielmehr „die Beförderungsentgelte und Beförderungsbedingungen der Eisenbahnverkehrsunternehmen", also die Endnutzerentgelte, wohingegen es im Bereich der Zugangsregulierung um die Vorleistungsentgelte geht.

2. Entgeltgrundsätze im AEG

Die inhaltlichen Anforderungen, die sich aus dem deutschen Eisenbahnrecht für die Formulierung der Entgeltgrundsätze ergeben, folgen für die Betreiber von Schienenwegen, also für die Netzbetreiber im eigentlichen Sinne, zunächst aus dem engen Zusammenhang, in dem der Begriff der Entgeltgrundsätze innerhalb der Vorschriften über das Regulierungsverfahren mit dem Begriff der Entgelthöhen steht. Diese beiden Begriffe sind in §§ 14b ff. AEG an mehreren Stellen eng miteinander verknüpft.[24] Dies legt bereits nahe, dass es sich bei den Entgeltgrundsätzen in erster Linie um Entgeltbildungsgrundsätze handelt. Ein weiterer systematischer Aspekt, der zur inhaltlichen Konkretisierung des Begriffes beitragen könnte, lässt sich § 14f Abs. 1 S. 1 Nr. 2 und Abs. 2 S. 4 Nr. 3 AEG entnehmen. In diesen Vorschriften werden der Regulierungsbehörde Überprüfungsbefugnisse eingeräumt, die sich auf „Regelungen über die Höhe oder Struktur der Wegeentgelte und sonstiger Entgelte" (§ 14f Abs. 1 S. 1 Nr. 2 AEG) bzw. auf „die Höhe oder Struktur der Wege- und sonstigen Entgelte" (§ 14f Abs. 2 S. 4 Nr. 3 AEG) beziehen. Terminologisch weicht das Gesetz hier von den Begrifflichkeiten ab, die ansonsten in §§ 14b ff. AEG enthalten sind. Das legt zunächst den systematischen Schluss nahe, dass mit der Höhe oder Struktur der Entgelte auch inhaltlich etwas anderes gemeint ist als mit den Entgeltgrundsätzen und Entgelthöhen, auf die sich die §§ 14b ff. AEG sonst beziehen. Allerdings ist § 14f AEG systematisch in das gestufte Regulierungsverfahren der §§ 14b ff. AEG eingebunden und flankiert insbesondere die fakultative Vorabregulierung nach §§ 14d f. AEG durch die Möglichkeit einer nachträglichen Kontrolle. Dies legt auch eine Parallelität des Prüfungsumfangs nahe, wie sich auch aus der übereinstimmenden Einbeziehung der Schienennetz-

Benutzungsbedingungen und der Nutzungsbedingungen für Serviceeinrichtungen in § 14d S. 1 Nr. 6, § 14e Abs. 2 Nr. 2 und Abs. 3 Nr. 2 sowie § 14f Abs. 1 S. 1 Nr. 1 und Abs. 2 S. 4 Nr. 1 AEG ergibt. Insoweit dürften die besseren systematischen Argumente für eine inhaltliche Konsistenz innerhalb der §§ 14b ff. AEG sprechen, die durch die terminologische Abweichung nicht durchbrochen wird. Die systematische Auslegung führt somit zu der Annahme, dass es sich bei den Entgeltgrundsätzen – jedenfalls im Wesentlichen – um Regelungen über die Entgeltstruktur (und damit um Entgeltbildungskriterien) handelt. Weitere gesetzliche Anforderungen an die Formulierung der Entgeltgrundsätze ergeben sich aus der ausdrücklichen Entgeltbildungsvorgabe in § 14 Abs. 4 S. 1 AEG.[25] Danach sind die Entgelte so zu bemessen, dass insgesamt die für die Erbringung der Pflichtleistungen entstehenden Kosten erwirtschaftet werden, zuzüglich einer Rendite, die am Markt erzielt werden kann. Die Pflichtleistung eines Netzbetreibers wird in § 14 Abs. 1 S. 1 AEG festgelegt. Danach muss der Netzbetreiber die diskriminierungsfreie Benutzung der Eisenbahninfrastruktur gewährleisten. Die Kosten, die bei der Erbringung dieser Pflichtleistung unmittelbar anfallen, sind nach § 14 Abs. 4 S. 1 AEG insgesamt über die Entgelte auszugleichen.[26] Die Entgeltgrundsätze müssen deshalb nicht nur etwas über die am

---

[24] Vgl. insbesondere § 14d S. 1 Nr. 6 sowie § 14e Abs. 3 Nr. 2 („einschließlich der jeweils vorgesehenen Entgeltgrundsätze und Entgelthöhen") und § 14e Abs. 2 Nr. 2 („sowie Entgeltgrundsätze und die Festlegung der Entgelthöhen") AEG.
[25] Für Eisenbahninfrastrukturunternehmen, die Serviceeinrichtungen betreiben, gelten abweichende Vorgaben nach § 14 Abs. 5 AEG. Die Darstellung wird sich im Folgenden auf den praktisch besonders bedeutsamen Fall der Betreiber von Schienenwegen beschränken.
[26] Dabei werden staatliche Zuschüsse, mit denen die Erbringung der Pflichtleistungen mitfinanziert wird, als negative Kosten zu berücksichtigen sein, da die hierdurch ausgeglichenen Kosten ansonsten zweimal refinanziert werden würden. Gerade dieser Aspekt führt dazu, dass in dem in § 14 Abs. 4 S. 1 AEG festgelegten Maßstab auch in einem defizitären Leistungsbereich keine nur zugunsten des regulierten Unternehmens wirkende regulatorische Vorgabe zu sehen ist. Vgl. zu einer ähnlichen Fragestellung bezüglich des Zusammenhangs von Ausgleich und Schaden im Zivil- und Strafrecht instruktiv *Kölbl,* FS Celsen, 2001, S. 205.

Markt zu erzielende Rendite aussagen, sondern auch etwas darüber, wie diese Kostendeckung auf Ebene der Entgeltgestaltung erreicht werden soll. Nach § 14 Abs. 4 S. 2 AEG können die Netzbetreiber Aufschläge auf die Kosten vorsehen, die je nach Verkehrsleistungen variieren können. Macht der Netzbetreiber von dieser Möglichkeit Gebrauch, hat er dies in den Entgeltgrundsätzen darzulegen. Es genügt gerade nicht, dass der Netzbetreiber lediglich auf die Möglichkeit von Aufschlägen hinweist. § 14 Abs. 4 S. 2 AEG bindet den Betreiber der Schienenwege, bei etwaigen Aufschlägen nach Verkehrsleistungen oder weiter nach Marktsegmenten zu differenzieren.

3. Entgeltgrundsätze in der EIBV

§ 14 Abs. 4 S. 1 AEG sagt aber nicht nur selbst etwas zur Beschaffenheit der Entgelte aus. Vielmehr verweist die Vorschrift diesbezüglich auch auf die Regelungen in der EIBV. Diese Verordnung konkretisiert die vorstehend für die Entgeltgrundsätze herausgearbeiteten Punkte noch weiter. Besonders bedeutsam ist insoweit die Vorschrift des § 21 EIBV, was sich bereits aus der amtlichen Überschrift „Entgeltgrundsätze für Schienenwege" ergibt. Nach § 21 Abs. 1 EIBV hat der Betreiber der Schienenwege seine Entgelte für die Pflichtleistungen so zu gestalten, dass die Entgelte den Eisenbahnverkehrsunternehmen und den Betreibern der Schienenwege Anreize zur Störungsverringerung und zur Erhöhung der Leistungsfähigkeit des Netzes bieten. Dies soll durch leistungsabhängige Bestandteile des Entgelts geschehen. Ziel ist damit eine Entgeltregelung mit positiven und negativen Anreizen, um auf diese Weise eine höhere Effizienz zu erreichen. Wie sich aus der § 21 Abs. 1 S. 1 EIBV zugrunde liegenden Vorschrift des Art. 11 Abs. 1 der Richtlinie 2001/14/EG ergibt, kann dies insbesondere Strafen für Störungen des Netzbetriebs, eine Entschädigung für von Störungen betroffene Unternehmen und eine Bonusregelung für Leistungen, die das geplante Leistungsniveau übersteigen, umfassen. Leistungsabhängigkeit bedeutet in diesem Kontext schließlich, dass die Kosten, die auf die Entgelte abgewälzt werden, in einem bestimmten Verhältnis zu der erbrachten Leistung stehen müssen. Auch dieses Verhältnis der Leistung zu den Kosten muss in den Entgeltgrundsätzen des Netzbetreibers deutlich werden.

In § 21 Abs. 6 EIBV ist des Weiteren die Diskriminierungsfreiheit normiert, wonach die Entgelte gegenüber jedem Zugangsberechtigten auf die gleiche Weise zu berechnen sind. Ausnahmen von dieser Regelung sieht die EIBV in § 23 vor.[27] Entgeltnachlässe sind danach möglich, wenn Verwaltungskosten durch den Netzbetreiber eingespart werden. Ein kostenorientiertes Rabattsystem ist damit ebenfalls Teil der Entgeltgrundsätze, wenn der Netzbetreiber Entgeltnachlässe tatsächlich gewährt. Die Rabattpolitik des Netzbetreibers ist deshalb in den Entgeltgrundsätzen im Einzelnen zu erläutern. Dabei muss sich aus den Ausführungen ergeben, durch welche Maßnahmen Verwaltungsgebühren eingespart werden können und wann die Rabatte eingreifen. Nur auf diese Weise lässt sich eine diskriminierungsfreie Gewährung solcher Konditionen absichern und kontrollieren. Zur Konkretisierung der in § 23 EIBV vorgesehenen Rabattpolitik kann auch auf das energierechtliche Vorbild der Bildung der individuellen Entgelte nach § 19 Abs. 2 StromNEV verwiesen werden. Danach hat der Netzbetreiber dem Letztverbraucher ein individuelles Entgelt anzubieten, wenn offensichtlich ist, dass dessen Höchstlastbeitrag erheblich von den anderen Entnahmen aus der betreffenden Netz- oder Umspannebene abweicht und dadurch Netzkosten vermieden oder gesenkt werden können. Diese Kostenvermeidung oder Kostensenkung hat sich in dem individuellen Entgelt niederzuschlagen.

---

[27] In der Sache handelt es sich freilich nicht um Ausnahmen von dem in § 21 Abs. 6 S. 1 EIBV normierten Gleichberechnungsgebotes, da auch die Gewährung von Entgeltnachlässen nach § 23 EIBV bei der Entgeltberechnung gegenüber jedem Zugangsberechtigten in gleicher

Jenseits der Rabattpolitik gibt § 21 EIBV in seinen weiteren Absätzen dem Netzbetreiber zusätzliche Möglichkeiten zur Gestaltung seiner Entgelte. Macht der Betreiber der Schienenwege von diesen Möglichkeiten Gebrauch, hat er das Ob und Wie dieser Ausgestaltung in den Entgeltgrundsätzen im Einzelnen darzulegen. Sowohl vom Wortlaut her als auch von der systematisch Zuordnung zu § 21 EIBV, der Vorschrift über die „Entgeltgrundsätze für Schienenwege", handelt es sich bei diesen Gestaltungsmöglichkeiten nämlich um Entgeltgrundsätze. Im Einzelnen betrifft das vor allem die durch § 21 Abs. 2 EIBV eröffnete Möglichkeit, einen Entgeltbestandteil vorzusehen, mit dem den Kosten umweltbezogener Auswirkungen des Zugbetriebs Rechnung getragen werden kann. Nach § 21 Abs. 3 EIBV kann das Entgelt des Weiteren auch einen Teil enthalten, der die Knappheit der Schienenwegkapazität widerspiegelt. § 21 Abs. 4 EIBV legt schließlich fest, dass erhöhte Kosten nur bei der Verkehrsleistung berücksichtigt werden können, bei der sie auch anfallen.

IV. Überprüfung der Entgelte für die Nutzung von Schienenwegen

Wie sich aus § 14 Abs. 4 AEG ergibt, sind für den praktisch besonders bedeutsamen Bereich der Entgelte für die Nutzung von Schienenwegen die Kosten der Leistungsbereitstellung (hinsichtlich der Pflichtleistungen nach § 14 Abs. 1 S. 1 AEG) der zentrale inhaltliche Maßstab, der auch bereits bei der Formulierung der Entgeltgrundsätze von den Netzbetreibern als maßgebliche Determinante zu berücksichtigen ist. Nach § 14 Abs. 4 S. 1 AEG haben die Netzbetreiber ihre Entgelte grundsätzlich nach Maßgabe der EIBV so zu bemessen, dass die ihnen insgesamt für die Erbringung der Pflichtleistungen entstehenden Kosten zuzüg-

---

Weise erfolgen muss. Ausnahmemöglichkeiten im eigentlichen Sinne dürften daher im Wesentlichen durch die Ermächtigungsnorm des § 22 Abs. 1 EIBV eröffnet werden.

lich einer Rendite, die am Markt erzielt werden kann, ausgeglichen werden. Dies ist jedenfalls eine entgeltliche Mindestvorgabe, die seitens der Netzbetreiber nicht unterschritten werden darf.[28] Die Regulierungsbehörde kann einen etwaigen Verstoß gegen diese materielle Vorgabe aber nur feststellen, wenn sie diese Kosten der Pflichtleistungen kennt. Wenn es möglich sein sollte, die Erfahrungen aus dem insoweit erfahrungsreicheren Telekommunikationsbereich auf den Eisenbahnsektor zu übertragen, so spricht viel dafür, dass sich hier zukünftig ein wesentliches Konfliktfeld der eisenbahnrechtlichen Entgeltregulierung befinden wird. So erfolgt die Entgeltregulierung für die zentralen Zugangsleistungen im Telekommunikationsbereich nach wie vor im Wesentlichen nicht auf Grundlage der tatsächlichen Kosten des regulierten Unternehmens, sondern auf Grundlage hypothetischer Kostenmodelle. Der Grund hierfür ist angesichts einer vergleichbaren Anreizsituation auf Seiten der regulierten Unternehmen von potentiell netzwirtschaftsübergreifender Relevanz: Auch im Jahre Sieben nach der endgültigen Liberalisierung der Telekommunikationsmärkte legt das regulierte Unternehmen in wichtigen Bereichen keine den gesetzlichen Anforderungen entsprechenden Kostenunterlagen vor.[29] Ohne vollständige Kostenunterlagen fehlt einer materiell an einer Kostenüberprüfung ausgerichteten Entgeltregulierung aber der zentrale Prüfungsmaßstab.

Nach den vorstehenden Überlegungen müssen die Entgeltgrundsätze, die der Regulierungsbehörde von den Betreibern der Schienenwege mitzuteilen sind, Informationen darüber enthalten, wie die von § 14 Abs. 4 S. 1 AEG vorge-

---

[28] Ob es sich zugleich um eine Höchstvorgabe handelt, soll an dieser Stelle offen bleiben. Der Wortlaut scheint eher dagegen zu sprechen, der Schutz der Eisenbahnverkehrsunternehmen vor einer ausbeuterischen Überhöhung der Zugangsentgelte demgegenüber eher dafür.
[29] Vgl. zuletzt etwa RegTP, N&R 2005, 122, 123. Die dort gerügten Mängel bezogen sich zwar nicht unmittelbar auf inhaltliche Mängel der Kostenunterlagen, sondern darauf, dass auf ihrer Grundlage die nach § 31 Abs. 1 TKG gebotene Effizienzbetrachtung nicht möglich war. Angesichts der Bedeutung dieses Maßstabes dürfte der Unterschied zur Vorlage unmittelbar inhaltlich mangelhafter Kostenunterlagen indes nicht qualitativ abweichender Natur sein.

schriebene Kostendeckung auf Ebene der Entgeltgestaltung erreicht werden soll. Damit ist noch nichts über die konkrete Höhe der Kosten im Einzelnen gesagt. Deren Kenntnis ist aber erforderlich, um die konkreten Entgelthöhen auf ihre Gesetzeskonformität hin überprüfen zu können. Dementsprechend eröffnet Art. 7 Abs. 2 S. 1 der Richtlinie 2001/14/EG den Mitgliedstaaten die Möglichkeit, dem Betreiber der Infrastruktur die Vorlage aller erforderlichen Informationen zu den erhobenen Entgelten vorzuschreiben. Wie der Regulierungsbehörde diese Kenntnis zu vermitteln ist, ergibt sich aus dem AEG selbst jedoch nicht ohne weiteres.

Eine Möglichkeit bestünde darin, dass man die Netzbetreiber für verpflichtet hält, im Verfahren der fakultativen Vorabregulierung nicht nur geplante Änderungen der Entgeltgrundsätze und der Entgelte mitzuteilen, sondern auch die Kostennachweise vorzulegen. Dafür spräche nicht nur die gerade geschilderte Notwendigkeit, die tatsächlich entstehenden Kosten und zumindest in bestimmten Grenzen auch ihre Zuschlüsselung zu einzelnen Kostenträgern zu kennen, um die Einhaltung des gesetzlichen Kostenmaßstabes überprüfen zu können. Vielmehr enthält auch das nationale Recht selbst Ansatzpunkte für eine Pflicht zum Nachweis der Kosten im Rahmen einer Mitteilung nach § 14d S. 1 AEG. Nach § 14d S. 3 AEG haben Schienenwegebetreiber nämlich die „Übereinstimmung ihrer Entgeltfestsetzung mit § 14 Abs. 4 darzulegen". Dies scheint dafür zu sprechen, dass die Netzbetreiber verpflichtet sind, eine Darstellung der Kosten vorzulegen, aus der ersichtlich ist, wo welche Kosten angefallen sind und wie z. B. Gemeinkosten identifiziert und zugeschlüsselt werden.

Allerdings grenzt § 14d S. 3 AEG selbst die Darlegungsverpflichtung auch dahin gehend ein, dass die Schienenwegebetreiber die Gesetzmäßigkeit der Entgeltfestsetzung nur „dabei" darzulegen haben. Dieses „dabei" kann sich zwar durchaus auf die Mitteilung nach § 14d S. 1 AEG beziehen. Angesichts der norminternen Systematik spricht aber auch einiges dafür, dass sich das „dabei" auf den Satz bezieht, auf den § 14d S. 3 AEG selbst unmittelbar folgt. § 14d S. 2 AEG schreibt eine Begründungspflicht für mitteilungspflichtige Entscheidungen fest, beschränkt diese aber ausdrücklich auf die Fälle des § 14d S. 1 Nr. 1 bis 5 AEG, gilt also gerade nicht für die Mitteilung von Entgeltgrundsätzen und Entgelthöhen gemäß Nr. 6. Obwohl im Rahmen dieser Mitteilungen anders als bei einer Mitteilung nach § 14d S. 1 Nr. 6 AEG Entgelte regelmäßig keine Rolle spielen werden, erscheint es deshalb auch nicht ausgeschlossen, dass die Darlegungsverpflichtung in Satz 3 nur „bei" einer Begründung nach § 14d S. 2 AEG gilt und sich ebenfalls nicht auf eine Mitteilung nach § 14d S. 1 Nr. 6 AEG erstreckt. Gegen eine unmittelbare Verpflichtung zur Erbringung eines umfassenden Kostenachweises spricht des Weiteren, dass eine Kostenrechnung typischerweise nicht gerade unterkomplex ist. Ihre Überprüfung ist daher nur mit erheblichem Aufwand möglich. Angesichts der kurzen Widerspruchsfrist von nur vier Wochen (§ 14e Abs. 1 Nr. 4 AEG) spricht dieser Aufwand generell eher dagegen, dass bei einer geplanten Neufassung oder Änderung von Schienennetz-Benutzungsbedingungen, Entgeltgrundsätzen und Entgelthöhen stets auch eine umfassende Kostenrechnung vorzulegen ist.[30] Schlussendlich ist nicht auszuschließen, dass auch Bedenken hinsichtlich der legislativen Bestimmtheit gegen eine entsprechende Auslegung von § 14d S. 3 AEG ins Feld geführt werden. Selbst wenn man dieser Vorschrift keine Verpflichtung des regulierten Unternehmens entnehmen möchte, einen umfassenden Kostennachweis im Rahmen der fakultativen Vorabregulierung zu erbringen, kann als Ultima ratio aber auf die allgemeinen Befugnisse der Regulierungsbehörde nach § 14c AEG verwie-

---

[30] Im Telekommunikationsrecht ist grundsätzlich eine Entscheidungsfrist von zehn Wochen vorgesehen, vgl. § 31 Abs. 6 S. 3 TKG, im Energiewirtschaftsrecht stehen der Bundesnetzagentur sogar grundsätzlich sechs Monate Zeit zur Überprüfung der Entgelte zur Verfügung, vgl. § 23a Abs. 4 S. 2 EnWG.

sen werden. Danach sind die öffentlichen Eisenbahninfrastrukturunternehmen u. a. dazu verpflicht, der Regulierungsbehörde alle für die Durchführung ihrer Aufgaben erforderlichen Auskünfte zu erteilen und auch alle erforderlichen Nachweise zu erbringen (§ 14c Abs. 3 Nr. 1 und 2 AEG). Wenn es nach § 14b Abs. 1 Nr. 4 AEG zu den Aufgaben der Regulierungsbehörde gehört, die Einhaltung der eisenbahnrechtlichen Vorschriften gerade auch hinsichtlich der Entgeltgrundsätze und Entgelthöhen zu überwachen, umfasst das mithin u. a. die Einhaltung des Kostenausgleichsgrundsatzes nach § 14 Abs. 4 S. 1 AEG. Dann ist aber die nachvollziehbare und überprüfbare Darlegung der bei der Erbringung der Pflichtleistungen anfallenden Kosten durch das regulierte Unternehmen zur Durchführung der Aufgaben der Regulierungsbehörde erforderlich.

V. Fazit

Die eisenbahnrechtliche Entgeltregulierung hat sich mit Inkrafttreten des Dritten Gesetzes zur Änderung eisenbahnrechtlicher Vorschriften wesentlich fortentwickelt. Neuerdings besteht die Möglichkeit einer Vorabprüfung, die der Ex-ante-Regulierung in der Energiewirtschaft, aber auch der Ex-ante-Regulierung im Telekommunikations- und Postsektor ähnelt. Während diese Vorabprüfung in der Energiewirtschaft die konkreten, nach dem „Leitfaden" der Methodenregulierung gebildeten Entgelte betrifft, sind nach dem novellierten AEG neben den Entgelthöhen aber auch die Entgeltgrundsätze mitzuteilen. Zur Beantwortung der wesentlichen Frage, was inhaltlich unter diese Entgeltgrundsätze zu fassen ist und welchen Umfang diese Informationen haben müssen, sind neben den Normen des AEG die Regelungen der Richtlinie 2001/14/EG und der EIBV heranzuziehen. Die sich daraus ergebenden Vorgaben sind schon von Gesetzes wegen einzuhalten und bilden den hoheitlichen Prüfungsmaßstab, anhand dessen die Regulierungsbehörde künftig die Entgeltgrundsätze prüfen wird. Diese Vorgaben muss der Netzbetreiber weiter konkretisieren. Deshalb reicht es auch nicht aus, ein paar oberflächliche Anforderungen – beispielsweise das Adjektiv „diskriminierungsfrei" – zu formulieren oder auf die Existenz eines Trassenpreissystems hinzuweisen. Vor allem aber muss der Netzbetreiber – spätestens im Rahmen einer nachträglichen Kontrolle durch die Regulierungsbehörde – die Kosten darlegen, die ihm für die Erbringung der Pflichtleistungen entstehen. Nur so kann letztlich überprüft werden, ob die Entgeltbildung den gesetzlichen Vorgaben entspricht.

Zunächst sind jetzt aber die Netzbetreiber gefordert, die entsprechenden Voraussetzungen zu schaffen, um ihren gesetzlichen Verpflichtungen nachkommen zu können. Sie müssen also ihre Entgeltgrundsätze formulieren und vor allem ihre tatsächlichen Kosten auf Grundlage des betriebswirtschaftlich anerkannten Dreischritts der Kostenkalkulation den Pflichtleistungen zuschlüsseln. Erforderlich ist hierfür eine den betriebswirtschaftlichen Anforderungen der Kostenrechnung entsprechende Aufbereitung, an externe Dritte gerichtete Zahlenwerke wie Jahresberichte reichen angesichts ihrer gänzlich anderen Zwecksetzung nicht aus.

Der Vergleich mit der Entgeltregulierung im Energierecht, aber auch im Telekommunikationsrecht zeigt, dass die dort gemachten Erfahrungen bei der praktischen Ausgestaltung der Entgeltregulierung im Eisenbahnsektor berücksichtigt werden können und müssen. Wendet man das dort erworbene regulatorische Wissen an, kann sich die eisenbahnrechtliche Entgeltregulierung künftig als bedeutsames Instrument zur Sicherstellung eines wirksamen und unverfälschten Wettbewerbs auf der Schiene bei dem Erbringen von Eisenbahnverkehrsleistungen und dem Betrieb von Eisenbahninfrastrukturen erweisen (§ 1 Abs. 1 S. 1 AEG). Dabei scheint es regulierungspolitisch durchaus begrüßenswert, dass die normative Dichte der einschlägigen gesetzlichen und verordnungsrechtlichen Vorschriften nicht den hohen Konkretisierungsgrad der vergleichbaren Bestimmungen des Energiewirtschaftsrechts erreicht. Die dort anzutreffende Regelungsdichte potenziert die potentiellen Streitpunkte zwischen Regulierer und regulierten Unternehmen und nimmt der durchaus auch auf gewisse Gestaltungsspielräume angewiesenen ökonomischen Regulierung in ihrem Kernbereich die benötigte Flexibilität. Demgegenüber hat sich die Entgeltregulierung im Telekommunikationsbereich trotz einiger unbestreitbarer praktischer Insuffizienzen bislang als wirkmächtiges Instrument zur Durchsetzung des Wettbewerbsgedankens erwiesen, obwohl – oder auch: weil – die Vorschriften des Telekommunikationsrechts im Bereich der Entgeltregulierung bei weitem nicht den Detaillierungsgrad der energierechtlichen Methodenregulierung erreichen. Die Regulierungsbehörde hat nun die Gelegenheit, die vergleichbare Flexibilität im Bereich der eisenbahnrechtlichen Entgeltregulierung auch hier im Sinne der gesetzlichen Vorgaben zu nutzen.

RA Christopher Rother, Deutsche Bahn AG

AEG Novelle: Chancen und Risiken für den Eisenbahnmarkt – Bewertung aus Sicht der Deutschen Bahn AG[*]

I. Einleitung

Mit dem Dritten Gesetz zur Änderung eisenbahnrechtlicher Vorschriften vom 27.04.2005,[1] das am 30.04.2005 in Kraft wurden die Vorschriften der §§ 14 ff. AEG über den Netzzugang neu gefasst. Gleichzeitig sollen die Regelungen §§ 9, 9a AEG durch rechtliche und organisatorische Anforderungen an integrierte öffentliche Eisenbahnenunternehmen den diskriminierungsfreien Netzzugang flankieren.

Die gesetzlichen Neuerungen haben einerseits die Grundpfeiler des eisenbahnrechtlichen Netzzugangsregimes unberührt gelassen. So bleiben die Grundsätze der Diskriminierungsfreiheit, des verhandelten Netzzugangs, der zivilrechtlichen Rechtsnatur des Zugangsanspruchs sowie dessen Verhältnis zu den kartellrechtlichen Normen erhalten. Andererseits führte die Gesetzesnovelle neue Regelungen ein, die neben Neuerungen hinsichtlich der Zugangsberechtigten, der Zugangsverpflichteten und des Zugangsinhalts insbesondere die Verschärfung der behördlichen Aufsichtsbefugnisse und eine Vertiefung der Vorgaben zur Binnenstruktur der integrierten Bahnen beinhalteten. Neue Anforderungen über die Aufstellung von Benutzungsbedingungen und über das Trassenzuweisungsverfahren sowie die Nutzungsentgelte sind im novellierten AEG angelegt und in der

---

[*] Nach dem Vortrag erschienene Literatur zum Thema wurde berücksichtigt.
[1] Vgl. BGBl. I, 1138.

neuen, am 01.08.2005 in Kraft getretenen EIBV[2] konkretisiert worden.[3] Insofern ist es gerechtfertigt, davon zu sprechen, dass die AEG-Novelle (einschließlich der Konkretisierungen in der EIBV) für den eisenbahnrechtlichen Netzzugang Kontinuität und Wandel gleichzeitig mit sich bringt.[4]

Im Folgenden werden die neuen Regelungen auf Gesetzes- und Verordnungsebene eingehender betrachtet. Anschließend sind diese aus Sicht der Deutschen Bahn AG hinsichtlich der sich für den Konzern bietenden Chancen und Risiken zu bewerten.

II. Wesentliche Neuerungen in AEG und EIBV

Die wesentlichen Gesetzesänderungen stellen sich im Einzelnen wie folgt dar:

1. Gesetzeszweck

Eine wesentliche Änderung des AEG findet sich bereits zu Beginn des Gesetzes: § 1 Abs. 1 AEG nimmt die Methodik vieler moderner Gesetze auf[5] und stellt dem Gesetz dessen Zwecke voran. Diese sind gemäß § 1 Abs. 1 S. 1 AEG die Gewährleistung eines sicheren Betriebes der Eisenbahn, die Gewährleistung eines attraktiven Verkehrsangebots auf der Schiene und die Sicherstellung eines wirksamen und unverfälschten Wettbewerbs auf der Schiene bei dem Erbringen von Eisenbahnverkehrsleistungen und dem Betrieb von Eisenbahninfrastrukturen. Weiterer dient das AEG nach § 1 Abs. 1 S. 2 AEG der Umsetzung von Rechtsakten der Europäischen Gemeinschaft.

---

[2] Vgl. BGBl. I, 1566.
[3] Vgl. ausführlich zur neuen EIBV *Ruge*, IR 2005, 196 ff.
[4] Vgl. *Ruge*, DVBl. 2005, 1405, der dies schon im Titel seines Aufsatzes zum Ausdruck bringt.

Es ist zu beachten, dass § 1 Abs. 1 AEG keine einklagbare und direkt exekutierbare Vorschrift darstellt.[6] Die in der Vorschrift genannten Gesetzeszwecke können als normierter Wille des Gesetzgebers jedoch bei der Auslegung einzelner Bestimmungen des AEG herangezogen werden.[7] Dabei können die einzelnen Ziele des Gesetzgebers in ein Spannungsverhältnis geraten.

2. Zugangsverpflichtete

Wesentliche Änderungen brachte das Dritte Gesetz zur Änderung eisenbahnrechtlicher Vorschriften auch im Hinblick auf die Unternehmen, die gemäß § 14 AEG zum diskriminierungsfreien Netzzugang verpflichtet sind. Zwar nennt § 14 Abs. 1 S. 1 AEG in seiner neuen Fassung wie bisher Eisenbahninfrastrukturunternehmen als Zugangsverpflichtete. Auch der Begriff des Eisenbahninfrastrukturunternehmens in § 2 Abs. 2, 2. Alt. AEG blieb von der Gesetzesnovelle unberührt.

Eine Änderung der Zugangsverpflichteten ergibt sich allerdings aus der Einfügung der Legaldefinition der Betreiber der Schienenwege (BdS) in § 2 Abs. 3a AEG sowie aus der Neufassung der Begriffsbestimmung für die Eisenbahninfrastruktur in § 2 Abs. 3 AEG.

BdS ist gemäß § 2 Abs. 3a AEG jedes Eisenbahninfrastrukturunternehmen, das den Betrieb, den Bau und die Unterhaltung der Schienenwege der Eisenbahn zum Gegenstand hat, mit Ausnahme der Schienenwege in Serviceeinrichtungen. Die Definition schafft mit dem BdS einen Sonderfall des Eisenbahninfrastruk-

---

[5] Vgl. *Kramer*, NVwZ 2006, 26, 27.
[6] Vgl. *Kramer*, NVwZ 2006, 26, 27.
[7] Vgl. *Hermes*, in: ders./Sellner: Beck'scher AEG-Kommentar (im Erscheinen), § 1 Rn. 1; *Kramer*, NVwZ 2006, 26, 27.

turunternehmens.[8] Die Vorschrift des § 2 Abs. 3a AEG dient der Umsetzung von Art. 2 lit. h) der RL 2001/14/EG, ohne jedoch die Begrifflichkeit der Richtlinie zu übernehmen („Betreiber der Infrastruktur").[9] Neuerungen im Hinblick auf die Zugangsverpflichteten ergeben sich aus § 2 Abs. 3a AEG danach zum einen durch die Schaffung einer neuen Unterkategorie von Eisenbahninfrastrukturunternehmen. Zum anderen stellt das Gesetz an den BdS v.a. im Hinblick auf die Zugangsgewährung strengere Anforderungen als an sonstige Eisenbahnverkehrsunternehmen.[10]

In § 2 Abs. 3 AEG ist nun geregelt, dass die Eisenbahninfrastruktur die Betriebsanlagen der Eisenbahnen einschließlich der Bahnstromfernleitungen umfasst. Nach der Begründung des Regierungsentwurfes wollte der Gesetzgeber damit den Begriff der Eisenbahninfrastruktur mit dem planungsrechtlichen Betriebsanlagenbegriff des § 18 Abs. 1 S. 1 AEG in Einklang bringen.[11] Ob ihm dies gelungen ist und er den angekündigten Bedeutungswandel tatsächlich erreicht hat,[12] ist jedoch umstritten. Während dies in der Literatur vereinzelt bejaht wird,[13] sieht die Mehrzahl der Stimmen im eisenbahnrechtlichen Schrifttum dies zumindest skeptisch.[14] Die Änderungen am ursprünglichen Gesetzentwurf im

---

[8] Vgl. *Suckale*, in: Hermes/Sellner: Beck'scher AEG-Kommentar (im Erscheinen), § 2 Rn. 92.
[9] Vgl. *Suckale*, in: Hermes/Sellner: Beck'scher AEG-Kommentar (im Erscheinen), § 2 Rn. 92.
[10] So auch *Ruge*, DVBl. 2005, 1405, 1409; ausführlich zu den inhaltlichen Anforderungen an den BdS in zugangsrechtlicher Hinsicht vgl. unten Seite 185 f.; zu den sonstigen Verschärfungen bezüglich der BdS im Vergleich zu sonstigen Eisenbahninfrastrukturunternehmen vgl. unten Seite 193 ff. und Seite 200 f.
[11] Vgl. BT-Drs. 15/3280, S. 14.
[12] BT-Drs. 15/3280, S. 14.
[13] So *Kramer*, NVwZ 2006, 26, 27.
[14] So sehen es *Vallendar*, in: Hermes/Sellner, Beck'scher AEG-Kommentar (im Erscheinen), § 18 Rn. 42, und *Ruge*, DVBl. 2005, 1405, 1408 f., es zumindest als zweifelhaft an, ob die in der Begründung des Regierungsentwurfs postulierte Deckungsgleichheit von § 2 Abs. 3 AEG und § 18 Abs. 1 S. 1 AEG hergestellt worden ist. Dies lehnt *Suckale*, in: Hermes/Sellner,

Hinblick auf die nachträgliche Einfügung des § 2 Abs. 3c AEG („Serviceeinrichtungen"), die Gesetzessystematik (vgl. insbesondere § 14 Abs. 5 S. 1 AEG) sowie die unterschiedliche Zwecksetzung von Netzzugangsrecht und Planfeststellungsrecht sprechen jedoch letztendlich gegen eine Deckungsgleichheit von § 2 Abs. 3 AEG und § 18 Abs. 1 S. 1 AEG.[15] Außerdem erscheint es im Hinblick auf die von Eisenbahnverkehrsunternehmen betriebenen Werkstätten fraglich, ob deren Einbeziehung in die Eisenbahninfrastruktur mit einem daraus folgenden Zugangsrecht von konkurrierenden Eisenbahnverkehrsunternehmen mit der Zielsetzung des AEG aus § 1 Abs. 1 S. 1 AEG, der Sicherstellung eines wirksamen und unverfälschten Wettbewerbs auf der Schiene bei der Erbringung von Eisenbahnverkehrsleistungen, vereinbar ist.[16]

Unabhängig davon, wie nach der Neufassung des § 2 Abs. 3 AEG der Begriff der Eisenbahninfrastruktur konkret auszulegen ist, ist mit der Einbeziehung der Bahnstromfernleitungen eine Ausweitung der Eisenbahninfrastruktur verbunden. Denn diese waren in der Anlage 1 Teil A der EWG-VO Nr. 2598/70 nicht genannt, auf die § 2 Abs. 3 S. 2 AEG a.F. verwies. Allein dadurch kommt es zu einer Ausweitung des Zugangsgegenstandes und folglich auch zu einer Ausdehnung des Kreises der Zugangsverpflichteten.

3. Zugangsberechtigte

Durch die AEG-Novelle wurde durch die Änderung des § 14 Abs. 2 AEG eine Ausdehnung des Kreises der Zugangsberechtigten vorgenommen.[17] Neben den

---

Beck'scher AEG-Kommentar (im Erscheinen), § 2 Rn. 75 ff. (mit ausführlicher Begründung) ab.
[15] Vgl. *Ruge*, DVBl. 2005, 1405, 1409, und *Suckale*, in: Hermes/Sellner, Beck'scher AEG-Kommentar (im Erscheinen), § 2 Rn. 77 ff.
[16] *Suckale*, in: Hermes/Sellner, Beck'scher AEG-Kommentar (im Erscheinen), § 2 Rn. 82.
[17] *Ruge*, DVBl. 2005, 1405, 1409; *Kühling/Ernert*, NVwZ 2006, 33, 34.

in § 14 Abs. 2 Nr. 1 AEG genannten Eisenbahnverkehrsunternehmen mit Sitz im Inland sind nach den Nr. 2 bis 4 des § 14 Abs. 2 AEG jetzt auch Unternehmen mit Sitz im Inland, die Güter durch ein Eisenbahnverkehrsunternehmen befördern lassen wollen (Nr. 2), die in § 1 Abs. 2 RegG genannten Stellen (Nr. 3) und die in § 15 AEG genannten Behörden (Nr. 4) zugangsberechtigt.

Unter § 14 Abs. 2 Nr. 2 AEG fallen die Unternehmen, deren gewerbliche Tätigkeit gerade im Bereich der verladenden Wirtschaft liegt,[18] z.B. Verlader, Spediteure und KLV-Unternehmen.[19] Zugangsberechtigte nach § 14 Abs. 2 Nr. 2 AEG müssen gemäß § 6 Abs. 1 S. 2 EIBV die Zuweisung von Zugtrassen an ein von ihnen benanntes Eisenbahninfrastrukturunternehmen beantragen.

Die nach § 14 Abs. 2 Nr. 3 AEG zugangsberechtigten Stellen i.S. des § 1 Abs. 2 RegG bestimmen sich nach den Bestimmungen der entsprechenden ÖPNV-Gesetze der Länder.[20] Die dort genannten Behörden, Zweckverbände oder Nahverkehrsgesellschaften können nach der neuen Rechtslage selbst Zugtrassen bestellen. Sofern sie nicht über das notwendige rollende Material verfügen, können sie ihre Nutzungsrechte aus Vereinbarungen nach § 14 Abs. 6 AEG ohne Verstoß gegen das Verbot des Trassenhandels[21] auf Eisenbahnverkehrsunternehmen übertragen.[22] Die Aufnahme der in § 14 Abs. 2 Nr. 4 AEG genannten Behörden i.S. von § 15 Abs. 1 AEG in den Kreis der Zugangsberechtigten war erforderlich, da diese mit den in § 14 Abs. 2 Nr. 3 AEG i.V.m. § 1 Abs. 2 RegG

---

[18] Vgl. *Ruge*, DVBl. 2005, 1405, 1409.
[19] So die Begründung zu § 6 EIBV, BR-Drs. 249/05, S. 39.
[20] *Gerstner*, in: Hermes/Sellner, Beck'scher AEG-Kommentar (im Erscheinen), § 14 Rn. 156.
[21] Vgl. dazu § 11 Abs. 1 S. 5 EIBV und Art. 13 Abs. 1 Uabs. 2 RL 2001/14/EG.
[22] Vgl. § 11 Abs. 1 S. 6 EIBV und *Gerstner*, in: Hermes/Sellner, Beck'scher AEG-Kommentar (im Erscheinen), § 14 Rn. 157.

genannte Stellen nicht völlig deckungsgleich sind, so ist im Fernverkehr der Eisenbahnen des Bundes weiterhin der Bund für die Auferlegung gemeinwirtschaftlicher Leistungen zuständig.[23] Im Übrigen gelten jedoch die gleichen Grundsätze wie bei Zugangsberechtigten nach § 14 Abs. 2 Nr. 3 AEG.

Der Vollständigkeit halber ist zu erwähnen, dass das Vierte Gesetz zur Änderung eisenbahnrechtlicher Vorschriften[24] eine weitere Ausdehnung der Zugangsberechtigten nach sich gezogen hat: Durch § 14 Abs. 3 Nr. 2 lit. b) und c) AEG sind ab dem 01.01.2006 Eisenbahnen mit Sitz in EG- oder EWR-Mitgliedstaaten im Hinblick auf die Erbringung von grenzüberschreitendem Güterverkehr (lit. b)) sowie ab dem 01.01.2007 im gesamten Güterverkehr (lit. c)) zugangsberechtigt.

4. Inhalt des Zugangsanspruchs

Die Diskriminierungsfreiheit bleibt auch nach der neuen Rechtslage das zentrale Element des eisenbahnrechtlichen Netzzugangsanspruchs aus § 14 Abs. 1 S. 1 AEG.[25] Der Begriff der Diskriminierung bestimmt sich auch weiterhin nach den bisher geltenden Grundsätzen. Danach ist für dessen Definition auf § 3 Abs. 1 Nr. 1 EIBV a.F. und den europarechtlichen Diskriminierungsbegriff zurückzugreifen.[26] Folglich besteht eine Diskriminierung i.S. von § 14 Abs. 1 S. 1 AEG auch weiterhin in einer Ungleichbehandlung vergleichbarer Sachverhalte ohne

---

[23] *Gerstner*, in: Hermes/Sellner, Beck'scher AEG-Kommentar (im Erscheinen), § 14 Rn. 158.
[24] Vom 03.08.2005, BGBl. I, 2270.
[25] Vgl. *Ruge*, DVBl. 2006, 1405 und 1409.
[26] Vgl. *VG Koblenz*, Beschl. v. 24.07.2002 – 3 L 1900/02.KO (unter Verweis auf EuGH, Italien/Kommission, Urteil v. 17.07.1963; Slg. 1963, S. 337, 384); so auch *Ruge*, DVBl. 2005, 1405, der auch die Deckungsgleichheit mit § 20 GWB betont.

sachlich gerechtfertigten Grund, eine ungleiche Behandlung nicht vergleichbarer Sachverhalte ist dagegen auch künftig nicht als Diskriminierung zu betrachten.

Damit stellt § 14 Abs. 1 S. 1 AEG auch in seiner Fassung des Dritten Gesetzes zur Änderung eisenbahnrechtlicher Vorschriften auf ein (zumindest) dreipoliges Verhältnis ab: Für einen Verstoß gegen die Diskriminierungsfreiheit ist eine sachlich ungerechtfertigte Ungleichbehandlung eines Eisenbahnverkehrsunternehmens gegenüber einem anderen durch ein Eisenbahninfrastrukturunternehmen notwendig.[27] Soweit Netzzugangsanforderungen eines Eisenbahninfrastrukturunternehmens unterschiedslos für alle Eisenbahnverkehrsunternehmen gelten, kommt ein Verstoß gegen § 14 Abs. 1 S. 1 AEG auch weiterhin nicht in Betracht.[28] Etwas anderes kann lediglich im Hinblick auf die Pflichtleistungen des BdS gemäß § 14 Abs. 1 S. 3 AEG i.V.m. § 3 Abs. 1 S. 2, Anlage 1 Nr. 1 EIBV gelten, da der Wortlaut der genannten Normen eine Diskriminierung nicht ausdrücklich verlangt.[29] Sofern der BdS auch unabhängig von einer Diskriminierung verpflichtet ist, den in den genannten Normen festgelegten Mindestumfang an Leistungen zu erbringen und die von ihm betriebenen Schienenwege, Steuerungs- und Sicherheitssysteme zur Nutzung bereit zu stellen, kann eine Leistungsverpflichtung bei Vorliegen eines sachlichen Grundes ausgeschlossen sein.[30] Auch nach neuem Recht besteht keine § 4 BbG entsprechende generelle

---

[27] Vgl. *Ruge*, DVBl. 2005, 1405; a.A. offensichtlich Kramer, N&R 2004, 134, 138.
[28] So zum alten Recht *VG Koblenz*, Beschl. v. 24.07.2002 – 3 L 1900/02.KO, und *LG Berlin*, Urt. v. 12.10.2004 – 16 O 465/04 Kart., mit Anm. *Ruge*, IR 2005, 16 ff.; a.A. aber *Wittenberg/Heinrichs/Mittmann/Zwanziger*, AEG-Kommentar, § 14 Rn. 12a.
[29] Vgl. *Ruge*, DVBl. 2005, 1405; *Kühling/Ernert*, NVwZ 2006, 33, 35, sprechen hinsichtlich der Pflichtleistungen des BdS von einer „originären Bereitstellungspflicht" im Gegensatz zum „derivaten Recht auf diskriminierungsfreie Partizipation" nach § 14 Abs. 1 S. 1 AEG.
[30] Vgl. *Ruge*, DVBl. 2005, 1405, 1409.

Betriebspflicht,[31] auch wenn dies zur alten Rechtslage teilweise vertreten wurde.[32]

Ebenso hat die Gesetzesnovelle nichts am System des verhandelten Netzzugangs geändert.[33] Der Gegenauffassung, nach der § 14 Abs. 1 S. 1 AEG ein unbeschränktes Zugangsrecht i.s. eines „regulierten Netzzugangs"[34] gewähren soll,[35] ist dagegen nicht zuzustimmen. Denn aus § 14 Abs. 6 AEG geht der gesetzgeberische Wille hervor, die einzelnen Bedingungen des Zugangs zum Gegenstand einer Vereinbarung zwischen Zugangsverpflichteten und –berechtigten zu machen. Ein Zugangsrecht ohne Vereinbarung sieht auch das neue AEG dagegen nicht vor.[36] Auch der Vergleich mit dem Telekommunikations- und Postsektor spricht für den verhandelten Netzzugang im Eisenbahnwesen.[37] Hinsichtlich der Eisenbahnen des Bundes spricht im Übrigen das Gebot der Privatwirtschaftlichkeit aus Art. 87e Abs. 3 GG für das System des verhandelten Netzzugangs.[38] Demnach unterliegt der Netzzugang nach § 14 Abs. 1 S. 1 AEG auch weiterhin nicht staatlich festgesetzten Tarifen und Nutzungsbedingungen. Vielmehr sind die Entgelte und Nutzungsbedingungen dem Vertragsrecht zuzuordnen. Die

---

[31] So zum alten Recht schon *Ruge*, IR 2004, 248 ff. Zur neuen Rechtslage *ders.*, DVBl. 2005, 1405, 1409.
[32] So nahm *Kramer*, IR 2004, 106, eine entsprechende Betriebspflicht aus § 4 Abs. 1 AEG an. *Ruge*, IR 2004, 248, 250, führt zutreffend aus, dass eine generelle Betriebspflicht, die den Drittschutz für Zugangsberechtigte bezweckt, auch nicht aus § 11 Abs. 2 S. 3 AEG hergeleitet werden kann.
[33] Vgl. zum System des verhandelten Netzzugangs nach altem Recht vgl. *Fehling*, DÖV 2002, 793, 798, und *Ruge*, IR 2004, 248, 249; zur Rechtslage nach dem neuen AEG vgl. *Schmitt*, UPR 2005, 427, 429, und *Ruge*, DVBl. 2005, 1405, 1406. Für das System des verhandelten Netzzugangs auch *Gerstner*, in: Hermes/Sellner, Beck'scher AEG-Kommentar (im Erscheinen), § 14 Rn. 220.
[34] Vgl. zur Begrifflichkeit des „regulierten Netzzugangs" *Ruge*, DVBl. 2005, 1405, 1406.
[35] Vgl. *Wittenberg/Heinrichs/Mittmann/Zwanziger*, AEG-Kommentar, § 14 Rn. 12a.
[36] Vgl. insbesondere *Ruge*, DVBl. 2005, 1405, 1406.
[37] Vgl. dazu *BVerwG*, Urt. v. 31.03.2004 – 6 C 11.03 (Telekommunikation) und *VG Köln*, Urt. v. 26.04.2005 – 22 K 9610/00 (Post).

Vertragsautonomie der Eisenbahninfrastrukturunternehmen und Eisenbahnverkehrsunternehmen wird lediglich durch die Vorschrift des § 14 AEG und der Regelungen der EIBV – also letztlich durch den Grundsatz der Diskriminierungsfreiheit – begrenzt.[39] Hinsichtlich der Nutzungsbedingungen ist darauf hinzuweisen, dass der BdS nach § 4 EIBV, sonstige Eisenbahninfrastrukturunternehmen nach § 10 Abs. 1 i.V.m. § 4 EIBV zur Aufstellung von Nutzungsbedingungen verpflichtet sind, sie die Einzelheiten einschließlich ihrer AGB jedoch selbst im Einzelnen festlegen können.[40] In § 5 Abs. 1 EIBV ist ausdrücklich vorgesehen, dass die Stellung einer Sicherheitsleistung in den Nutzungsbedingungen vorgesehen werden kann.

Da sich am System des verhandelten Netzzugangs nichts geändert hat, ist der Zugangsanspruch nach § 14 Abs. 1 S. 1 AEG auch nach der AEG-Novelle zivilrechtlicher Natur.[41] Dafür spricht auch die für ein Abgrenzung zum öffentlichen Recht maßgebliche modifizierte Subjektstheorie:[42] Denn Anspruchsverpflichtete und Anspruchsberechtigte sind gemäß § 14 Abs. 1 S. 1 AEG alle Eisenbahninfrastruktur und Eisenbahnverkehrsunternehmen, unabhängig von ihrer öffentlich-rechtlichen oder privatrechtlichen Organisationsform oder von ihrem Eigentümer. Insofern berechtigt oder verpflichtet der eisenbahnrechtliche Zugangsanspruch nicht lediglich Träger hoheitlicher Befugnisse, wonach er als privatrechtlich einzustufen ist.[43] Insoweit missverständlich ist jedoch die Gesetzesbegründung zu § 14 AEG, welche die Norm als „öffentlich-rechtliche Vorschrift" be-

---

[38] Vgl. *Ruge*, DVBl. 2005, 1405, 1406.
[39] Vgl. *OVG Münster*, Beschl. v. 05.06.2003 – Az. 20 B 113/03, NVwZ-RR 2004, 399, 401; *Ruge*, IR 2004, 248 f.; *ders.*, DVBl. 2005, 1405, 1406.
[40] *Ruge*, DVBl. 2005, 1405, 1406.
[41] Vgl. *Ruge*, DVBl. 2005, 1405, 1406 f.
[42] Vgl. grundlegend zur modifizierten Subjektstheorie *Bettermann*, NJW 1977, 715 f.
[43] In diesem Sinne zur modifizierten Subjektstheorie auch *Ruge*, DVBl. 2005, 1405, 1406.

zeichnet.⁴⁴ Da die eisenbahnrechtliche Widmung lediglich Auswirkungen planungsrechtlicher Natur hat, kann sie nicht auf den Zugangsanspruch nach § 14 Abs. 1 S. 1 AEG durchschlagen,⁴⁵ weshalb er auch nicht als Anspruch des öffentlichen Sachenrechts öffentlich-rechtlich ist. Ob eine Geltendmachung des Netzzugangsanspruches vor den Zivilgerichten durch die Zugangsberechtigten jedoch das für die Zulässigkeit einer Klage erforderliche Rechtsschutzbedürfnis besitzt, wird gerade im Hinblick auf andere regulierte Sektoren unterschiedlich beurteilt.⁴⁶ In der Vergangenheit sind jedoch zivilgerichtliche Entscheidungen zu eisenbahnrechtlichen Netzzugangsfragen ergangen, ohne dass ein Gericht die zivilrechtliche Natur des Streitgegenstandes angezweifelt hätte.⁴⁷

Aus dem System des verhandelten Netzzugangs und der zivilrechtlichen Natur des Zugangsanspruchs aus § 14 Abs. 1 S. 1 AEG folgt weiter, dass es auch zukünftig keine Unterscheidung zwischen einem „Ob" und einem „Wie" des Zugangsanspruchs gibt.⁴⁸ Vielmehr ist der eisenbahnrechtliche Zugangsanspruch vergleichbar § 20 GWB als einheitlicher Anspruch ausgestaltet, ein Netzzugang

---

⁴⁴ BT-Drs. 15/3280, S. 12.
⁴⁵ *Fehling*, AöR 121 (1996), 59, 82 ff.; *Schmitt*, UPR 2005, 427, 429; *Ruge*, DVBl. 1405, 1407; *Gerstner*, in: Hermes/Sellner, Beck'scher AEG-Kommentar (im Erscheinen), § 14 Rn. 46. A.A. jedoch *Gaupp*, Netzzugang, S. 146 ff.; *Brauner/Kühlwetter*, Internat. Verkehrswesen 54 (2002), 492, 493 f.; *Kramer*, Das Recht der Eisenbahninfrastruktur, S. 159 ff.; *ders.*, in: Schweinsberg/Ronellenfitsch, Aktuelle Probleme des Eisenbahnrechts VIII, S. 193 ff.; *ders.*, in: Schweinsberg/Ronellenfitsch, Aktuelle Probleme des Eisenbahnrechts IX, S. 187 ff.
⁴⁶ Vgl. mit ausführlicher Erörterung *Gerstner*, in: Hermes/Sellner, Beck'scher AEG-Kommentar (im Erscheinen), § 14 Rn. 220 ff.
⁴⁷ Vgl. nur *LG Duisburg*, Beschl. v. 23.12.2005 – 25 O 639/05; *LG Frankfurt am Main*, Urt. v. 12.01.2005 – 3-04 O 191/03 („PZB 90"); *LG Frankfurt am Main*, Urt. v. 15.12.2004 – 3-08 O 72/04, mit Anm. *Uhlenhut*, IR 2005, 59 ff.; *LG Berlin*, Urt. v. 12.10.2004 – 16 O 465/04 Kart. („GSMR"), mit Anm. *Ruge*, IR 2005, 16 ff.; *AG Hanau*, Beschl. v. 03.09.2004 – 31 O 2703/04-14; *OLG Düsseldorf*, Urt. v. 19.03.2003 – U(Kart) 20/02 („Infracard"), WuW/E DE-R 1184 = WuW 2003, 1310 ff.
⁴⁸ So aber wohl *Wittenberg/Heinrichs/Mittmann/Zwanziger*, AEG-Kommentar, § 14 Rn. 12a f.; *Brauner/Kühlwetter*, Internat. Verkehrswesen 54 (2002), 492 ff.; *Kramer*, Das Recht der

ohne vertragliche Festlegung des Entgelts und der Nutzungsbedingungen ist nicht möglich.[49] Eine Übertragung der Grundsätze der sog. „Zwei-Stufen-Theorie" mit einem öffentlich-rechtlichem Zugangsanspruch und einer (zivilrechtlichen) Ausgestaltung des Benutzungsverhältnisses, wie sie z.b. in Bereichen des öffentlichen Sachenrechts oder im Subventionsrecht Anwendung finden, ist demnach ausgeschlossen.[50]

Damit ist als Ergebnis zum Inhaltsanspruch festzuhalten, dass er in seinen Grundsätzen von der Neufassung des AEG und der EIBV nicht verändert worden ist. Lediglich hinsichtlich der vom BdS zu erbringenden Pflichtleistungen bietet bringen AEG- und EIBV-Novelle Neuerungen.

5. Verhältnis zu den kartellrechtlichen Vorschriften

Schon vor der AEG- und EIBV-Novelle war in Literatur[51] und Rechtsprechung[52] anerkannt, dass der eisenbahnrechtliche Zugangsanspruch des § 14 Abs. 1 S. 1 AEG den Regelungen der §§ 19 Abs. 4 Nr. 4, 20 GWB als lex specialis vorgeht und diese in seinem Anwendungsbereich verdrängt. Dies gilt auch nach der Gesetzes- und Verordnungsänderung, so dass die allgemeinen kartellrechtlichen Normen des §§ 19 Abs. 4 Nr. 4, 20 GWB im Rahmen des Zugangs zu Eisenbahninfrastruktur nicht zur Anwendung kommen.[53] Eine unmittelbare Anwendung des Kartellrechts bleibt allerdings in Sachverhalten ohne Infrastrukturbe-

---

Eisenbahninfrastruktur, S. 205; *ders.*, in: Kunz, Eisenbahnrecht/Erläuterungen zum AEG, A 4.1 (§ 14), S. 142.
[49] *Ruge*, DVBl. 2005, 1405, 1407; vgl. auch *Gerstner*, in: Hermes/Sellner, Beck'scher AEG-Kommentar (im Erscheinen), § 14 Rn. 221.
[50] So *Ruge*, IR 2004, 248, 249, ders., DVBl. 2005, 1405, 1407, und im Ergebnis auch *Schmitt*, UPR 2005, 427, 429 f.
[51] Vgl. dazu u.a. *Fromm*, DVBl. 1994, 187, 193, und *Bunte*, WuW 1997, 302, 307.
[52] Vgl. *LG Berlin*, Urt. v. 12.10.2004 – 16 O 465/04 Kart., mit Anm. *Ruge*, IR 2005, 16 ff.
[53] Vgl. *Ruge*, DVBl. 2005, 1405, 1407 f.

zug, z.B. bei der Vermietung von Gewerbeflächen in Bahnhofsgebäuden, möglich.

6. Rahmenverträge

§ 14a AEG enthält eine neue Regelung zu Rahmenverträgen, die eine Umsetzung der Vorgaben aus Art. 17 RL 2001/14/EG darstellt. Rahmenverträge i.S. des § 14a Abs. 1 AEG sind Vereinbarungen über die Nutzung von Zugtrassen über einen längeren Zeitraum als eine Netzfahrplanperiode. Deren Anforderungen sind in § 14a Abs. 2 AEG geregelt sowie in § 13 EIBV näher konkretisiert.

Da dieselbe Zugtrasse nach § 11 Abs. 2 EIBV nicht über einen längeren Zeitraum als eine Netzfahrplanperiode vergeben werden darf, eröffnet § 13 Abs. 1 EIBV die Möglichkeit, dass der BdS bei einem Nutzungskonflikt bei der Fahrplanerstellung die von seinem Rahmenvertragspartner angemeldete Zugtrasse im Rahmen einer Bandbreite verschieben kann.[54] Der zugangsberechtigte Rahmenvertragspartner hat seinerseits das Recht auf Zuweisung im Rahmen der Bandbreite.[55]

Mit dem Instrument des Rahmenvertrages hat der Gesetz- und Verordnungsgeber das schon vom europäischen Richtliniengeber[56] als legitim anerkannte Interesse der Eisenbahninfrastrukturunternehmen und Eisenbahnverkehrsunternehmen an Planungssicherheit und Auslastung der Infrastruktur im Hinblick auf

---

[54] Vgl. *Gerstner*, in: Hermes/Sellner, Beck'scher AEG-Kommentar (im Erscheinen), § 14a Rn. 42.
[55] Vgl. *Ruge*, DVBl. 2005, 1405, 1410.
[56] Vgl. Tz. 14 und 17 zu den Erwägungsgründen der RL 2001/14/EG.

Investitionsentscheidungen auch auf nationaler Ebene im Netzzugangsrecht[57] Ausdruck verliehen.[58]

Nach § 14a Abs. 2 S. 1 AEG bedarf jeder Rahmenvertrag mit einer Laufzeit von mehr als fünf Jahren grundsätzlich der Genehmigung durch die Regulierungsbehörde. Längere Laufzeiten von bis zu zehn Jahren oder auch darüber hinaus sind unter den Voraussetzungen gemäß § 14a Abs. 2 S. 2 Nr. 1 und 2 AEG möglich, bei ihrem Vorliegen besteht ein Anspruch auf Genehmigungserteilung.[59] Die Rahmenverträge mit Zugangsberechtigten nach § 14 Abs. 2 Nr. 3 und 4 bedürfen jedoch auch bei einer längeren Laufzeit als fünf Jahre keiner Genehmigung, vgl. § 14a Abs. 2 S. 3 AEG.

Es gibt noch weitere Beschränkungen für den Abschluss von Rahmenverträgen, die nach der bisherigen Rechtslage nicht vorhanden waren: So sollen nach § 13 Abs. 2 S. 1 EIBV die auf der Grundlage von Rahmenverträgen zu vergebenden Zugtrassen 75% der Schienenwegskapazität pro Stunde nicht überschreiten. Auch im Übrigen dürfen andere Zugangsberechtigte von der Nutzung des Schienennetzes durch Rahmenverträge nicht ausgeschlossen werden, § 13 Abs. 2 S. 2 EIBV. Darüber hinaus dürfen Rahmenverträge nach § 13 Abs. 4 EIBV grundsätzlich nur für den Ablauf einer fünfjährigen Rahmenfahrplanperiode geschlossen werden, ein aperiodischer Abschluss ist dagegen nach Abschluss des

---

[57] An anderer Stelle haben die Investitionsinteressen im Rahmen des AEG in § 6 Abs. 6 AEG hinsichtlich der Regelgeltungsdauer der Betriebsgenehmigung Berücksichtigung gefunden. Vgl. dazu *Suckale*, in: Hermes/Sellner, Beck'scher AEG-Kommentar (im Erscheinen), § 6 Rn. 63 ff.
[58] Vgl. *Ruge*, DVBl. 2005, 1405, 1410, und *Gerstner*, in: Hermes/Sellner, Beck'scher Kommentar zum AEG (im Erscheinen), § 14a Rn. 2.
[59] Vgl. *Gerstner*, in: Hermes/Sellner, Beck'scher AEG-Kommentar (im Erscheinen), § 14a Rn. 32.

Koordinierungsverfahrens nur bis zum Ende der Rahmenfahrplanperiode bzw. mit Zugangsberechtigten nach § 14 Abs. 2 Nr. 3 und 4 AEG möglich.

Seine eigentliche Bedeutung erlangt der Rahmenvertrag, wenn ein Trassenkonflikt auch nach Ausnutzung der Bandbreiten und nach Durchführung einer einvernehmlichen Konfliktlösung nicht zu lösen ist. Dann kann der BdS nach § 9 Abs. 4 S. 1 EIBV seinem Rahmenvertragspartner den Vorrang einräumen, ohne dass er an die Reihenfolge der Vorrangkriterien aus § 9 Abs. 4 S. 1, 2. Hs. Nr. 1 bis 3 EIBV gebunden ist.[60]

Somit ist es auch weiterhin möglich, Vorrangkriterien für die Trassenvergabe vertraglich zu vereinbaren[61] – wenn auch die Möglichkeiten vom Gesetz- und Verordnungsgeber eingeschränkt wurden. Ob die Einführung einer Rahmenfahrplanperiode auf Verordnungswege ohne entsprechende Vorgaben im Europarecht bzw. im AEG zulässig war, kann insbesondere aus verfassungsrechtlicher Hinsicht mit Blick auf die Grundrechte der Eisenbahnunternehmen (Art. 12, 14 GG, für Eisenbahnen des Bundes vgl. auch Art. 87e Abs. 3 GG) mit gutem Grund angezweifelt werden.

7. Nutzungsentgelte

Im Gegensatz zur alten Rechtslage, die den Eisenbahninfrastrukturunternehmen die detaillierte Ausgestaltung der Entgelte überließ, finden sich im neuen AEG

---

[60] Vgl. dazu und dem Fall, dass auch eine Konfliktlösung nach § 9 Abs. 4 S. 1 EIBV nicht möglich ist, *Gerstner*, in: Hermes/Sellner, Beck'scher AEG-Kommentar (im Erscheinen), § 14a Rn. 54 f.
[61] Vgl. zur Zulässigkeit vertraglicher Kriterien für die Vergabe von Zugtrassen nach altem Recht z.B. *VG Köln*, Beschl. v. 20.06.2005 – 11 L 882/05, WuW/E DE-R 1508 ff. = IR 2005, 212, mit Anm. *Ruge*, N&R 2005, 170 ff. (Vorrang von sog. „Großvaterrechten").

eine Reihe von Vorgaben zur Entgeltregulierung.[62] Maßgeblich sind insoweit für den BdS die Vorschriften der §§ 14 Abs. 4 AEG, 21-23 EIBV, hinsichtlich der sonstigen Eisenbahninfrastrukturunternehmen, die Serviceeinrichtungen betreiben, die §§ 14 Abs. 5, 24 EIBV. Allerdings ist auch nach Streichung des § 5 Abs. 1 EIBV a.f. davon auszugehen, dass den Eisenbahninfrastrukturunternehmen Entgeltgestaltungsfreiheit zukommt, soweit sich aus den genannten Normen nicht anderes ergibt.[63] Da in den §§ 14 Abs. 4 und 5 AEG, 21-24 EIBV nur punktuelle Regelungen enthalten sind, verbleibt ein entsprechend umfangreicher Gestaltungsspielraum.[64] Da kein Effizienzkostenansatz in AEG oder EIBV verankert wurde, kann im Eisenbahnsektor nicht wie in anderen regulierten Bereichen auf den Kostenmaßstab der effizienten Leistungsbereitstellung zurückgegriffen werden.[65]

Neben den genannten eisenbahnrechtlichen Entgeltregelungen kommt jedoch auch nach der Gesetzesnovelle eine Anwendung der Entgeltmaßstäbe nach § 315 BGB sowie gemäß §§ 19, 20 GWB weiterhin in Betracht. Dies ist zwar aus mehreren Gründen abzulehnen,[66] gleichwohl haben Gerichte die §§ 315 BGB, 19, 20 GWB in der Vergangenheit auf Entgelte für die Eisenbahninfrastrukturnutzung angewandt.[67]

Der BdS muss nach den §§ 14 Abs. 4 AEG, 21-23 AEG hinsichtlich der Gestaltung seiner Entgelte strengeren rechtlichen Anforderungen genügen als die sons-

---

[62] *Kühling/Ernert*, NVwZ 2006, 33, 35.
[63] Vgl. *Ruge*, DVBl. 2005, 1405, 1410.
[64] *Ruge*, DVBl. 2005, 1405, 1410; so im Ergebnis auch *Kühling/Ernert*, NVwZ 2006, 33, 35.
[65] Vgl. dazu *Kühling/Ernert*, NVwZ 2006, 33, 35.
[66] Vgl. *Ruge*, DVBl. 2005, 1405, 1411.
[67] *LG Leipzig*, Urt. v. 26.07.2001 – 02 O 1999/01; *OLG Düsseldorf*, Urt. v. 19.03.2003 – U(Kart) 20/02, WuW/E DE-R 1184 = WuW 2003, 1310 ff.

tigen Eisenbahninfrastrukturunternehmen beim Betrieb von Serviceeinrichtungen. So enthält § 14 Abs. 4 S. 1 AEG die grundsätzliche Verpflichtung des BdS, die Entgelte so zu bemessen, dass die ihnen insgesamt für die Erbringung der Pflichtleistungen entstehenden Kosten zzgl. einer Rendite, die am Markt erzielt werden kann, ausgeglichen werden.[68] Bei einer Kostenunterdeckung durch die Entgelte kann die zuständige Aufsichtsbehörde nach § 22 Abs. 1 Nr. 1 EIBV einzelne BdS von der Verpflichtung zur Kostendeckung nach § 14 Abs. 4 S. 1 AEG ausnehmen.[69] Außerdem kann sie im Benehmen mit der Regulierungsbehörde alle ihrer Aufsicht unterstehenden BdS von den Anforderungen des § 14 Abs. 4 S. 1 AEG durch Allgemeinverfügung ausnehmen, § 22 Abs. 1 Nr. 2 EIBV.[70]

In § 14 Abs. 4 S. 2 AEG wird dem BdS die Möglichkeit einer Entgeltdifferenzierung, insbesondere zwischen Verkehrsarten oder Marktsegmenten, eröffnet.[71] Diesbezüglich kann der BdS Aufschläge auf die Kosten, die unmittelbar aufgrund des Zugbetriebes anfallen, erheben. Diese Aufschläge sind jedoch begrenzt durch die unmittelbar aufgrund des Zugbetriebes innerhalb der jeweiligen Differenzierungskategorie anfallenden Kosten zzgl. einer Rendite, die am Markt erzielt werden kann. Die „unmittelbar aufgrund des Zugbetriebes anfallenden Kosten" i.S. von § 14 Abs. 4 S. 2 und 3 AEG stimmen demnach nicht mit dem

---

[68] Näher dazu: *Kühling/Ernert*, NVwZ 2006, 33, 35; *Kühling*, Sektorspezifische Regulierung in den Netzwirtschaften, S. 289, *Gersdorf*, ZHR 2004, 576, 609 f.; *Gerstner*, in: Hermes/Sellner, Beck'scher AEG-Kommentar (im Erscheinen), § 14 Rn. 179.
[69] Vgl. dazu *Gerstner*, in: Hermes/Sellner, Beck'scher AEG-Kommentar (im Erscheinen), § 14 Rn. 191, der für die Vorschrift des § 22 Abs. 1 Nr. 1 EIBV im Hinblick auf § 14 Abs. 4 S. 4 Nr. 1 AEG als Verstoß gegen Art. 80 GG ansieht.
[70] Auch dies hält *Gerstner*, in: Hermes/Sellner, Beck'scher AEG-Kommentar (im Erscheinen), § 14 Rn. 192, für unvereinbar mit Art. 80 GG.
[71] *Gerstner*, in: Hermes/Sellner, Beck'scher Kommentar zum AEG (im Erscheinen), § 14 Rn. 180.

zwischenzeitlich im Gesetzgebungsverfahren verwendeten, später aber wieder gestrichenen Begriff der Grenzkosten überein.[72]

Nach § 21 Abs. 1 EIBV ist der BdS dazu verpflichtet, die Entgelte für die Pflichtleistungen so zu gestalten, dass durch leistungsabhängige Bestandteile Anreize für Eisenbahnverkehrsunternehmen und BdS zur Verringerung von Störungen geboten werden, wobei die Grundsätze dieser leistungsabhängigen Entgeltbestandteile für das gesamte Schienennetz eines BdS gelten müssen. Nach § 21 Abs. 2 EIBV können die Wegeentgelte einen Bestandteil umfassen, der die Kosten umweltbezogener Auswirkungen des Zugbetriebes berücksichtigt. Außerdem kann ein Entgeltbestandteil gemäß § 21 Abs. 3 EIBV die Knappheit der Schienenwegkapazität auf einem Schienenabschnitt zu bestimmten Zeiten widerspiegeln. Sofern eine Verkehrsleistung gegenüber anderen Verkehrsträgern erhöhte Kosten verursacht, dürfen diese nach § 21 Abs. 4 EIBV nur für diese berücksichtigt werden. Nach § 21 Abs. 5 EIBV kann der BdS zur Vermeidung unverhältnismäßiger Schwankungen die in § 21 Abs. 2 bis 4 EIBV genannten Entgelte über angemessene Zeiträume mitteln. § 21 Abs. 6 S. 1 EIBV wiederholt nochmals den Grundsatz der Diskriminierungsfreiheit im Hinblick auf die Entgeltberechnung, aufgrund S. 2 der Norm muss der BdS die Entgelte bei nicht vertragsgemäßem Zustand der Schienenwege mindern. § 23 EIBV enthält Vorgaben für Entgeltnachlässe.

Für sonstige Eisenbahninfrastrukturunternehmen macht § 14 Abs. 5 S. 1 AEG hinsichtlich des Betriebes ihrer Serviceeinrichtungen die Vorgabe, dass sie ihre Entgelte so zu bemessen haben, dass die Wettbewerbsmöglichkeiten der Zugangsberechtigten nicht missbräuchlich beeinträchtigt werden. Insbesondere

---

[72] Vgl. *Ruge*, DVBl. 2005, 1405, 1412.

dürfen sie einzelnen Zugangsberechtigten keine Vorteile gegenüber anderen gewähren, soweit hierfür kein sachlicher Grund vorliegt, § 14 Abs. 5 S. 2 AEG. Da die Formulierungen in § 14 Abs. 5 AEG an die Begrifflichkeiten in den §§ 19, 20 GWB anknüpfen, kann auf die Rechtspraxis in diesen Bereichen zurückgegriffen werden, insbesondere auch auf die Abwägung der Interessen der Beteiligten bei der Feststellung eines sachlich gerechtfertigten Grundes, der einen Missbrauch nach § 19 Abs. 1 und 4 Nr. 1 GWB und eine Unbilligkeit gemäß § 20 GWB ausschließt.[73] Als zwingenden Bestandteil des Entgeltsystems der Eisenbahninfrastrukturunternehmen sind diese nach § 24 Abs. 1 EIBV verpflichtet, leistungsabhängige Entgeltbestandteile aufzunehmen. Sofern für den Zugang zu den Schienenwegen in den Serviceeinrichtungen gesonderte Entgelte erhoben werden, gelten diesbezüglich die §§ 21-23 EIBV entsprechend, § 24 Abs. 3 EIBV.

8. Eingriffsbefugnisse der Aufsichtsbehörde

Die Eingriffsbefugnisse der Regulierungsbehörde sind jetzt einheitlich in den §§ 14c bis 14f AEG geregelt. § 14b AEG stellt dagegen eine reine Aufgabenzuweisung dar, die zu keine Eingriffe der Regulierungsbehörde rechtfertigt,[74] sie dient vielmehr der Abgrenzung der Aufgabenbereiche von Regulierungsbehörde und Aufsichtsbehörde einerseits und Regulierungsbehörde und Kartellbehörden andererseits.[75]

---

[73] *Ruge*, DVBl. 2005, 1405, 1412.
[74] *Gerstner*, in: Hermes/Sellner, Beck'scher AEG-Kommentar (im Erscheinen), § 14b Rn. 3.
[75] *Gerstner*, in: Hermes/Sellner, Beck'scher AEG-Kommentar (im Erscheinen), § 14b Rn. 8, 21 f.

Die AEG-Novelle zu einer Vermehrung der Befugnisnormen im Rahmen des Netzzugangsrechts geführt.[76] In einer im Vergleich zum alten Recht verbesserten Systematik verleiht § 14c Abs. 1 AEG der Regulierungsbehörde die Befugnis, bei der Wahrnehmung ihrer Aufgaben (vgl. § 14b Abs. 1 AEG!) gegenüber öffentlichen Eisenbahninfrastrukturunternehmen die Maßnahmen zu treffen, die zur Beseitigung festgestellter Verstöße und zur Verhütung künftiger Verstöße gegen die Vorschriften des Eisenbahnrechts über den Zugang zur Eisenbahninfrastruktur erforderlich sind. § 14c Abs. 1 AEG ist demnach als netzzugangsrechtliche Generalklausel ausgestaltet, die hinter den spezielleren Befugnisnormen der §§ 14e, 14f AEG im Rahmen ihrer Anwendungsbereiche zurücktritt.[77] Nach § 14c Abs. 2 und 3 AEG treffen die Zugangsberechtigten, die Eisenbahninfrastrukturunternehmen und die für sie tätigen Personen umfassende Auskunfts-, Mitwirkungs- und Duldungspflichten im Rahmen der Aufgabenwahrnehmung durch die Regulierungsbehörde. Diese Pflichten sind zwar recht umfassend, trotzdem muss die Regulierungsbehörde bei ihrer Durchsetzung ein vertretbares Ermittlungskonzept haben und einen bestehenden Diskriminierungsverdacht plausibel, richtig und vollständig darlegen.[78]

In § 14d AEG sind besondere Mitteilungspflichten öffentlicher Eisenbahninfrastrukturunternehmen geregelt. Diese müssen die Regulierungsbehörde z.B. über die beabsichtigte Entscheidung bei einer Ablehnung von Zugtrassen für den Netzfahrplan (§ 14d Nr. 1 AEG), beim beabsichtigten Abschluss eines Rahmen-

---

[76] Vgl. *Gerstner*, in: Hermes/Sellner, Beck'scher AEG-Kommentar (im Erscheinen), § 14c Rn. 2.
[77] Vgl. *Gerstner*, in: Hermes/Sellner, Beck'scher AEG-Kommentar (im Erscheinen), § 14c Rn. 7.
[78] Vgl. zum neuen AEG *Ruge*, DVBl. 2005, 1405, 1410. Vgl. zum TKG: *VG Köln*, Beschl. v. 15.10.2002 – 1 L 1688/02; zum im Kartellrecht erforderlichen „Anfangsverdacht" vgl. *OLG Düsseldorf*, Beschl. v. 17.03.2004 – Kart. 18/03 (V), WuW/E DE-R 1067.

vertrages (§ 14d Nr. 4 AEG) oder der beabsichtigten Neufassung oder Änderung von Schienennetznutzungsbedingungen (§ 14d Nr. 6 AEG) zu unterrichten. An diese Mitteilungen schließt sich das Vorabprüfungsverfahren des § 14e AEG an. Hierbei kann die Regulierungsbehörde innerhalb bestimmter Fristen den beabsichtigten Entscheidungen der Eisenbahninfrastrukturunternehmen widersprechen, vgl. § 14e Abs. 1 AEG. Die in den Nr. 1 bis 4 des § 14e Abs. 1 AEG genannten Fristen sind Sperrfristen, innerhalb derer die Behörde ihr Widerspruchsrecht ausüben kann.[79] Übt sie ihr Widerspruchsrecht aus, ergibt sich die Rechtsfolge unmittelbar aus § 14e Abs. 3 AEG: Grundsätzlich muss das Eisenbahninfrastrukturunternehmen seine beabsichtigten Entscheidungen unter Beachtung der Vorgaben der Regulierungsbehörde treffen (§ 14e Abs. 3 Nr. 1 AEG). Bei der beabsichtigten Neufassung oder Änderung von Schienennetznutzungsbedingungen oder von Nutzungsbedingungen für Serviceeinrichtungen bzw. der Entgeltgrundsätze und Entgelthöhen sieht § 14e Abs. 3 Nr. 2 AEG jedoch vor, dass diese im Falle eines Widerspruchs nicht in Kraft treten. Nach § 14e Abs. 4 AEG kann die Regulierungsbehörde auf eine Mitteilung nach § 14d AEG im Voraus verzichten, womit sie allerdings auch auf ihre Widerspruchsbefugnis nach § 14e Abs. 1 AEG verzichtet.[80] Beim Vorabverfahren des § 14e AEG handelt es sich um einen klassischen Fall der Ex-ante-Regulierung.[81]

Weiterhin hat die Regulierungsbehörde nach § 14f AEG die Befugnis zur nachträglichen Prüfung. So kann sie nach § 14f Abs. 1 S. 1 AEG von Amts wegen die Schienennetznutzungsbedingungen und Nutzungsbedingungen für Service-

---

[79] *Kühling/Ernert*, NVwZ 2006, 33, 37. *Gerstner*, in: Hermes/Sellner, Beck'scher AEG-Kommentar (im Erscheinen) schließt die Möglichkeit einer Fristverlängerung aus, vgl. § 14e Rn. 8.
[80] Vgl. *Gerstner*, in: Hermes/Sellner, Beck'scher AEG-Kommentar (im Erscheinen), § 14e Rn. 15.
[81] Vgl. *Ruge*, DVBl. 2005, 1405, 1413, und *Kühling/Ernert*, NVwZ 2006, 33, 37.

einrichtungen (§ 14f Abs. 1 S. 1 Nr. 1 AEG) sowie die Regelungen über die Höhe oder Struktur der Wegeentgelte und sonstiger Entgelte (§ 14 Abs. 1 S. 1 Nr. 2 AEG) überprüfen. Als Rechtsfolge kann sie zwischen der Änderung der Bedingungen oder Entgeltregelungen (§ 14f Abs. 1 S. 2 Nr. 1 AEG) oder deren Ungültigerklärung (§ 14f Abs. 1 S. 2 Nr. 2 AEG) wählen. Darüber kann die Regulierungsbehörde in dem Fall, dass eine Vereinbarung nach § 14 Abs. 6 AEG nicht zustande kommt, die Entscheidung des Eisenbahninfrastrukturunternehmens auf Antrag oder von Amts wegen überprüfen, vgl. § 14f Abs. 2 S. 1 AEG. Sofern die Überprüfung eine Beeinträchtigung des Rechts auf Zugang zur Infrastruktur ergibt, kann die Regulierungsbehörde das Eisenbahninfrastrukturunternehmen entweder zur Änderung seiner Entscheidung (§ 14f Abs. 3 Nr. 1 AEG) verpflichten oder die Vertragsbedingungen selbst festlegen und entgegenstehende Verträge für unwirksam erklären (§ 14f Abs. 3 Nr. 2 AEG). Das Antragsrecht von Eisenbahninfrastrukturunternehmen, falls ein Vertrag nicht zustande kommt (vgl. § 14 Abs. 5 S. 1 AEG a.F.), wurde gestrichen.

9. Binnenstruktur integrierter Bahnen

Hinsichtlich der Binnenstruktur integrierter öffentlicher Eisenbahnen hat die AEG-Novelle die schon bestehenden Vorschriften zur getrennten Rechnungslegung und zum Verbot der Quersubventionierung erweitert.[82] § 9 AEG in seiner neuen Fassung stellt dabei viel strengere Anforderungen als die Vorgaben der RL 2001/14/EG.[83]

Nach § 9 Abs. 1 AEG müssen öffentliche Eisenbahnen, die entweder sowohl Eisenbahnverkehrs- als auch Eisenbahninfrastrukturunternehmen sind, oder öf-

---

[82] *Ruge*, DVBl. 2005, 1405, 1413.
[83] Vgl. *Kramer*, NVwZ 2006, 27, 29.

fentliche Eisenbahnen, die nur Eisenbahnverkehrs- oder Eisenbahninfrastrukturunternehmen sind, aber über ein Mutterunternehmen mit einem öffentlichem Eisenbahnverkehrs- bzw. Eisenbahninfrastrukturunternehmen verbunden oder als Eisenbahnverkehrs- oder Eisenbahninfrastrukturunternehmen Mutter- oder Tochtergesellschaft eines öffentlichen Eisenbahnverkehrs- bzw. Eisenbahninfrastrukturunternehmens sind, einen Jahresabschluss und einen Lagebericht nach §§ 264 ff. HGB aufzustellen, prüfen zu lassen und offen zu legen, selbst wenn sie keine Kapitalgesellschaften sind. Integrierte Eisenbahnunternehmen müssen die Buchführung der Bereiche Verkehr und Infrastruktur trennen (§ 9 Abs. 1a AEG). Sie müssen außerdem beide Bereiche organisatorisch trennen, § 9 Abs. 1c AEG. Das schon bestehende Verbot der Quersubventionierung bleibt erhalten (vgl. § 9 Abs. 1b AEG), wird aber von integrierten Unternehmen auf die verschiedenen denkbaren Möglichkeiten von „Mutter-Tochter-Kombinationen" ausgedehnt.[84]

Noch weitergehende Vorgaben enthält § 9a AEG für öffentliche BdS. Diese müssen rechtlich, organisatorisch und in ihren Entscheidungen von Eisenbahnverkehrsunternehmen unabhängig sein, soweit es Entscheidungen über die Zuweisung von Zugtrassen und über die Wegeentgelte betrifft. Diese Ziele sind durch verschiedene vorgeschriebene Maßnahmen zu erreichen, etwa die gesellschaftsrechtliche Ausgliederung auf eine oder mehrere Gesellschaften, die Weisungsunabhängigkeit von Dritten oder die Schaffung von unternehmensinternen Regelungen, die eine Einflussnahme Dritter auf die genannten Entscheidungsbereiche unterbinden.[85] Diesen Vorgaben entgegenstehende Verträge waren bis zum 01.11.2005 anzupassen, vgl. § 9a Abs. 2 AEG. Teilweise sind von den

---

[84] *Kramer*, NVwZ 2006, 27, 29.
[85] Vgl. *Ruge*, DVBl. 2005, 1405, 1414.

Vorgaben des § 9a AEG Legalausnahmen vorgesehen, die schon in der RL 2001/14/EG enthalten waren (vgl. § 9a Abs. 3 und 4 AEG).[86] Darüber hinaus besteht für kleine Eisenbahnen die Möglichkeit, von den Anforderungen der §§ 9, 9a AEG mittels Befreiung durch Verwaltungsakt der zuständigen Genehmigungsbehörde ausgenommen zu werden.[87]

10. Sofortige Vollziehbarkeit von behördlichen Anordnungen

Nach § 37 AEG sind haben Widerspruch und Anfechtungsklage gegen Maßnahmen der Regulierungsbehörde gemäß den Vorschriften der §§ 14c bis 14f AEG keine aufschiebende Wirkung, d.h. sie sind per Gesetz auch nach eingelegten Rechtsbehelfen in der Hauptsache sofort vollziehbar. Dies soll mit Blick auf andere Netzwirtschaften wichtig für die Schaffung von Wettbewerb sein, weil nicht berücksichtigte Zugangspetenten so nicht vor vollendete Tatsachen gestellt werden könnten.[88] Aus den Gesetzesmaterialien ist zu entnehmen, dass die Vorschrift des § 37 AEG dazu dienen soll, möglichst schnell Rechtssicherheit herzustellen.[89]

Der BdS bzw. das Eisenbahninfrastrukturunternehmen muss Rechtsschutz nun im Rahmen des verwaltungsgerichtlichen Eilverfahrens mit einem Antrag auf Anordnung der aufschiebenden Wirkung von Hauptsacherechtsbehelfen gemäß § 80 Abs. 5 S. 1, 1. Alt. VwGO suchen.[90] Eine Einschränkung von Rechts-

---

[86] Vgl. dazu *Gerstner*, in: Hermes/Sellner, Beck'scher AEG-Kommentar (im Erscheinen), § 9a Rn. 9 ff.
[87] Ausführlich dazu *Gerstner*, in: Hermes/Sellner, Beck'scher AEG-Kommentar (im Erscheinen), § 9 Rn. 57 ff. und § 9a Rn. 23 ff.
[88] Vgl. *Kühling/Ernert*, NVwZ 2006, 33, 36.
[89] Vgl. BT-Drs. 15/4419, S. 18 f.; zweifelnd, ob dieser Zweck auch erreicht wurde: *Gerstner*, in Hermes/Sellner, Beck'scher AEG-Kommentar (im Erscheinen), § 37 Rn. 1.
[90] Vorher bestand der vorläufige Rechtsschutz bei behördlich angeordnetem Sofortvollzug im Antrag auf Wiederherstellung der aufschiebenden Wirkung nach § 80 Abs. 5 S. 1, 2. Alt.

schutzmöglichkeiten durch eine Absenkung des gerichtlichen Prüfungsumfangs ist mit § 37 AEG jedoch nicht verbunden, insbesondere darf nicht auf die summarische Prüfung der Erfolgsaussichten in der Hauptsache verzichtet werden.[91] Die Notwendigkeit der summarischen Prüfung ergibt sich insbesondere daraus, dass durch die gesetzliche Anordnung des Sofortvollzuges in der Regel vollendete und unumkehrbare Tatsachen geschaffen werden. Denn aufgrund der durchschnittlichen Dauer von verwaltungsgerichtlichen Hauptsacheverfahren werden sich Entscheidungen der Regulierungsbehörde grundsätzlich durch Zeitablauf erledigt haben, bevor ein Urteil ergeht. Außerdem haben die Maßnahmen der Regulierungsbehörde nach den §§ 14e, 14f AEG für die Eisenbahninfrastrukturunternehmen häufig schwerwiegende wirtschaftliche Auswirkungen, die in ihre Grundrechte aus den Art. 12, 14 GG (vgl. auch Art. 87e Abs. 3 GG für die Eisenbahnen des Bundes) nicht unerheblich eingreifen.

Wenn man nun bedenkt, dass ein Hauptsacherechtsschutz in der Regel zu spät kommen wird und der sofortige Vollzug der Maßnahme schwerwiegende Auswirkungen haben kann, gebietet es das in Art. 19 Abs. 4 GG verankerte Gebot des effektiven Rechtsschutzes[92], dass der summarischen Prüfungen der Hauptsacheerfolgsaussichten im Eilverfahren besonders hohes Gewicht zukommen muss.[93] Danach muss das Gericht insbesondere eine umfassende Rechtsprüfung

---

VwGO, so dass sich an der Rechtsschutzform nicht viel geändert hat. In diesem Sinne auch *Gerstner*, in: Hermes/Sellner, Beck'scher AEG-Kommentar (im Erscheinen), § 37 Rn. 1.
[91] Vgl. *Ruge*, DVBl. 2005, 1405, 1414. So auch *OVG Münster*, Beschl. v. 25.08.2000 – 20 B 959/00.
[92] Vgl. dazu *BVerfG*, Beschl. v. 25.10.1988 – 2 BvR 745/88, BVerfGE 79, 69, 74; *BVerfG*, Beschl. v. 12.09.1995 – 2 BvR 1179/95, NVwZ 1996, 58, 59; *Huber*, in: v.Mangoldt/Klein/Starck, GG, Bd. I, Art. 19 Abs. 4 Rn. 483.
[93] Vgl. *BVerfG*, Beschl. v. 14.05.1985 – 1 BvR 233/01, 1 BvR 341/81, BVerfGE 69, 315, 363; *OVG Münster*, Beschl. v. 25.08.2000 – 20 B 959/00; *Gerstner*, in: Hermes/Sellner, Beck'scher AEG-Kommentar (im Erscheinen), § 37 Rn. 14.

vornehmen.⁹⁴ Zu Lockerungen des Prüfungsumfangs kann es wegen der kurzen gerichtlichen Entscheidungsfrist allenthalben in der Form kommen, dass das Gericht nicht zu einer umfangreichen Sachaufklärung verpflichtet ist. Dabei kann es sich auf den von den Parteien vorgetragenen Sachverhalt beschränken und zur Grundlage seiner rechtlichen Würdigung machen.⁹⁵ Diese muss jedoch vollständig und abschließend sein.⁹⁶ Dies gilt selbst dann, wenn zu den maßgeblichen Rechtsfragen weder Rechtsprechung noch Literatur verfügbar ist.⁹⁷

Unabhängig davon, ob § 37 AEG die Regulierungsbehörde lediglich von der Begründungspflicht des § 80 Abs. 3 VwGO entbinden sollte,⁹⁸ oder ob die Norm in ihrer Bedeutung der sofortigen Durchsetzung für die Schaffung von Wettbewerb im Rahmen der Interessenabwägung zu berücksichtigen ist,⁹⁹ hat die Rechtsprechung in den ersten Entscheidungen nach Inkrafttreten des § 37 AEG keine besonderen Anforderungen an die Darlegung eines Suspensivinteresses gestellt.¹⁰⁰

III. Die Neuerungen in der Eisenbahnaufsicht

Im Rahmen der Eisenbahnaufsicht stehen zwei wesentliche Neuerungen bevor. Zum einen wird nach § 4 BEVVG ab dem 01.01.2006 die Bundesnetzagentur die eisenbahnrechtlichen Regulierungsbefugnisse wahrnehmen. In dieser Behör-

---

[94] Vgl. *OVG Münster*, Beschl. v. 25.08.2000 – 10 B 959/00, und *Funke-Kaiser*, in: Bader u.a., VwGO, § 80 Rn. 91 m.w.N.
[95] Vgl. *OVG Münster*, Beschl. v. 17.03.1994 – 15 B 3022/93, NVwZ-RR 1994, 617.
[96] Vgl. *OVG Münster*, Beschl. v. 25.08.2000 – 20 B 959/00, und *Schoch*, in: ders./Schmidt-Aßmann/Pietzner, VwGO, § 80 Rn. 276.
[97] Vgl. zu einem solchen Fall *OVG Münster*, Beschl. v. 25.08.2000 – 20 B 959/00.
[98] So *Ruge*, DVBl. 2005, 1405, 1414.
[99] So *Kühling/Ernert*, NvwZ 2006, 33, 36.
[100] Vgl. *VG Köln*, Beschl. v. 20.06.2005 – 11 L 882/05, 902/05, 903/05, 914/05, WuW/E DE-R 1508 ff. = IR 2005, 212, mit Anm. *Ruge*, N&R 2005, 170 ff.

de geht darüber hinaus auch die Regulierungsbehörde für Post und Telekommunikation und für Strom und Gas auf. Bis dahin erfolgt die Aufsicht über den Zugang zur Eisenbahninfrastruktur durch das Netzzugangsreferat des EBA, § 38 Abs. 7 Nr. 1 AEG.

Zum anderen werden künftig für die Überwachung der Tätigkeit der Regulierungsbehörde mit Ausnahme ihrer Entscheidungen nach § 14f Abs. 2 AEG Gebühren erhoben. Die BEGebV sieht nach ihrer Neufassung Gebühren nach Zeitaufwand vor, auch dann, wenn der „Verdacht oder die Beschwerde vom Betroffenen verantwortlich veranlasst wurde". In den der BEGebV zugrunde liegenden Regelungen des VwKostG, insbesondere den §§ 2, 4 VwKostG, ist aber keine Zeitgebühr als Gebührenart enthalten. Auch in der Verordnungsermächtigung des § 26 Abs. 1 Nr. 8 AEG fehlt es daran. Insofern bestehen erhebliche Zweifel an der Rechtmäßigkeit der Zeitgebühren in der BEGebV.[101] Problematisch wird in der Praxis auch die Gebührenerhebung für behördliche Untersuchungstätigkeit bei verantwortlicher Veranlassung unabhängig vom Untersuchungsergebnis sein,[102] da hinsichtlich der Auslegung des Begriffs Streitigkeiten vorprogrammiert sind. Eine Auslegung könnte sich am ordnungsrechtlichen Begriff des Anscheinsstörers orientieren.[103] Danach könnte auch das Eisenbahnverkehrsunternehmen, das zu Unrecht eine Beschwerde geführt oder dessen Antrag abgelehnt worden ist, als Veranlasser anzusehen sein.[104]

---

[101] Vgl. *Ruge*, DVBl. 2005, 1405, 1415, mit Verweis auf *OVG Lüneburg*, Urt. v. 25.120.2001 – 12 LB 1872/01, ZLW (51) 2002, 455 ff.
[102] *Ruge*, DVBl. 2005, 1405, 1415.
[103] Vgl. zum Rechtsinstitut des Anscheinsstörers aus der jüngeren Literatur *Schmitt/Leitzke*, ZUR 2006, 76 ff.
[104] Im Ergebnis so auch *Ruge*, DVBl. 2005, 1405, 1415.

IV. Ergebnis

Die neue Rechtslage hat zu einer höheren Regelungs- und Kontrolldichte im Recht des Netzzugangs zur Eisenbahninfrastruktur geführt. Insbesondere wurden die behördlichen Eingriffsbefugnisse der Regulierungsbehörde in den §§ 14c bis 14f AEG verschärft. Wie diese von EBA und ab dem 01.01.2006 von der Bundesnetzagentur gegenüber den Infrastrukturbetreibern im DB Konzern ausgeübt werden, bleibt abzuwarten. Nachteilig ist für diese jedoch der Wegfall des Antragsrechts der Eisenbahninfrastrukturunternehmen, falls keine Nutzungsvereinbarung zustande kommt. Denn dadurch tritt eine Verkürzung der Rechtsschutzmöglichkeiten ein. Die Vorschrift des § 37 AEG wird zu einer Zunahme gerichtlicher Auseinandersetzungen konzerninterner Eisenbahninfrastrukturunternehmen führen. Dies ist auch die Konsequenz davon, dass die Vorschrift der Regulierungsbehörde keine Differenzierung dahingehend erlaubt, ob der Sofortvollzug ihrer Entscheidungen im Einzelfall tatsächlich notwendig ist oder nicht.

Die Vorgaben an die Binnenstruktur integrierter Bahnunternehmen hat die Deutsche Bahn AG schon kurz nach Inkrafttreten des neuen AEG umgesetzt. Ob die §§ 9, 9a AEG mit den weiteren Neuerungen im Recht des diskriminierungsfreien Infrastrukturzugang wie teilweise erwartet zu einer Stärkung des Wettbewerbs führen, bleibt abzuwarten. Gleiches gilt für die unternehmerische Position, welche die Deutsche Bahn AG künftig unter den veränderten rechtlichen Rahmenbedingungen einnehmen wird.

RA Dr. Jan Werner, Berlin

AEG Novelle: Chancen für die Eisenbahnen? – Bewertung aus Sicht der Wettbewerber

I. Einleitung

Die hier vorzutragende „Bewertung aus Sicht der Wettbewerber" beruht auf einer Analyse der Marktbedingungen aus der Außenperspektive. Kunden unseres Beratungsunternehmens sind vornehmlich die Aufgabenträger des SPNV. Wir sind damit keine Wettbewerber der DB AG und beraten diese auch nicht. Unsererseits bestehen vielfältige Kontakte in der ja doch überschaubaren Branche, die ich im Vorfeld dieses Vortrags genutzt habe. Entstanden ist ein klares, ggf. auch überzeichnetes Bild hinsichtlich der Bewertung der Gesetzesnovellierung aus der Sicht der Wettbewerber.

Damit Sie diese Sichtweise nachvollziehen können, möchte ich Sie bitten, sich in die Situation eines Wettbewerbers der DB AG zu versetzen. Stellen Sie sich vor, sie betreiben Personen- oder Güterverkehr. Überlegen Sie, ob Marktorganisation und Rechtsrahmen Ihnen ausreichende Sicherheit bieten, um vor sich selbst oder gegenüber Ihren Aktionären oder Gesellschaftern zu rechtfertigen, in diesen Markt zu investieren.

Im ersten Abschnitt des Vortrags bekommen Sie Gelegenheit kritisch nachzuvollziehen, ob ich die Interessen der Wettbewerber richtig und umfassend beschreibe.

Im zweiten Abschnitt meines Vortrags wird dargelegt, welche Probleme nach Ansicht der „Wettbewerber" im status quo ante herrschten.

Die derzeit erkennbaren Vorzüge und Defizite des novellierten Eisenbahnrechts möchte ich Ihnen in Abschnitt 3 dieses Vortrages vorstellen.

Abschließend ziehe ich ein summarisches Fazit hinsichtlich der Bewertung der Novellierung von AEG und EIBV aus Sicht der Wettbewerber.

II. Interessen der Wettbewerber

Welcher Wettbewerb ist gemeint?

Verkehrspolitisch steht häufig der intermodale Wettbewerb zwischen Schiene und Straße (resp. Luft bzw. Wasser) im Vordergrund der Diskussion. Gegenstand meines Vortrags ist aber der intramodale Wettbewerb, die Konkurrenz zwischen verschiedenen Anbietern von Verkehrsleistungen auf der Schiene!

Wie ist die Wettbewerbssituation?

Die Interessen der Wettbewerber ergeben sich aus ihrer Wettbewerbssituation, d.h. aus ihrer Marktstellung und ihren derzeitigen Marktchancen im Schienenverkehrsmarkt.

Der Schienenverkehrsmarkt ist horizontal und vertikal segmentiert. Horizontal nebeneinander stehen die Märkte für Personen- und Güterbeförderung. Insbesondere wegen der unterschiedlichen Rolle des Staates (Stichwort Gewährleistungsverantwortung) wird im Personenverkehr zudem nach Nah- und Fernverkehr unterschieden. Den Hauptleistungen vor- und nachgelagert sind verschiedene Wertschöpfungsstufen. Die wichtigste davon, ist die der Bereitstellung von Infrastruktur (Stationen, Trassen, Abstellgleise, Verladeeinrichtungen und weitere Serviceeinrichtungen). Hinzu kommen weitere Neben- und Hilfsleistungen (z.B. Werkstatt, Energieversorgung, Vertrieb, Kommunikation).

Im Güterverkehr ist die DB traditionell das marktdominanteste Unternehmen mit einem Anteil von um 90 %. Ähnlich groß ist der Anteil mit derzeit 88 % im Schienenpersonennahverkehr. Im Schienenpersonenfernverkehr kann nicht davon gesprochen werden, dass es wirksame Konkurrenz gibt. Die Marktanteile von Wettbewerbern sind hier am Rande der Nachweisschwelle. Gleiches gilt für die Infrastrukturbewirtschaftung. Zwar gibt es auch Netze oder Netzteile in Eigentum von Konkurrenten der DB AG, aber praktisch das gesamte Hauptnetz und auch die wichtigsten Nebennetze werden von der DB AG selbst bewirtschaftet (Infrastrukturvermarktung). Als Eigentümerin entscheidet letztlich die DB AG über Investition oder Nichtinvestition in diese Netze.

Ein weiterer Aspekt der Wettbewerbssituation betrifft die Fahrzeugverfügbarkeit. Hier sind in weiten Marktbereichen kostengünstigere gebrauchte Waggons und Lokomotiven für Dritte nicht verfügbar. Nur langsam entwickelt sich in bestimmten Teilmärkten, wie z.b. Dieseltriebwagen für den Regionalverkehr auf Nebenstrecken, ein Markt. Einige Aufgabenträger haben diesen Prozess durch die wettbewerbsneutrale Förderung von Fahrzeugverfügbarkeit gefördert.

Sehr unterschiedlich ist die Situation im Bereich Vertrieb und Kommunikation. Im Fernverkehr besteht ein Informations- und Vertriebsmonopol der DB AG welches für Dritte den Marktzugang erheblich erschwert. Eine wettbewerbsneutral organisierte Kommunikations- und Buchungsplattform aller Anbieter ist in Deutschland derzeit kaum vorstellbar. Ganz anders im Nahverkehr. Hier bieten die Verkehrsverbünde häufig eine Benutzeroberfläche für Kommunikation und Vertrieb, die auch von miteinander konkurrierenden Eisenbahnverkehrsunternehmen gemeinsam genutzt werden kann.

In der Summe über alle Teilmärkte ergibt sich folgende Konsequenz: Die DB AG dominiert alle Marktsegmente horizontal wie vertikal. Es besteht daher das Potenzial für Marktmachtmissbrauch innerhalb der Marktsegmente und für Marktmachttransfer von einem Teilmarkt in den anderen (Koppelgeschäft z.B. zwischen Investitionen des Infrastrukturbetreibers und Verkehrsvertrag).

Die Tendenzen in den Teilmärkten sind unterschiedlich. Im Güterverkehr werden sowohl Kooperation als auch Konkurrenz im Verhältnis zu den unterschiedlichen Wettbewerbern gelebt. Im Schienenpersonenfernverkehr ist kein Konkurrent in Sicht. Im Schienenpersonennahverkehr gibt es Marktanteilsverluste des Marktführers bei Ausschreibungen. Allerdings wurde bislang nur ein geringer Teil der Leistungen für Dritte geöffnet und handelt es sich dabei überwiegend um eher relativ kostenintensive und erlösarme Linien bzw. Teilnetze.

Wer sind die Wettbewerber?
Die Wettbewerber sind nicht einheitlich zu beurteilen. Als erstes zu nennen sind in öffentlichem Eigentum stehende NE-Bahnen. Diese existierten im Regelfall bereits vor der Bahnreform. Sie waren und sind mehr oder minder erfolgreich und haben im Regelfall nach der Bahnreform ihre Aktivitäten ausgeweitet. Beispiele sind die Hessische Landesbahn, die Eisenbahnen und Verkehrsbetriebe Elbe-Weser GmbH, die Häfen und Güterverkehr Köln AG oder auch aus dem Bereich der Straßen- und U-Bahnen kommende kommunale Unternehmen wie Abellio (allerdings mit Einbindung privaten Risikokapitals), die Hamburger Hochbahn oder die Verkehrsbetriebe Karlsruhe. Neben diesen kommunalen und Landes-Eisenbahnen gibt es einige mittelständische Privatbahnen. Diese haben ihr Engagement seit 1994 häufig ausgeweitet. Zu nennen sind z.B. Georg Verkehrsorganisation oder die mittlerweile insolvente Karsdorfer Eisenbahngesellschaft. Diese verfügen meistens über keine bedeutende eigene Infrastruktur, entwickeln überregionale Aktivitäten mit regionalen Schwerpunkten - gemessen am Marktanteil der DB allerdings nur in sehr kleinen Segmenten. Ein größerer Beispielsfall dieser mittelständischen Privatbahnen ist die Prignitzer Eisenbahn. Sie hat, wenn man so will, inzwischen die Seite gewechselt und zählt jetzt – nachdem sie von der britischen Arriva aufgekauft wurde – zur dritten Gruppe der Wettbewerber, den internationalen Verkehrskonzernen. Neben Arriva sind in Deutschland weitere internationale Verkehrskonzerne vertreten, wie z.B. Con-

nex Verkehr, Rhenus Keolis und – wenn auch bislang eher im regionalen Umfeld – die schweizerische Bundesbahn. Als vierten Bereich gibt es die Industriebahnen. Diese Industriebahnen haben ihre Wurzeln als Werksbahnen auf Werksgelände und im Verkehr zwischen Unternehmensstandorten und haben auch einen Aufschwung erfahren, seitdem sie aufgrund der Bahnreform das Netz der DB AG im großen Umfang nutzen können. Beispiele sind Rail4Chem, RAG Bahn und Hafen (inzwischen durch DB AG übernommen) und InfraLeuna.

Aus der Strukturierung der Wettbewerber ist zu erkennen, dass diese nur ein geringen bis mäßigen Grad an Gemeinsamkeiten aufweisen. Der Blick der Wettbewerber auf den Markt ist daher heterogen, wie auch sie selbst – je nachdem ob es mittelständische Privatbahnen oder internationale Verkehrskonzerne, Personen- oder Güterverkehrsunternehmen sind – natürlich einen unterschiedlichen Blick auf den Markt mit unterschiedlichen Fähigkeiten für den Markt mitbringen.

Was sind nun die Interessen der Wettbewerber?
Die Wettbewerber wollen einfach gesagt ein gutes Geschäft machen. Die Ausgangsbedingungen für ein gutes Geschäft sind vor allem Dingen,
- dass die Risiken kalkulierbar sind,
- dass die Marktpraxis fair ist,
- dass es Wachstumschancen gibt und
- dass es, insbesondere mit Blick auf die notwendigen Vorleistungen, die von der Konkurrenz bezogen werden, Rechte gibt, die man auch effektiv und zeitnah durchsetzen kann.

Angefangen bei der Kalkulierbarkeit der Risiken: Die relevanten Risiken betreffen die Konditionen der Verfügbarkeit notwendiger Vorprodukte. Eisenbahnverkehrsleistungen kann letztendlich nur anbieten, wer die dafür nötige Infrastruktur nutzen kann. Dieses ist eindeutig mit Blick auf Trasse und Stationen. Dazu gehören aber auch ggf. weitere Essential Facilities, wie z.b. Bahnstrom, Spezialfahrzeuge und ähnliches. Hinsichtlich all dieser Vorprodukte müssen die Wettbewerber über die kalkulationsrelevanten Parameter Bescheid wissen, d.h. sie müssen einkalkulieren können, welche Perspektiven die Netzentwicklung hat, welche Nutzungsbedingen sie erwarten z.b. mit Blick auf Achslasten, Geschwindigkeitsprofil etc.. Ebenfalls kalkulierbar sein muss der Preis notwendiger Vorprodukte im relevanten Angebotszeitraum. Nicht betrachtungsrelevant aus Sicht der Wettbewerber ist die Beherrschbarkeit von marktgängigen Vorleistungen (insb. Personal, Standardfahrzeuge und Energie). Hier können sich die Wettbewerber untereinander und gegenüber der Deutschen Bahn AG profilieren und bedarf es keiner geregelten (Mit-) Nutzungsansprüche.

Die Anforderung an die Kalkulierbarkeit der Risiken ergeben sich spiegelbildlich aus dem Geschäftsbeziehungen auf den verschiedenen Teilmärkten.

- Im Schienenpersonennahverkehr werden regelmäßig langfristige Verkehrsverträge ausgeschrieben. Das hat zwei Folgen: In dem kurzen Zeitfenster der Angebotsabgabe (wenigen Wochen/Monate) müssen die Nutzungskonditionen und die damit verbundenen Risiken kalkuliert und abgeschätzt werden. Zudem müssen sie auf eine relativ lange Frist hin kalkulierbar sein, d.h. es muss für einen Zeitraum von 6-15 Jahren sicher sein, dass und zu welchen Konditionen eine Infrastruktur genutzt werden kann.
- Im Güterverkehr gibt es unterschiedliche Fristen für Kundenbeziehungen. Es gibt kurzfristig nachgefragte Spotverkehre genauso wie es mittel- oder langfristige Abnahme- bzw. Lieferaufträge gibt. Relevant sind daher die Verfügbarkeit und der Preis der Trassen im jeweils nachgefragten Zeitraum. Mittelfristiges Problem ist insbesondere die Kapazität der Infrastruktur die kalku-

lierbar sein muss, um einem Kunden verlässliche Angebote unterbreiten zu können.

- Im Personenfernverkehr ist unklar, ob gegen die Dominanz des derzeitigen Alleinanbieters überhaupt ein Markt durch Dritte unter den jetzigen Bedingungen entwickelt werden kann. Wenn, dann wäre dieses nur mit einem „langen Atem" machbar. Insbesondere Verfügbarkeit und Preis der Trassen – auch im Falle der Nutzungskonkurrenz - müssten für einen solchen Zeitraum des „langen Atems" kalkulierbar sein. Ein weiteres Sonderproblem liegt dabei in der relativ langen Rüstzeit zwischen den Vorbereitungshandlungen (z.B. dem Erwerb von geeigneten Fernverkehrsfahrzeugen) und dem Markteintritt. In dieser Zeit können vom Marktsassen „vollendete" Tatsachen bei der Nachfrage nach Infrastruktur oder bei der Ausgestaltung der Infrastruktur geschaffen werden.

Der nächste Aspekt betrifft die Fairness: Die Wettbewerber werden bevorzugt dann im Markt aktiv, wenn sie halbwegs sicher davon ausgehen können, dass sie fair behandelt werden.

Diese Forderung nach Fairness klingt zunächst altertümlich und weltfremd, denn zwischen Konkurrenten wird nicht immer zimperlich miteinander umgegangen. Die volkswirtschaftliche Rechtfertigung einer speziellen „Fairnesserwartung" ist aber besondere Folge des Angewiesenseins auf Geschäftsbeziehungen zu Monopolisten. Jedes Eisenbahnunternehmen ist gezwungenermaßen auf Geschäftsbeziehungen mit dem Infrastrukturbetreiber angewiesen. Jeder SPNV-Betreiber muss Geschäftsbeziehungen zu Aufgabenträgern aufnehmen (das Gedankenspiel des eigenwirtschaftlichen SPNV ausgenommen). Nur wenn diese „Zwangspartner" unparteiisch agieren, lohnt sich ein Investment in den Markt. Fair behandelt werden bedeutet daher: Es gibt keine Bevorzugung von Konkurrenten, die nicht sachlich gerechtfertigt ist. Dies betrifft insbesondere Finanzmittel, Verkehrsverträge und Infrastrukturkapazitäten. Es bedarf daher entsprechender Spielregeln zur Vergabe von Finanzmitteln, Verkehrsverträgen und Infrastrukturkapazitäten. Diese Spielregeln müssen fair sein und die Interessen der Konkurrenten soweit berücksichtigen, dass ein lauterer und wirksamer Wettbewerb bewirkt wird.

Besondere Bedingung der Fairness ist die Wahrung von Geschäftsgeheimnissen im Binnenverhältnis zwischen dem „Zwangspartner" (Infrastrukturbetreiber) und der Konkurrenz. Es darf keine Wettbewerbsvorteile durch das Zusammenwirken von „Spieler" und „Unparteiischem" geben.

Zudem muss es einen diskriminierungsfreien Zugang nicht nur zu den offensichtlichen notwendigen Infrastrukturen wie Trassen und Stationen geben, sondern auch zu sonstigen Essential Facilities, d.h. zu Einrichtungen auf die notwendigerweise jeder Wettbewerber zurückgreifen können muss, die er nicht wirtschaftlich selber errichten kann.

Ein weiterer Aspekt sind Wachstumschancen. Hier ist es für Wettbewerber notwendig, dass auch für zusätzliche Verkehre Trassen verfügbar sind und dass - wenn mehr Verkehr generiert wird - auch die Infrastrukturpreise entsprechend dem Mix aus fixen und variablen Kosten spezifisch sinken.

Abschließend, aber als durchaus wichtiger Teilaspekt der Interessen der Wettbewerber: Sie müssen ihre Rechte, so sie diese haben, auch durchsetzen können. Dieses betrifft einerseits den Anspruchsumfang. Ganz besonders wichtig ist aber die Durchsetzung in angemessener Frist. Die Kunden des Wettbewerbers interessiert nur mäßig, warum dieser seine Leistungen nicht erbringen kann und ob ggf. die Schuld beim Lieferanten der Vorleistung liegt. Sie werden schlicht zu dem Anbieter wechseln (müssen), der, egal ob im Recht oder nicht, die Leistungen erbringen kann – auf Schiene oder Straße.

III. Probleme mit dem alten Recht

Aus Sicht der Wettbewerber stellte sich die Situation vor Novellierung des AEG wie folgt dar:

Es gab einen gesetzlich geregelten Zugang zur Infrastruktur und zu Essential Facilities. Der gesetzliche Anspruch wurde aber praktisch unterlaufen. Faktisch wurden Großvaterrechte für die Deutsche Bahn AG praktiziert. Insbesondere durch eine DB interne Vorabstimmung der Trassen liefen die nachfolgenden Trassenanmeldungen von nicht bundeseigenen Eisenbahnen permanent in Trassenkonflikte hinein und wurden dort nachrangig behandelt.

So kam es zu Entscheidungen zugunsten von DB Konzerschwestern, die kaum überprüfbar waren. Dieses betraf z.b. die Qualität und den Preis verfügbarer Trassen, die Kapazitäten an Engpassstellen wie z.b. am Hamburger Hauptbahnhof etc. Damit ist nicht gesagt dass die entsprechenden Entscheidungen seitens des DB Konzerns falsch getroffen wurden. Sie waren nur aufgrund der Datenhoheit der DB AG für die Wettbewerber nicht prüfbar.

Ebenfalls ein Problem aus Sicht der Wettbewerber war, dass die Kapazitäten der Infrastruktur lang- und mittelfristig nicht kalkulierbar waren. Es war nicht gesichert, dass Infrastruktur verfügbar war und auch nicht, zu welchen Konditionen sie genutzt werden konnte. Informationen zum künftigen Ausbau oder Rückbau der Infrastruktur waren für die Verkehrsunternehmen in der für konkrete Planungen erforderlichen Detaillierung nicht verfügbar und unterlagen dem Selektionsermessen der DB AG. Zeitpläne seitens der DB AG verkündeter Maßnahmen waren nicht verlässlich. Selbst über die aktuellen Zustände der Infrastruktur bestand wenig Klarheit, die Unternehmen erhielten praktisch nur die für die konkret bestellten Zugfahrten die dafür erforderlichen Mindestinformationen. Für Planungen neuer Verkehre waren konkrete Trassenkonstruktionsanfragen beim Netzbetreiber erforderlich, was stets die Offenlegung wesentlicher Parameter der Transportplanung gegenüber der DB AG erforderte. Die Planungsunterlagen der DB Netz, wie verfügbare Trassenkapazitäten oder die Verzeichnisse über die zulässigen Geschwindigkeiten auf den einzelnen Netzabschnitten, das Fahrplankonstruktionsprogramm etc. waren konzernfremden Verkehrsunternehmen nicht zugänglich.

Keine spezialgesetzlich geregelten Vorgaben existierten für die Nutzung von Essential Facilities außerhalb des Bereichs von Trassen und Stationen. Dieses betraf insbesondere Spezialfahrzeuge (z.B. für die Gleichstrom-S-Bahnen).

Hinsichtlich der Entgelte der Infrastruktur hat sich als nachteilig herausgestellt, dass die Eisenbahninfrastrukturunternehmen in der Festlegung der Entgelte praktisch frei waren. Dieses führte zu sehr sprunghaften Änderungen der Eisenbahninfrastrukturpreise, obwohl für die Wettbewerber nicht ersichtlich war, dass sich irgendetwas an der Qualität oder den Kosten der Leistung sprunghaft geändert hatte was eine entsprechende Änderung der Preise hätte rechtfertigen könnte.

Hinzu kam, dass nicht nachvollziehbar war, ob nicht doch Trassenentgelte nach DB konzerninternen Interessen ausgestaltet wurden. Schwer nachvollziehbar war z.B. warum ein zweiachsiger Triebwagen auf ostdeutscher eingleisiger Nebenstrecke bei einer Streckengeschwindigkeit von 50 km/h ein höheres Trassenentgelt zahlen muss als z.B. ein ICE auf der mit 250 km/h befahrbaren Neubaustrecke zwischen Hannover und Würzburg. Ein weiteres Problem mit dem alten Recht waren sonstige Synergieeffekte bzw. sonstige Diskriminierungspotenziale bei der DB AG. Es bestand immer die Gefahr, dass es eine Verknüpfung gab zwischen SPNV-Verträgen und Entscheidungen zum Infrastrukturausbau oder zum Fernverkehrsangebot. Im Ergebnis mussten Wettbewerber damit rechnen, dass sie sich nicht zu gleichen Bedingungen um SPNV-Verträge bewerben konnten, sondern dass die DB AG Aspekte des Infrastrukturausbaus und des Fernverkehrsangebots mit in die Waagschale des Abschlusses eines SPNV-Vertrages legen konnte. Ebenso gab es Risiken und Gefahren im Bereich von Streckenstilllegungen. Hier drohten Kündigungen von Gleisanschlussverträgen bei Übernahme des Verkehrs durch nicht bundeseigene Eisenbahnen. Und letztendlich stellt es sich immer aus der Außensicht der Wettbewerber als eine Gefahr dar, dass die DB AG als „Spinne im Netz" agiert, Informationsvorsprünge generiert und letztendlich die Trennung zwischen der Netz AG und den Transportsparten eher einer „Spanischen Wand" als einer „Chinesischen Mauer" gleicht.

Ihre Rechte konnten die Wettbewerber zudem nur schwer durchsetzen. Das betraf vor allem die Zeitachse. Hier stellte es sich als sehr mühselig heraus, im Rahmen einstweiligen Rechtschutzes die eigenen Rechte zu sichern. Auch wenn Wettbewerber „Recht" bekamen, konnten sie dieses nicht mehr in klingende Münze für sich selbst umsetzen, weil aufgrund des langwierigen Instanzenweges die Entscheidungen Jahre später ergingen. Hinzu kam, dass die Anspruchsgrundlagen unklar waren und die Beweisbarkeit häufig schwer fallen musste, weil die entscheidenden Daten ausschließlich beim Netzbetreiber d.h. beim Rechtsgegner lagen.

Als letzter Aspekt kam hinzu, dass offenes Visier, also eine offen ausgetragene Rechtsstreitigkeit, häufig zu Auseinandersetzungen an ganz anderen Stellen führen konnte. Hier ist wieder die „Zwangspartnerschaft" ein Auslöser dafür, dass die Furcht bestand, dass „erfolgreiche Rechtsstreitigkeiten" Reaktionen an anderer Stelle provozieren könnten. Im Ergebnis wurde die Gefahr gesehen, leicht als Querulant abgetan zu werden und sich seinen guten Ruf zu verderben, wenn man den Rechtsweg beschritt.

IV. Pro und contra des neuen Eisenbahnrechts

Werden nun die Probleme der Wettbewerber mit den Änderungen im Eisenbahnrecht, insbesondere dem geänderten Allgemeinen Eisenbahngesetz und der neu gefassten Eisenbahninfrastruktur-Benutzungsverordnung gelöst?

Wenden wir uns zunächst den – aus Sicht der Wettbewerber – positiven Regelungen zu. Bei Betrachtung der Gesetzesänderungen fällt gleich eine neue Zielbestimmung in § 1 Abs. 1 AEG ins Auge, der zufolge das Gesetz „der Gewährleistung ... eines attraktiven Verkehrsangebotes auf der Schiene sowie der Sicherstellung eines wirksamen und unverfälschten Wettbewerbs auf der Schiene" dient.

Diese Ziele sind Auslegungsmaßstab für die Auslegung des Gesetzes und können sehr praktische Relevanz beispielsweise bei der Beurteilung von gelebten Großvaterrechten im Trassenzuweisungsverfahren oder bei der Ausgestaltung der Vergaben im SPNV entfalten. Von den Wettbewerbern wird wohl uneingeschränkt begrüßt, dass das Gesetz anerkennt, dass angesichts der ungleichen Ausgangsbedingungen ein „wirksamer Wettbewerb" seitens der staatlichen Institutionen aktiv sichergestellt werden muss.

Begrüßt wird die Schaffung einer Regulierungsbehörde mit Eingriffs- und Kontrollbefugnissen. Diese kann zum einen von Amts wegen tätig werden, zum anderen hat sie auf Antrag der Zugangsberechtigten bei diskriminierendem Verhalten bzw. in Streitfällen Entscheidungen zu treffen. Dem bisherigen Problem der Erledigung von Streitigkeiten durch langwierige Gerichtsverfahren wird durch die sofortige Vollziehbarkeit von Entscheidungen der Regulierungsbehörde begegnet. Es bleibt jedoch abzuwarten, inwieweit die Gerichte den Sofortvollzug im Einzelfall wieder aufheben.

Ebenfalls abzuwarten bleibt, wie sich die detaillierteren Vorgaben der EIBV zur Reihenfolge der Trassenvergabe auswirken. Hier wird es sicherlich auch bei den

AEG Novelle: Chancen für die Eisenbahnen?

Wettbewerbern Gewinner und Verlierer geben. Zum Teil wird befürchtet, dass internationale Güterverkehre Integrale Taktfahrpläne des Personenverkehrs zerschießen.

Begrüßenswert ist aus Sicht der Wettbewerber sicherlich, dass erstmals Regelungen zur Trassenpreishöhe in AEG und EIBV ausgestaltet wurden. Bedauerlicherweise sind diese ausgesprochen verwirrend und nach meiner Auffassung in sich widersprüchlich und bedürfen der richtlinienkonformen Interpretation.

So schreibt § 14 Abs. 4 AEG vor: „Betreiber von Schienenwegen haben ihre Entgelte so zu bemessen, dass die ihnen insgesamt für die Erbringung der Pflichtleistungen entstehenden Kosten zuzüglich einer Rendite ausgeglichen werden. Hierbei können sie Aufschläge auf die Kosten, die unmittelbar auf Grund des Zugbetriebes anfallen, erheben ... Die Höhe der Entgelte darf jedoch im Falle des Satzes 2 bezogen auf ein Marktsegment nicht die Kosten, die jeweils unmittelbar auf Grund des Zugbetriebs anfallen zuzüglich einer Rendite ... übersteigen."

Das liest sich so, als ob der Trassenpreis die Vollkosten amortisieren muss und es im Belieben der Infrastrukturbetreiber steht, ob sie dieses dadurch erreichen, dass sie Aufschläge auf die Grenzkosten der Infrastruktur erheben. Wenn sie solche Aufschläge erheben, dann darf die Höhe der Entgelte jedoch bezogen auf ein Marktsegment nicht die Grenzkosten zuzüglich einer Rendite übersteigen. Ökonomisch macht das keinen rechten Sinn. Zumindest hat sich mir kein rechter Sinn erschlossen. Rechtlich bedarf es aber auch einiger Interpretationen, um die Vorgaben „richtlinienkonform" auslegen zu können.

- Nach den Vorgaben von Art. 7 Abs. 3 der RiL 2001/14/EG ist das Entgelt für das Mindestzugangspaket in der Höhe der Kosten festzulegen, die unmittelbar aufgrund des Zugbetriebs anfallen.

- Nach Art. 8 Abs. 1 der RiL 2001/14/EG gilt: Um eine volle Kostendeckung der dem Betreiber der Infrastruktur entstehenden Kosten zu erhalten, kann ein Mitgliedstaat, sofern der Markt dies tragen kann, Aufschläge auf der Grundlage effizienter, transparenter und nichtdiskriminierender Grundsätze erheben, wobei die bestmögliche Wettbewerbsfähigkeit insbesondere des grenzüberschreitenden Schienenverkehrs zu gewährleisten ist. (...) Die Höhe der Entgelte darf jedoch nicht die Nutzung der Fahrwege durch Marktsegmente ausschließen, die mindestens die Kosten, die unmittelbar aufgrund des Zugbetriebs anfallen, sowie eine Rendite, die der Markt tragen kann, erbringen können

Im Ergebnis dürfte § 14 Abs. 4 S. 2 AEG so zu interpretieren sein, dass nur ein zweistufiges Trassenpreissystem, welches in der ersten Stufe auf Grenzkosten basiert und erst in der zweiten Stufe mit Aufschlägen agiert, konform mit dem EG-Recht ist. Die Aufschläge müssten sich dann an den Vollkosten orientieren, auf der Grundlage effizienter, transparenter und nicht diskriminierender Grundsätze erhoben werden und müssten zugleich die Höhenbegrenzung von § 14 Abs. 4 S. 3 AEG erfüllen.

Es wird abzuwarten sein, wie die Regulierungsbehörde und die Gerichte diese Passagen auslegen. Mittelfristig ist aber wohl nicht mit Rechtssicherheit hinsichtlich der Höhe der Trassenpreise zu rechnen. Dieses wird die Wettbewerber zu Risikoaufschlägen zwingen.

Neben dieser Kernfrage hat die Regulierungsbehörde bei der Trassenpreisprüfung die §§ 20 bis 23 EIBV zu beachten und u.a. folgende Kriterien zu prüfen:

- Bestehen angemessene Anreize zur Verringerung von Störungen und zur Erhöhung der Leistungsfähigkeit?

- Verursacht eine Verkehrsleistung gegenüber anderen Verkehrsleistungen erhöhte Kosten, dürfen diese Kosten nur für diese Verkehrsleistung berücksichtigt werden.
- Werden die Entgelte in gleicher Weise gegenüber jedem Zugangsberechtigten berechnet?
- Werden die Entgelte bei nicht vertragsgemäßem Zustand angemessen gemindert?
- Ist festgelegt, wie Investitionen Dritter bei Entgelten berücksichtigt werden?
- Werden evtl. Entgeltnachlässe auf die Höhe der tatsächlich eingesparten Verwaltungskosten begrenzt?

Es wird ein besonderes Interesse der Wettbewerber sein, dass die DB Netz AG bei Schlechtleistung dass Entgelt derartig mindert, dass die Ihnen entstehenden finanziellen Nachteile möglichst ausgeglichen werden.

Kommen wir nun, nach den mehr oder weniger durchwachsenen Regelungen zu den ungelösten Problemen.

Bedenklich mit Blick auf die Umsetzung von EG-Recht und zudem praktisch unwirksam sind die Trennungsvorschriften für integrierte Eisenbahnverkehrs- und -infrastrukturunternehmen. So sind nach deutschem Recht zwar bei DB Netz und den DB Transportgesellschaften die Aufsichtsräte getrennt zu besetzen, dieses schließt jedoch nicht aus, dass beispielsweise der Vorstandsvorsitzende der DB Holding zugleich Aufsichtsrat oder Vorstand der Netz AG ist. Ebenso darf ein Vorstand der DB Regio im Aufsichtsrat von DB Netz sitzen und andersherum. Es ist sogar nicht mal ausgeschlossen, dass eine Person gleichzeitig Vorstand einer DB Transportgesellschaft und der DB Netz ist, vorausgesetzt diese Person trifft keine Entscheidungen über Höhe der Entgelte und Trassenzuweisung (kein Problem wären aber Entscheidungen über Infrastrukturausbau ...).

Offenbar gedeckt ist im deutschen Eisenbahnrecht auch die Rechtsvertretung aller Konzerngesellschaften durch eine gemeinsame Rechtsabteilung in der Konzernzentrale. Die Rechtsabteilung soll somit unparteiisch etwaige Zugangsstreitigkeiten zwischen verschiedenen Netznutzern vermitteln und zugleich die Interessen einer der Streitparteien vertreten können. Es ist für mich nachvollziehbar, dass in dieser Konstellation die Wettbewerber die Befürchtung hegen, dass die erforderliche Fairness der Netzgesellschaft institutionell nicht ausreichend und nicht glaubwürdig abgesichert ist.

Weiter ist das Problem nicht gelöst, dass die Trassenpreishöhe unkalkulierbar bleibt. Trassenpreissprünge sind auch zukünftig nicht auszuschließen und verhindern damit langfristige Investitionssicherheit. Nur die DB-Töchter sind hiervon nicht betroffen, da es sich bei Ihnen um eine „linke Tasche – rechte Tasche"-Frage handelt. Aus diesem Grund darf aus Sicht der Wettbewerber der Trassenpreis kein wirksames Entscheidungskriterium für Trassenkonflikte sein. Die Transportsparten der DB AG können hier quasi jeden Preis bieten. Die Mehrkosten verhageln zwar ggf. etwas das Ergebnis der betroffenen Transportsparte, stellen aber zugleich entsprechende Mehrerlöse beim Netzbetreiber dar.

Hinzu kommt – solange die DB als integrierter Konzern besteht – das die DB Transportgesellschaften einen Informationsvorsprung gegenüber ihren Wettbewerbern haben bzw. haben könnten. Dieses betrifft neben der Frage der verfügbaren Trassen zahlreiche weitere Bereiche, etwa die Einführung neuer Sicherungstechniken und die Stilllegung von Strecken.

Ungelöst sind weiterhin die umfassenden nichttarifären Wettbewerbshindernisse, so insbesondere die Koppelgeschäfte zwischen Infrastruktur und Betrieb oder zwischen SPNV und dem Quasi-Monopol im SPFV.

Hierzu zwei aktuelle Beispiele:

Im Hamburger Hafen – einem der wichtigsten Ziel-/Quellorte im Schienengüterverkehr – regelt das EDV-System „HABIS" (Hafenbahnbetriebssystem) die Datenverarbeitung für den Containerumschlag. Hafenverwaltung, Kaiumschlagbetriebe, Zoll, Reedereien, Operateure und EVUs erhalten aus diesem System alle Informationen über Warenein- und -ausgänge auf der Schiene. Das EDV-System wird von DB-Railion koordiniert (ein Relikt aus der Staatsbahnzeit). Railion hat so einen vollständigen Überblick und Daten über Frachtbewegungen, Kunden, Landegut, Ziele/Quellen, Auslastung auf einzelnen Relationen – auch bezüglich der Tonnage, die von Konkurrenten gefahren wird. Dieses Wissen kann Railion z.B. bei der Bewerbung um die entsprechenden Verkehre der Wettbewerber nutzen und steht diesen nicht in gleicher Weise zur Verfügung.

Ein weiteres Beispiel aus dem Bereich der Gebrauchtfahrzeuge: Die DB AG hat zahlreiche überzählige Reisezugwagen, Güterwaggons und Lokomotiven. Hunderte dieser vielfach noch in den 1990er Jahren erneuerten gebrauchstüchtigen Fahrzeuge sind derzeit im Bahnhof Mukran auf Rügen sowie in Dortmund und Hamm auf den Gleisanlagen ehemaliger Rangierbahnhöfe abgestellt. Die Fahrzeuge waren Mitgift der DB AG aus den Fuhrparks von Reichs- und Bundesbahn. Die DB AG ist nicht bereit, diese Fahrzeuge an Wettbewerber abzugeben, die beispielsweise ehemalige InterRegio-Waggons ideal für einen Markteinstieg im Fernverkehr nutzen könnten. Offenbar zur Verteidigung ihrer marktbeherrschenden Stellung zieht die DB AG es vor, die Fahrzeuge ungenutzt herumstehen zu lassen oder zu verschrotten. Mit ihrem riesigen vom Staat übereigneten Fuhrpark verfügt die DB AG zudem über erhebliche Vorteile bei Ausschreibungen: Die Fahrzeuge sind billig, wenn Altfahrzeuge zugelassen sind. Zudem verfügt sie immer über eine Rückfallebene falls Neufahrzeuge nicht fristgerecht oder etappenweise geliefert werden. Im Güterverkehr bestehen für Wettbewerber gute Mietmöglichkeiten nur bei Kessel- und Containertragwagen; bei vielen anderen Standardwagentypen und Spezialfahrzeugen hat die DB derzeit ein Monopol.

V. Fazit

Bevor ich zu dem Fazit komme, welches seitens der Wettbewerber gezogen wird: Wie steht es mit Ihren eigenen Schlussfolgerungen? Ich hatte Sie Eingangs animiert, sich in die Rolle eines privaten Investors zu versetzen. Werden Sie investieren? Erfüllt der Rechtsrahmen die Anforderungen, die Sie als vernünftiger Kapitalgeber an ein „rationales Investment" stellen?

Aus Sicht der Wettbewerber wird angenommen, dass das Diskriminierungspotential der DB AG ungebrochen ist. Verbunden mit hohen Risiken bei Trassenpreis und Infrastrukturverfügbarkeit minimiert dieses die Investitionsbereitschaft der Wettbewerber. Zum Teil artikulieren sich die Wettbewerber auch so, dass nur die bereits getätigten Investitionen sie im Markt halten würden.

Fazit aus Sicht der Wettbewerber ist daher: Richtung stimmt, aber: „zu kurz gesprungen"

Systematische Schwäche jeder Regulierung ist zum einen, dass der Regulierer auf Diskriminierungspraktiken nur reagieren kann statt zu agieren. Der Marktbeherrscher hat die Informationshoheit und sein unternehmerischer Elan diktiert das Tempo. Der Marktbeherrscher ist zudem personell und rechtlich mit umfassenderen Ressourcen ausgestattet als die Regulierungsbehörde.

Systematische Schwäche jeder Regulierung zum Zweiten: Der Regulierer kann Unerwünschtes bestenfalls unterbinden, nicht jedoch Positives anreizen. So kann er das marktbeherrschende Unternehmen nicht zu einer aktiven Netzvermarktung mit Branchenfokus zwingen, die weit mehr ist als ein diskriminierungsfreier Netzzugang. Die bei einer Trennung entstehenden positiven Anreizsysteme (z.b. zur Trassenvermarktung) wirken wesentlich stärker als negative Behinderungsverbote.

Die Regulierung kann zudem keine strukturelle Diskriminierung verhindern. So profitieren beispielsweise die DB-Transporttöchter vom Konzern-Rating, das allein dem Netz im Staatseigentum geschuldet ist.

Im Idealfall senkt die Regulierung das Diskriminierungspotential, ohne es aber beseitigen zu können. Da die Wettbewerber keinen sicheren Schutz haben können, investieren sie infolge höherer Risikoaufschläge weniger.

Die „nichttarifären" Stellschrauben des integrierten Schienennetzbetreibers sind nicht beherrschbar. Im Unterschied z.B. zur Telekommunikation ist das Produkt „Trasse" heterogen und ihr Produktionsprozess hochgradig komplex.

Das neue Ziel des Allgemeinen Eisenbahngesetzes - die Gewährleistung eines attraktiven Verkehrsangebotes auf der Schiene und die Sicherstellung eines wirksamen und unverfälschten Wettbewerbs auf der Schiene - lässt sich aus unserer Sicht nur mit einer vollständigen rechtlichen Eigenständigkeit der DB-Infrastrukturunternehmen von den DB-Transportgesellschaften erreichen.

Nur am Rande sei auf das – von mir nicht sehr hoch eingeschätzte aber dennoch vorhandene – Risiko hingewiesen, dass die EU bei nicht richtlinienkonformer Marktpraxis ein Vertragsverletzungsverfahren gegen Deutschland wegen unzureichender Richtlinien-Umsetzung einleitet.

Dr. Sven Serong, EBA Bonn

Schienennetz-Benutzungsbedingungen von Infrastrukturbetreibern nach dem neuen Eisenbahnrecht

Transparenz der Zugangsbedingungen und Verlässlichkeit der für die Planung und Durchführung von Verkehrsleistungen benötigten Informationen sind für die Wahrnehmung der gesetzlich garantierten Zugangsrechte von wesentlicher Bedeutung. In Umsetzung gemeinschaftsrechtlicher Vorgaben verpflichtet das durch das Dritte Eisenbahnrechtsänderungsgesetz novellierte AEG sowie die ebenfalls neu gefasste EIBV die Betreiber der Schienenwege, Benutzungsbedingungen für die Erbringung der sogenannten Pflichtleistungen (Mindestzugangspaket gemäß Anlage 1 Nr. 1 zur EIBV) zu erstellen und zu veröffentlichen. Dieser Beitrag soll zeigen, dass diese Schienennetz-Benutzungsbedingungen (SNB) eines der Hauptinstrumente zur Sicherstellung eines wirksamen und unverfälschten Wettbewerbs im Sinne des § 1 Abs. 1 AEG sein werden.

Nach einem kurzen Abriss der Regelungen der Richtlinie 2001/14/EG sollen im Folgenden die einzelnen Vorgaben des Allgemeinen Eisenbahngesetzes sowie der Eisenbahninfrastruktur-Benutzungsverordnung vorgestellt werden. Dabei wird dieser Beitrag zum einen auf die gesetzlichen Pflichtinhalte der SNB und zum anderen auf das zu beachtende Verfahren bei Neufassungen und wesentlichen Änderungen von SNB eingehen. Nach einem kurzen Blick auf die Befugnisse der Regulierungsbehörde soll abschließend ein erster Versuch einer dogmatischen Einordnung unternommen werden.

I. Gemeinschaftsrechtliche Grundlagen und deren Umsetzung in AEG und EIBV

Art. 3 der Richtlinie 2001/14/EG kann als die zentrale Norm für das Rechtsinstitut der Schienennetz-Benutzungsbedingungen bezeichnet werden. Diese sieht vor, dass der Betreiber der Schienenwege nach Konsultationen mit den Beteiligten SNB erstellt und veröffentlicht. Diese SNB müssen – gegen Kostenerstattung – für alle Zugangsberechtigten auch tatsächlich erhältlich sein. Die SNB enthalten Angaben zum Fahrweg, der den Eisenbahnunternehmen zur Verfügung steht. Sie enthalten des weiteren Informationen zu den Zugangsbedingungen. Für den näheren Inhalt verweist Artikel 3 auf Anhang 1 der Richtlinie[1].

Vorstellungen des Gemeinschaftsrechtsgebers zu Sinn und Zweck dieser die Betreiber der Schienenwege treffenden Verpflichtungen sind Erwägung Nr. 5 der Richtlinie zu entnehmen. Dort heißt es, dass „alle für die Wahrnehmung der Zugangsrechte benötigten" Informationen in den SNB zu veröffentlichen sind, um auf diesem Wege Transparenz und einen nichtdiskriminierenden Zugang zu den Eisenbahnfahrwegen sicherzustellen. Transparenz wird für die Zugangsberechtigten insbesondere dadurch gewährleistet, dass die SNB bereits vier Monate vor dem Beginn der Bestellfrist für die Zuweisung von Fahrwegkapazität im sog. Netzfahrplan veröffentlicht werden müssen.

Die in Art. 2 j) der RL 2001/14/EG enthaltene Legaldefinition der SNB verweist darauf, dass die Nutzungsbedingungen eine „detaillierte Regelung" der allgemeinen Regeln, Fristen, Verfahren und Kriterien für die Entgelt- und Kapazitätszuweisungsregelungen enthalten. Die Betreiber der Schienenwege dürfen

---

[1] Anhang 1 der RL 2001/14/EG ist nahezu wortgleich als Anlage 2 der EIBV übernommen worden.

sich also nicht damit begnügen, schlagwortartige Formulierungen zusammen zu stellen. Sie können ihrer Pflicht zur Erstellung und Veröffentlichung von SNB nur dann umfassend nachkommen, wenn diese Dokumentation ausreichend detailliert ist und alle diejenigen Informationen enthält, die auf Seiten der Zugangsberechtigten für die effektive Wahrnehmung der Zugangsrechte benötigt werden.

In anderen sprachlichen Versionen der Richtlinie werden für die SNB Begrifflichkeiten wie „network statement" (UK), „document de référence" (F) oder „netverklaring" (NL) verwandt. Wir können diese Vielfalt an Rechtstermini als Indiz dafür nehmen, dass hier ein eigenständiges, nicht ohne weiteres in überkommene Kategorien einzuordnendes Rechtsinstitut vorgesehen ist. Jeder nationale Gesetzgeber ist vor die Aufgabe gestellt, gemeinschaftsrechtliche Institute – wie hier die SNB – in das innerstaatliche Recht möglichst harmonisch einzufügen. Der deutsche Gesetzgeber hat dies unter anderem dadurch getan, dass er über eine reine Transposition hinaus gegangen ist. Er hat zum einen das Rechtsinstitut der Allgemeinen Geschäftsbedingungen (AGB) durch § 4 Abs. 2 Satz 1 EIBV in die SNB integriert. Interessant ist dies bereits, soweit die partizipatorischen Elemente des Verfahrens zur Erstellung bzw. Änderung von SNB auf die AGB erstreckt werden. Jeder Neufassung oder Änderung der SNB, und somit auch der AGB, haben „Konsultationen mit den Beteiligten" voranzugehen.

Des weiteren unterfallen die in die SNB integrierten AGB auch dem neuen Regulierungsdesign, insbesondere der sogenannten ex-ante-Regulierung nach §§ 14d und e AEG. Die SNB – und mit ihnen die darin enthaltenen AGB – unterliegen zwar nicht einem Vorbehalt der Vorabgenehmigung[2] durch die Regulierungsbehörde, der Prüfungsvorbehalt und die behördlichen Befugnisse, den Bedingungen zu widersprechen und Vorgaben zur rechtskonformen Ausgestaltung zu machen, bedeuten aber doch eine gewisse Annäherung an eine Vorabkontrolle.

Zum anderen ist der deutsche Gesetzgeber über die in der Richtlinie 2001/14/EG enthaltenen Verpflichtungen der Betreiber der Schienenwege hinausgegangen, indem er diese Verpflichtungen in § 10 EIBV weitgehend auf die Betreiber von Serviceeinrichtungen (vgl. die Legaldefinition in § 2 Abs. 3c AEG) erstreckt hat[3].

II. Pflichtinhalte der SNB

Während im AEG das Rechtsinstitut der SNB vorausgesetzt wird[4], enthält die EIBV die Regelungen zu Pflichtinhalten sowie die formellen Verfahrensvorschriften. § 4 Abs. 1 EIBV stellt für die Betreiber der Schienenwege die Verpflichtung auf, Benutzungsbedingungen für die Erbringung der Pflichtleistungen zu erstellen. Die SNB sind im Bundesanzeiger oder im Internet – unter Bekanntmachung der Internetadresse im Bundesanzeiger – zu veröffentlichen. Gemäß § 4 Abs. 2 EIBV müssen die SNB die Mindestinhalte nach Anlage 2 der EIBV sowie die sonstigen nach dieser Verordnung vorgeschriebenen Angaben

---

[2] Ein Genehmigungserfordernis für AGB ist aus anderen Rechtsbereichen bekannt, so beispielsweise bis 1994 für Allgemeine Versicherungsbedingungen.
[3] Eine detaillierte Auseinandersetzung mit den Nutzungsbedingungen für Serviceeinrichtungen kann hier nicht stattfinden. § 10 EIBV differenziert hinsichtlich der für anwendbar erklärten materiellen und formellen SNB-Regelungen zwischen zwei Gruppen von Serviceeinrichtungen. Für die überwiegende Mehrzahl von Serviceeinrichtungen gilt das auch bei der Veröffentlichung von SNB zu beachtende Verfahren. Nicht übernommen wurde für die Serviceeinrichtungen allerdings die ausdrückliche Einbeziehung der AGB in die Nutzungsbedingungen.

einschließlich der AGB für die Benutzung der Zugtrassen enthalten. Die Liste der Entgelte ist nach ausdrücklicher Bestimmung nicht Bestandteil der EIBV. Hierfür enthält im übrigen § 21 Abs. 7 EIBV eine eigenständige Verfahrensvorschrift.

Anlage 2 der EIBV differenziert die Pflichtinhalte nach drei Informationskategorien:

- Angaben zur Art des Schienenwegs und zu den Zugangsbedingungen,
- Entgeltgrundsätze sowie
- Grundsätze und Kriterien für die Zuweisung von Kapazität.

Bei den Angaben zur Art des Schienenwegs sind u.a. Angaben erforderlich zur Anzahl der Streckengleise, zur vorhandenen oder fehlenden Elektrifizierung, zur Streckenneigung sowie zu den zugelassenen Geschwindigkeiten. Zugangsbedingungen können Anforderungen an das Fahrzeug (z.b. Zugfunk) oder Anforderungen an das Personal (z.b. Orts- und Streckenkenntnisse) sein. Im Hinblick auf die Entgeltgrundsätze fordert Anlage 2 der EIBV Einzelheiten der Entgeltregelung und Informationen zu den Entgelten für die Pflichtleistungen, Angaben zu beschlossenen oder vorgesehenen Entgeltänderungen, leistungsabhängige Entgeltregelungen (vgl. auch § 21 Abs. 6 Satz 2 EIBV) sowie Vertragsstrafen bei zu vertretenden Betriebsstörungen.

Was die Grundsätze und Kriterien für die Zuweisung von Kapazität betrifft, so hat der Verordnungsgeber, insbesondere in § 9 EIBV, bereits weitgehend bin-

---

[4] Vgl. § 14b Abs. 1 Nr. 4, § 14d Satz 1 Nr. 6, § 14e Abs. 2 Nr. 2 und Abs. 3 Nr. 2, § 14f Abs. 1 und Abs. 2 Satz 4 AEG.

dende Vorgaben gemacht. Selbst gesetzte Vorrangkriterien des Betreibers der Schienenwege sind unzulässig. Darzustellen sind jedoch in jedem Falle die allgemeinen Kapazitätsmerkmale des konkreten Schienenwegs und etwaige Nutzungseinschränkungen – wobei dies z.b. Einschränkungen für die Nutzung durch Gefahrguttransporte meint, nicht jedoch Einschränkungen durch Streckenöffnungs- oder Stellwerksbesetzungszeiten[5]. Schließlich hat der Betreiber der Schienenwege in seinen SNB angeben, welche Maßnahmen zur angemessenen Behandlung von Anträgen auf Kapazitätszuweisung im Güterverkehr, im grenzüberschreitenden Verkehr und im Gelegenheitsverkehr er ergriffen hat.

Sonstige Pflichtinhalte ergeben sich aus verschiedenen Bestimmungen der EIBV. So hat der Betreiber der Schienenwege beispielsweise die Grundsätze für die Stellung einer Sicherheitsleistung – soweit er eine solche überhaupt fordert – in den SNB zu veröffentlichen (§ 5 Abs. 1 Satz 2 EIBV). Zu veröffentlichen sind des weiteren die Festlegung und ggf. Verlängerung der Bearbeitungsfristen bei Trassenanmeldungen im Gelegenheitsverkehr nach § 14 Abs. 1 und 2 EIBV. Für weitere Pflichtinhalte ist beispielsweise auf § 19 Satz 1 EIBV zu verweisen.

III. Verfahren bei Neufassungen und Änderungen von SNB

Sowohl § 4 EIBV als auch §§ 14d und e AEG enthalten Regelungen zum einzuhaltenden Verfahren bei Neufassung oder Änderungen von SNB. Dieses Verfahren ist abhängig von der gemäß § 8 Abs. 1 Satz 2 Nr. 2 EIBV von den Betreibern der Schienenwege gemeinsam festzulegenden Frist, binnen derer Zugangsberechtigte Anträge auf Zuweisung von Kapazität im Netzfahrplan stellen können.

---

[5] Der Zugang ist grundsätzlich ganztägig zu gewähren, so ausdrücklich die amtliche Begründung zur EIBV, vgl. BR-Drucksache 249/05, S. 36.

Der Entwurf einer Neufassung oder Änderung von SNB ist mindestens sechs Monate vor Ablauf der nach § 8 Abs. 1 Satz 2 Nr. 2 EIBV festgelegten Frist zu veröffentlichen. Bei der Veröffentlichung sind die Zugangsberechtigten darauf hinzuweisen, dass sie binnen einen Monats die Möglichkeit zur Stellungnahme besitzen („Konsultationen mit den Beteiligten" im Sinne des Art. 3 RL 2001/14/EG). Nach Abschluss des einmonatigen Stellungnahmeverfahrens sichtet der Betreiber der Schienenwege die eingegangenen Stellungnahmen und wertet sie aus. Er ist nicht verpflichtet, seinen ursprünglichen Entwurf abzuändern; er ist hierzu jedoch berechtigt. Steht anschließend der ggf. konkretisierte Entwurf der Neufassung bzw. Änderung von SNB fest, unterrichtet der Betreiber der Schienenwege gemäß § 14d Satz 1 Nr. 6 AEG die Regulierungsbehörde über die beabsichtigte Neufassung/Änderung[6]. Die Regulierungsbehörde kann nach Eingang der Mitteilung gemäß § 14d Satz 1 Nr. 6 AEG der beabsichtigten Neufassung oder Änderung binnen vier Wochen widersprechen, soweit diese nicht den Vorschriften des Eisenbahnrechts über den Zugang zur Eisenbahninfrastruktur entsprechen.

Parallel hat der Betreiber der Schienenwege eine weitere Frist zu beachten: Mindestens vier Monate vor Ablauf der Frist nach § 8 Abs. 1 Satz 2 Nr. 2 EIBV sind die Neufassung bzw. Änderung der SNB zu veröffentlichen (§ 4 Abs. 5 EIBV). Sie treten mit dem Ablauf der Frist nach § 8 Abs. 1 Satz 2 Nr. 2 EIBV in Kraft. Im Falle eines Widerspruchs der Regulierungsbehörde treten die SNB insoweit nicht in Kraft (§ 14e Abs. 3 Nr. 2 AEG). Gleiches gilt, solange die der

---

[6] Die Unterrichtung der Regulierungsbehörde hat erst zu erfolgen, wenn das einmonatige Stellungnahmeverfahren sowie ein angemessener Zeitraum, den der Betreiber der Schienenwege für die Sichtung und ggf. Umsetzung eingegangener Stellungnahmen benötigt, abgeschlossen sind; vgl. VG Köln, Beschluss vom 22.11.2005, Az. 11 L 1860/05.

Regulierungsbehörde zur Ausübung der präventiven Regulierungsbefugnisse eröffnete Vierwochenfrist noch nicht abgelaufen ist.

Entgegen dem insoweit nicht eingeschränkten Wortlaut des § 4 Abs. 5 EIBV kann der dort festgelegte Zeitpunkt des Inkrafttretens der (neu gefassten oder geänderten) SNB nicht für den gesamten Inhalt gelten. Würde dieser Zeitpunkt, d.h. der Ablauf der Frist zur Stellung von Anträgen auf Zuweisung von Kapazität im Netzfahrplan, auch für die Entgeltgrundsätze uneingeschränkt gelten, ergäbe sich ein Widerspruch zu § 21 Abs. 7 EIBV. Nach dieser Regelung gelten die konkreten Entgelte für die Erbringung der Pflichtleistungen jeweils für eine gesamte Fahrplanperiode. Für die Verkehrsleistungen im Netzfahrplan ist damit sichergestellt, dass mit jedem Fahrplanwechsel die ggf. geänderten Entgeltgrundsätze sowie die konkreten Entgelte angewendet werden. Für Verkehrsleistungen im Gelegenheitsverkehr jedoch, die nach dem Inkrafttreten der geänderten SNB und vor dem Wechsel des Netzfahrplans erbracht werden[7], müssten bei wortlautgetreuer Auslegung des § 4 Abs. 5 EIBV bereits neue Entgeltgrundsätze Anwendung finden, während die konkreten Entgelte gemäß § 21 Abs. 7 EIBV noch nach der alten Liste der Entgelte berechnet werden müssten. Dieser Widerspruch kann nur aufgelöst werden, indem § 4 Abs. 5 EIBV so ausgelegt wird, dass die in den SNB enthaltenen Entgeltgrundsätze erst zu dem in § 21 Abs. 7 EIBV genannten Zeitpunkt, nämlich zum Beginn einer Fahrplanperiode, in Kraft treten.

Die dargestellten Verfahrensfristen finden keine Anwendung bei Neufassungen oder Änderungen „von unwesentlicher Bedeutung" (§ 4 Abs. 7 EIBV). Dies ist

---

[7] Nach derzeitiger Fristenlage also in einem – grob beschriebenen – Zeitfenster von Mitte April bis Mitte Dezember.

nach den Vorgaben des Verordnungsgebers insbesondere anzunehmen, wenn eine Beeinträchtigung des Wettbewerbs nicht zu erwarten ist. Darüber hinaus werden die starren Verfahrensfristen in Ausnahmefällen überwunden werden müssen, soweit aus Sicherheitsgründen eine kurzfristige Änderung der SNB, z.b. bei den fahrzeugbezogenen Zugangsbedingungen, geboten ist. Eine derartige außerordentliche Änderung der Benutzungsbedingungen sollte ein Betreiber der Schienenwege stets in Absprache mit der Regulierungsbehörde vornehmen, zumal die besondere Mitteilungspflicht des § 14d Satz 1 Nr. 6 AEG grundsätzlich keine Ausnahmen kennt.

Aus dem dargestellten Verfahren ergibt sich, dass Änderungen der SNB grundsätzlich nur im Jahresrhythmus möglich sind. Hieraus ergeben sich Rückfolgerungen für die Bestimmung der Pflichtinhalte. Im Rahmen der Auslegung der in der EIBV verwendeten unbestimmten Rechtsbegriffe ist zum einen für die Betreiber der Schienenwege ein nicht außer acht zu lassendes wirtschaftliches Interesse zu berücksichtigen, Benutzungsbedingungen außerhalb starrer festgelegter Fristen ändern zu können; zum anderen gilt es zu berücksichtigen, dass die für ein Jahr, d.h. eine Fahrplanperiode, festgeschriebenen Benutzungsbedingungen für die Zugangsberechtigten eine für die Planung und Vermarktung von Verkehrsleistungen notwendige Verlässlichkeit, im Sinne von Konstanz und Transparenz, gewährleisten.

IV. Die Befugnisse der Regulierungsbehörde

Neben den bereits angesprochenen Befugnissen im Rahmen der ex-ante-Regulierung nach §§ 14d und e AEG, d.h. dem sog. Widerspruchsrecht gegenüber SNB, die nicht im Einklang mit den Vorschriften des Eisenbahnrechts über den Zugang zur Eisenbahninfrastruktur stehen, besitzt die Regulierungsbehörde auch wirkungsvolle Befugnisse im Rahmen der ex-post-Regulierung nach § 14f AEG.

Die Regulierungsbehörde kann jederzeit von Amts wegen SNB überprüfen und – soweit diese nicht den Vorschriften des Eisenbahnrechts über den Zugang zur Eisenbahninfrastruktur entsprechen – den Betreiber der Schienenwege zur Änderung der SNB, ggf. nach konkreten Maßgaben, verpflichten (§ 14f Abs. 1 AEG). Darüber hinaus eröffnet § 14f Abs. 2 AEG der Regulierungsbehörde die Prüfung von SNB in konkreten Einzelfällen: Kommt eine Trassenzugangsvereinbarung nach § 14 Abs. 6 AEG oder eine Vereinbarung über den Abschluss eines Rahmenvertrags (§ 14a AEG; § 13 EIBV) nicht zustande, kann die Regulierungsbehörde die Entscheidungen des Betreibers der Schienenwege von Amts wegen oder auf Antrag des Zugangsberechtigten, dessen Recht auf Zugang zur Eisenbahninfrastruktur beeinträchtigt werden kann, überprüfen. Im Rahmen eines solchen Netzzugangsverfahrens können insbesondere die SNB und die Struktur der Entgelte überprüft werden. Stellt die Regulierungsbehörde eine Beeinträchtigung des Zugangsrechts fest, so kann sie Vertragsbedingungen festlegen und entgegenstehende Verträge für unwirksam erklären.

V. Versuch einer rechtsdogmatischen Einordnung

Sind die Schienennetz-Benutzungsbedingungen mehr als ein „Kundenleitfaden"? Sind SNB mehr als ein Leitfaden, in den die Allgemeinen Geschäftsbedingungen – gewissermaßen als heraustrennbares Element – integriert sind? Es sind die AGB, die eine dogmatische Einordnung der SNB schwierig machen.

§ 4 Abs. 6 Satz 2 EIBV bestimmt, dass SNB für die Beteiligten verbindlich sind – „hiervon bleiben AGB, die in ihnen enthalten sind, unberührt". Ausweislich der amtlichen Begründung zur EIBV (BR-Drucksache 249/05) bedeutet dieser letzte Halbsatz keine Einschränkung hinsichtlich der Verbindlichkeit der SNB; vielmehr wollte der Verordnungsgeber hergebrachte zivilrechtliche Grundsätze über die Einbeziehung von AGB in einen Vertrag nicht außer Kraft setzen. Die AGB – als ein in § 4 Abs. 2 EIBV genannter Pflichtbestandteil der SNB – werden nach den §§ 305 ff BGB Bestandteil des Trassennutzungsvertrags gemäß § 14 Abs. 6 AEG.

Welche rechtlichen Folgen hat es aber, wenn ein Zugangsberechtigter beim Abschluss des Trassennutzungsvertrags die Einbeziehung der durch den Betreiber der Schienenwege verwendeten AGB ablehnt? In einem solchen Fall wird es regelmäßig nicht zum Vertragsschluss kommen, so dass im Rahmen der ex-post-Regulierung gemäß § 14f Abs. 2 AEG die Überprüfung der SNB und damit auch der AGB durch die Regulierungsbehörde möglich ist. Kommt diese zu dem Ergebnis, dass Bestimmungen der AGB gegen zwingendes Recht über den Zugang zur Eisenbahninfrastruktur verstoßen, so kann sie nach § 14f Abs. 3 Nr. 2 „die Vertragsbedingungen festlegen". Mit den hier genannten „Vertragsbedingungen" können – betrachtet man die in Abs. 2 Satz 4 Nr. 1 ausdrücklich als Prüfungsgegenstand aufgeführten SNB – nur jene gemeint sein. Die EIBV geht damit offensichtlich davon aus, dass SNB Bestandteil der vertraglichen Beziehungen zwischen dem Betreiber der Schienenwege und dem Zugangsberechtigten sind.

Nur als Vertragsbestandteile können die SNB „verbindlich" im Sinne des § 4 Abs. 6 EIBV sein, da sie ersichtlich nicht in den Rang eines Gesetzes im materiellen Sinne erhoben wurden[8].

Nicht übersehen werden darf in diesem Zusammenhang auch, dass die EIBV zum Teil die Ausübung von den Betreibern der Schienenwege eröffneten Möglichkeiten zur Einschränkung von Zugangsrechten an die Veröffentlichung der entsprechenden Modalitäten in den SNB knüpft. So verlangt beispielsweise § 14 Abs. 2 EIBV, dass ein Betreiber der Schienenwege, der für Trassenbestellungen im Gelegenheitsverkehr besonders aufwändige Fälle der Trassenbearbeitung und hierfür verlängerte Bearbeitungsfristen festlegen will, diese Fälle und die dafür geltenden Fristen in den SNB veröffentlicht. Die Veröffentlichung in den SNB, die selbstverständlich in dem hierfür vorgesehenen Verfahren vorgenommen werden muss, ist insoweit eine tatbestandliche Voraussetzung für die dem Betreiber der Schienenwege hier eröffnete Möglichkeit zur Einschränkung der Zugangsrechte. Sinn und Zweck der Erstellung und Veröffentlichung von Benutzungsbedingungen liegen insbesondere in der hierdurch gewährleisteten Transparenz und der für jeweils mindestens eine Netzfahrplanperiode sicher gestellten Konstanz der Zugangsbedingungen und -modalitäten.

Versteht man die Schienennetz-Benutzungsbedingungen solchermaßen als Schutz der Zugangsberechtigten vor wenig transparenten oder (zu) kurzfristig bekannt gegebenen Einschränkungen der Zugangsrechte, so wird deutlich, dass die im novellierten Eisenbahnrecht eingeführten SNB weder ein „bloßer Papierstapel", noch ein bürokratischer Selbstzweck sein werden. Die Erstellung, Ver-

---

[8] Anders als beispielsweise die Verordnung über Allgemeine Bedingungen für die Elektrizitätsversorgung von Tarifkunden (AVBEltV).

öffentlichung und ständige Aktualisierung der SNB ist nicht nur eine durch die Regulierungsbehörde zu überwachende Verpflichtung der Betreiber der Schienenwege. Diese Dokumente sind für die Zugangsberechtigten und für die Wahrung ihrer Rechte von nicht zu unterschätzender Bedeutung. Sie werden sich sehr bald mit Leben füllen.

RA Eleonore Lohrum, Deutsche Bahn AG

Förderfähigkeit der Pflege von Ausgleichs- und Ersatzmaßnahmen

Der Vortrag hatte das folgende Gutachten zum Gegenstand, das mein Kollege, Herr Rechtsanwalt Ruben Diemo Etzold und ich im Frühjahr dieses Jahres erarbeitet haben.

I. Sachverhalt

Das Prüfungsamt des Bundes Stuttgart hat das Verwaltungshandeln des Eisenbahn-Bundesamtes (EBA) bei der Finanzierung von Investitionen in die Schienenwege des Bundes, im Rahmen von Ausgleichs- und Ersatzmaßnahmen an Schienenwegen des Bundes geprüft. In seinem Prüfbericht hat das Prüfungsamt des Bundes Stuttgart insbesondere die Finanzierung der Kosten der Unterhaltung von Ausgleichs- und Ersatzmaßnahmen, die über einen 3-Jahres-Zeitraum hinaus anfallen, kritisiert. Nach Ansicht des Prüfungsamtes des Bundes Stuttgart sind Aufwendungen, die nach dem 3-Jahres-Zeitraum anfallen, als Unterhaltungsmaßnahmen im Sinne des § 8 Abs. 4 BSchwAG zu qualifizieren. Dementsprechend sind nach Ansicht des Prüfungsamtes des Bundes Stuttgart die Eisenbahnen des Bundes (speziell die DB Netz AG) verpflichtet, diese Aufwendungen zu finanzieren. Das Prüfungsamt des Bundes Stuttgart hat die Durchführung einer Schwerpunktprüfung durch das Eisenbahn-Bundesamt angeregt.

Seit 1994 werden in Planfeststellungsbeschlüssen des Eisenbahn-Bundesamtes Auflagen zur Pflege von durchzuführenden Ausgleichs- und Ersatzmaßnahmen (LBP-Maßnahmen) formuliert, die über die nach der DIN 18916 „Vegetation im Landschaftsbau" erforderlichen Fertigstellungs- und Entwicklungspflege hi-

nausgehen. Grundlage hierfür bildet u.a. die Formulierung im Umwelt-Leitfaden des Eisenbahn-Bundesamtes, 3. Fassung Kapital 4: „Landschaftspflegerische Maßnahmen sind auf Dauer zu erhalten."
Zur Abwicklung von Pflegeverpflichtungen bedient sich die Bahn im Wesentlichen der Hilfe Dritter. Dies erfolgt in Abstimmung mit den Landschafts- und Naturschutzbehörden. Nach der Herstellung der LBP-Maßnahmen durch beauftragte Garten- und Landschaftsbauunternehmen befinden sich die Biotope in einem sog. „entwicklungsfähigen Zustand". Mit der weiteren Entwicklung des im Planfeststellungsbeschlusses beschriebenen Entwicklungs- oder Klimaxstadium werden entweder die Eigentümer oder sonstige geeignete Partner wie Landschaftspflegeverbände, Stiftungen, ökologische Forschungseinrichtungen oder Naturschutzvereine beauftragt.

Die den Partnern über privatrechtliche Verträge übertragenen Aufwendungen werden in aller Regel abgelöst. Die dafür benötigten Wirtschaftsmittel wurden in der Vergangenheit beim EBA als Bundeshaushalts-Mittel beantragt und bisher auch bereitgestellt.

Nachfolgend zu prüfen ist, wie weit die Verpflichtung des Bundes, die Ausgleichs- und Ersatzmaßnahmen zu finanzieren reicht. Dabei wird vorab erörtert, durch welches Verfahren Ausgleichs- und Ersatzmaßnahmen festgelegt werden und welche Festlegungen Bestandteil eines Planfeststellungsbeschlusses sein können. Anschließend soll erörtert werden, welche Maßnahmen finanzierungsfähig im Sinne des BSchwAG sind.

II. Rechtliche Würdigung

Eine Finanzierungsfähigkeit nach den Normen des Bundesschienenwegeausbaugesetzes wird nur bestehen, wenn die Eisenbahninfrastrukturunternehmen (nachfolgend: EIU) des DB-Konzern rechtlich verpflichtet sind, Maßnahmen wie

Ausgleichs- und Ersatzmaßnahmen im Rahmen der Investition durchzuführen. Soweit eine rechtliche Verpflichtung besteht, ist im Anschluss zu erörtern, ob diese Maßnahmen nach dem Bundesschienenwegeausbaugesetz finanziert werden.

1. Naturschutzrechtlicher Hintergrund

Um einen flächendeckenden Mindestschutz von Natur und Landschaft zu gewährleisten und die Leistungsfähigkeit des Naturhaushalts und des Landschaftsbildes sicherzustellen, gibt es in den §§ 18 ff. BNatSchG die sogenannte „Eingriffsregelung".[1]

Der Regelungskanon geht von der Erkenntnis aus, dass eine weitere Verschlechterung von Natur und Landschaft nicht hinnehmbar ist und unterzieht deshalb alle potentiell naturschädigenden und landschaftsverbrauchenden Vorhaben einer zusätzlichen Prüfung, um die Leistungsfähigkeit des Naturhaushaltes und die Qualität des Landschaftsbildes so weit als möglich zu bewahren bzw. trotz einer Zulassung des jeweiligen Vorhabens in gleichwertiger oder gleichartiger Weise (status quo ante) wiederherzustellen.[2]

2. Planfeststellungsverfahren

Der Bau einer neuen und die Änderung einer bestehenden Betriebsanlage der EIU bedürfen in der Regel nach § 18 AEG eines Planfeststellungsbeschlusses durch das Eisenbahn-Bundesamt. Bestandteil der Antragsunterlagen ist nach § 20 Abs. 4 BNatSchG ein landschaftspflegerischer Begleitplan, der durch einen Fachplaner erstellt wird. Die-

---

[1] Wolf, Perspektiven der naturschutzrechtlichen Eingriffsregelung, in: ZUR 1998, S. 183 [183].

ser Plan enthält neben der Bilanzierung der unvermeidbaren Eingriffe in Natur und Landschaft auch die nach §§ 18, 19 BNatSchG erforderlichen Kompensationsmaßnahmen.

Nach Prüfung der Unterlagen durch das EBA erfolgt im Anhörungsverfahren eine Stellungnahme durch die zuständigen Naturschutzbehörden. Weicht die Stellungnahme der Naturschutzbehörden von den Antragsunterlagen ab und möchte das EBA den aufgestellten Forderungen nicht entsprechen, so bedarf die Entscheidung der Benehmensherstellung gemäß § 20 Abs. 3 BNatSchG mit der obersten Landesbehörde für Naturschutz und Landschaftspflege.[3]

Die den Rahmen des BNatSchG ausfüllenden Landesgesetze sind zu beachten.[4]

Im Planfeststellungsbeschluss entscheidet das EBA über die Notwendigkeit der Eingriffe, die erforderlichen Kompensationsmaßnahmen und die zusätzlichen Auflagen.

3. Die Pflege von Ausgleichs- und Ersatzmaßnahmen

Bei der Pflege von Kompensationsmaßnahmen ist zwischen Fertigstellungs-, Entwicklungs- und Erhaltungspflege (=Unterhaltungspflege) zu unterscheiden.[5]

a) Herstellung, Fertigstellungs- und Entwicklungspflege

Der bestandskräftige Planfeststellungsbeschluss verpflichtet den Vorhabenträger zunächst mit der Ausführung der festgestellten LBP-Maßnahmen.[6]

---

[2] Kuschnerus, Die naturschutzrechtliche Eingriffsregelung, in: NVwZ 1996, 235 (238).
[3] Gassner, in: Gassner/Rendomir-Kahlo/Schmidt-Ränsch, BNatSchG (2003), § 20 Rn. 19.
[4] Gassner, in: Gassner/Rendomir-Kahlo/Schmidt-Ränsch, BNatSchG (2003), § 20 Rn. 22.
[5] Allgemeines Rundschreiben Straßenbau Nr. 9/1999, Ziffer 6, Seite 28.

Hierzu bedarf es neben der Herstellung der Maßnahme (z.B. Pflanzen auf vorbereiteter Fläche, Rückschnitte, mehrmaliges Mähen und Abtragen des Mähguts) auch der Entwicklung der Maßnahme hin zu dem gemäß des festgestellten landschaftspflegerischen Begleitplans definierten Ziel.[7]

Die hierzu erforderlichen Maßnahmen werden in der Fachwelt und dem Umwelt-Leitfaden des EBAs als Fertigstellungs- und Entwicklungspflege bezeichnet.[8]

Die Dauer der Fertigstellungs- und Entwicklungspflege variiert nach der Art des Ausgleichs und ist in Fachkreisen umstritten.[9]

Einige Maßnahmen werden in einem Zeitraum von drei Jahren fertiggestellt (z.B. Sukzessionsflächen, Anlage von Teichen, Renaturierung von Bächen). Jedoch sieht selbst die Anlage zu § 2 Abs. 3 der Mustersatzung der Bundesverei-

---

[6] Planfeststellungsrichtlinie des Eisenbahn-Bundesamtes, Ausgabe 01/2003, I.6
[7] Vorläufige Hinweise zum Vollzug der Eingriffsregelung (HVE) des Landes Brandenburg, Stand Januar 2003, Seite 39, 4.4.3; Allgemeines Rundschreiben Straßenbau Nr. 9/1999, Seite 28, 6.
[8] Bunzel, Kompensationsverpflichtung und Pflegemaßnahmen bei Eingriffen in Natur und Landschaft – Empirische Erfahrungen und rechtliche Bewertung, in: NuR 2004, S. 15 [16], Umwelt-Leitfaden zur eisenbahnrechtlichen Planfeststellung und Plangenehmigung sowie für Magnetschwebebahnen 3. Fassung (Stand Juli 2002).
[9] Birk, Die Kostenerstattung bei naturschutzrechtlichen Eingriffsregelungen unter besonderer Berücksichtigung des Erschließungsbeitrags, in: VBlBW 1998, S: 81 [83]; Bunzel, Kompensationsverpflichtung und Pflegemaßnahmen bei Eingriffen in Natur und Landschaft – Empirische Erfahrungen und rechtliche Bewertung, in: NuR 2004, S. 15 [18]; Vorläufige Hinweise zum Vollzug der Eingriffsregelung (HVE) des Landes Brandenburg, Stand Januar 2003, Anhang 6; Haßmann, Anforderungen an Sicherung, Pflege und Kontrolle von landschaftspflegerischen Maßnahmen an Straßen, Inform. D. Naturschutz Niedersachsen, Nr. 3/2000 S. 129, 5.3 und Anhang 9, S. 132; RAS – LP2, Ausgabe 1993, 3.2; Allgemeines Rundschreiben Straßenbau Nr. 3/2000, Seite 13, 5.3.

nigung der kommunalen Spitzenverbände Zeiträume zwischen 1 bis 5 Jahren vor.[10]

Daneben werden insbesondere bei Aufforstungen noch weit längere Fertigstellungs- und Entwicklungspflegezeiträume für erforderlich gehalten.[11]

Dementsprechend ist eine schematische Betrachtung hier ebenso wie beispielsweise bei den Bauzeiten von Tunneln nicht möglich. Es bedarf vielmehr grundsätzlich einer Einzelfallbetrachtung.

Es sind Fälle bekannt, in denen ausnahmsweise – evtl. auch zur Vermeidung weiterer Grundstücksinanspruchnahme – von den Fachplanern, dem Vorhabenträger, der zuständigen Umweltbehörde und dem Eisenbahn-Bundesamt entschieden worden ist, dass der Erhalt eines bestehenden Biotops als landschaftspflegerische Maßnahme anerkannt werden soll, da es geeignet ist, als Kompensation für eine beeinträchtigte Biotopstruktur zu dienen.

b) Erhaltungspflege

Weitere Pflege, die nach Fertigstellung der Maßnahme zum Fortbestand dieser noch erforderlich sein kann, wird als Erhaltungspflege bezeichnet. Bei diesen Pflegemaßnahmen geht es darum, einen einmal erreichten Zustand dauerhaft zu erhalten.[12]

---

[10] Mustersatzung der Bundesvereinigung der kommunalen Spitzenverbände zur Erhebung der Kostenerstattungsbeträge nach §§ 135a – 135c BauGB, abgedruckt in: Bunzel, Bauleitplanung und Flächenmanagement bei Eingriffen in die Natur und Landschaft (1999), S. 189 ff.
[11] Bunzel, Kompensationsverpflichtung und Pflegemaßnahmen bei Eingriffen in Natur und Landschaft – Empirische Erfahrungen und rechtliche Bewertung, in: NuR 2004, S. 15 [18].
[12] Bunzel, Kompensationsverpflichtung und Pflegemaßnahmen bei Eingriffen in Natur und Landschaft – Empirische Erfahrungen und rechtliche Bewertung, in: NuR 2004, S. 15 [16].

Es ist darauf hinzuweisen, dass auch Pflegemaßnahmen am sogenannten Bahnbegleitgrün erforderlich sind. Ziel ist in erster Linie einen sicheren Bahnbetrieb zu gewährleisten.

c) Praxis

In der Praxis gehen die Begrifflichkeiten der unterschiedlichen Pflegeziele oftmals durcheinander, was jedoch nach dem Handbuch des EBAs für die Antrags- und Verwendungsprüfung gemäß C.5.5.5 Nr. 3 nicht davon entbindet, in Fällen, in denen erforderliche Pflegearbeiten länger als drei Jahre durchgeführt werden, darzulegen, warum diese Pflege noch zur Fertigstellung bzw. Entwicklung hin zur planfestgestellten Maßnahme erforderlich ist und nicht bloß der reinen Unterhaltung dient. [13]

Am Beispiel einer Extensivierung von Grünland wird deutlich, dass eine einmalige Mahd bei weitem nicht ausreicht, die Ausmagerung des Bodens zu erreichen, damit sich bestimmte Pflanzenkulturen ansiedeln können. [14]

Auch die Aufforstung eines Waldes benötigt länger in der Entwicklung und hat drei Jahre nach Anpflanzung noch nicht den Charakter der Fertigstellung erreicht.[15]

---

[13] Eisenbahn-Bundesamt Abteilung 4 Finanzierung: AVP 2004 – Handbuch zur Antrags- und Verwendungsprüfung, S. 512 f.
[14] Vorläufige Hinweise zum Vollzug der Eingriffsregelung (HVE) des Landes Brandenburg, Stand Januar 2003, Anhang 6, Seite 66 und Anhang 9 Seite 73.
[15] Burschel und Huss, Grundriß des Waldbaus, Berlin 1997, S. 487; Bunzel, Kompensationsverpflichtung und Pflegemaßnahmen bei Eingriffen in Natur und Landschaft – Empirische Erfahrungen und rechtliche Bewertung, in: NuR 2004, S. 15 [18] ; Haßmann, Anforderungen an Sicherung, Pflege und Kontrolle von landschaftspflegerischen Maßnahmen an Straßen, Inform. D. Naturschutz Niedersachsen, Nr. 3/2000, Anhang 9, S. 132 .

4. Finanzierungsfähigkeit nach dem Bundesschienenwegeausbaugesetz

a) Allgemeines

Mit dem Bundesschienenwegeausbaugesetz setzt der Bund seine Gewährleistungsverantwortung für die Infrastruktur der Eisenbahnen des Bundes um. Mit dem Gesetz wurde der Sorge des Bundesrates entgegengetreten, dass bei einer Übertragung des Eigentums auf ein privates Wirtschaftsunternehmen das Schienennetz nicht in seinen wesentlichen Bestandteilen erhalten und der bedarfsgerechte Ausbau nicht gesichert werden könnte.[16]

Nach § 8 Abs. 1 Satz 1 BSchwAG finanziert der Bund Investitionen in die Schienenwege der Eisenbahnen des Bundes. Die Investitionen umfassen nach § 8 Abs. 1 Satz 2 BSchwAG Bau, Ausbau sowie Ersatzinvestitionen der Schienenwege der Eisenbahnen des Bundes nach Maßgabe dieses Gesetzes im Rahmen der zur Verfügung stehenden Haushaltsmittel. Die bisherige rechtswissenschaftliche Literatur leitet aus den §§ 8 bis 11 BSchwAG eine Finanzierungsverpflichtung des Bundes im Rahmen der zur Verfügung stehenden Haushaltsmittel ab.[17]

Dieser Finanzierungsverpflichtung des Bundes steht die Bestimmung des § 8 Abs. 4 BSchwAG entgegen, nach der die Eisenbahnen des Bundes die Kosten der Unterhaltung und Instandsetzung ihrer Schienenwege tragen.

---

[16] Bundesrats-Drs. 12/5015, S. 11
[17] Schulz, Das Eisenbahnwesen des Bundes und die Stellung der deutschen Bahnen auf dem europäischen Binnenmarkt (1995), S. 303 Fn. 199; Hoppe/Schmidt/Busch/Schieferdecker, Sicherheitsverantwortung im Eisenbahnwesen – zur öffentlich-rechtlichen und zivilrechtlichen Verantwortung der Schienenbahnen (2002), S. 19 f.; Tavakoli, Privatisierung und Haftung der Eisenbahnen (2001), S. 61

Zur Durchführung der Finanzierung der Schienenwege schließen die Eisenbahnen des Bundes mit denjenigen Gebietskörperschaften oder Dritten, die den Bau, Ausbau oder die Ersatzinvestitionen finanzieren gemäß § 9 Satz 1 BSchwAG Vereinbarungen.

Die Abgrenzung zwischen den Kosten, die der Bund zu tragen hat und die die Eisenbahnen des Bundes zu tragen haben, erfolgt nach der gültigen Rahmenvereinbarung 1999 (2) schlussgezeichnet am 14. Dezember 1999 über die bilanzielle Aktivierung der Maßnahmen. § 3 Abs. 1 Rahmenvereinbarung 1999 (2) lautet wie folgt: [18]

Durch diese Regelung soll eine Abgrenzung von förderfähigen und nicht förderfähigen Maßnahmen erfolgen. Maßgeblich dabei ist die Richtlinie „Bilanzierung des Anlagevermögens" der Deutschen Bahn AG in der jeweilig gültigen Fassung.

Bei den nachfolgend zu erörternden Maßnahmen ist zu unterscheiden zwischen:
- Grunderwerbskosten für Ausgleichs- und Ersatzflächen,
- Kosten der Ausgleichs- und Ersatzmaßnahmen und
- Kosten der Fertigstellungs- und Entwicklungspflege.
- Kosten der Erhaltungspflege.

---

[18] „Dem Grunde nach gefördert werden Investitionen in die Schienenwege, die im juristischen Eigentum eines Infrastrukturunternehmens stehen, wenn sie nach den Grundsätzen ordnungsgemäßer Buchführung entweder bei ihm oder bei dem anderen Infrastrukturunternehmen des Bundes im Sinne dieses Vertrages aktivierungsfähig sind und vom Abschlussprüfer entsprechend im Jahresabschluss anerkannt und dort tatsächlich aktiviert werden. Die Bundesmittel erhält dasjenige Infrastrukturunternehmen, das die Anlagen / Investitionen aktiviert. In begründeten Fällen sind auch Investitionen in Sachanlagen Dritter förderungsfähig."

b) Grunderwerbskosten für Ausgleichs- und Ersatzflächen

Die Grunderwerbskosten für Ausgleichs- und Ersatzmaßnahmen sind immer Bestandteil der Gesamtinvestition eines Bauvorhabens und sind nach § 8 Abs. 1 BSchwAG förderfähig.[19]

Aus dem Prinzip der Wirtschaftlichkeit und Sparsamkeit nach § 7 BHO ist abzuleiten, dass die günstigste Relation zwischen verfolgten Zweck und anzusetzenden Mittel anzustreben ist.[20]

Daraus ergibt sich, dass vorrangig bahneigene bzw. bundeseigene Grundstücke des Allgemeinen Grundvermögens in Anspruch genommen werden.[21]

Daneben besteht die Möglichkeit Flächen Dritter zu Lasten des Vorhabens entsprechend den Vorgaben herzurichten, eine Entschädigung zu zahlen und die Flächen mit einer Grunddienstbarkeit zu belegen.[22]

Zu beachten bleibt, dass Ablösebeträge der späteren Unterhaltung, die in der Entschädigungszahlung enthalten sind nicht förderfähig sind, da diese nach § 8 Abs. 4 BSchwAG von den EIU zu tragen sind.

---

[19] Siehe auch: Eisenbahn-Bundesamt Abteilung 4 Finanzierung: AVP 2004 – Handbuch zur Antrags- und Verwendungsprüfung, S. 510.
[20] Heller, Haushaltsgrundsätze für Bund, Länder und Gemeinden (1998), Kapitel 4 Rn. 125.
[21] Eisenbahn-Bundesamt Abteilung 4 Finanzierung: AVP 2004 – Handbuch zur Antrags- und Verwendungsprüfung, S. 510 f.
[22] Eisenbahn-Bundesamt Abteilung 4 Finanzierung: AVP 2004 – Handbuch zur Antrags- und Verwendungsprüfung, S. 511

c) Kosten der Ausgleichs- und Ersatzmaßnahmen

Ebenfalls sind die Kosten der Ausgleichs- und Ersatzmaßnahmen den Investitionen nach § 8 Abs. 1 BSchwAG zuzurechnen.[23]

Dabei sind alle Maßnahmen zu finanzieren, die Bestandteil des Planfeststellungsbeschlusses sind. Insbesondere dürfen Verwendungsprüfungen nur dahingehend erfolgen, ob die Maßnahme mit den Angaben des Planfeststellungsbeschlusses übereinstimmt. Soweit der Planfeststellungsbeschluss Ausgleichs- und Ersatzmaßnahmen im erheblichen Umfang vorsieht, sind auch diese grundsätzlich vollumfänglich durch den Bund zu finanzieren, da durch den Bund im Rahmen der Planfeststellungsverfahren eine Prüfung der Erforderlichkeit der Maßnahmen erfolgt ist.[24]

Ebenfalls förderfähig ist eine „Ausgleichsabgabe". Sie kann an Stelle des Ausgleichs- und Ersatzmaßnahmen erfolgen. Dabei haben die EIU darzulegen, welches Berechnungsverfahren angewandt wurde und welche rechtlichen Grundlagen der Ermittlung zugrunde gelegt wurden.[25]

Würde der Bund nur Maßnahmen in einem geringeren Umfang fördern, da von Seiten der Finanzierung planfestgestellten Maßnahen als nicht notwendig und somit nicht förderfähig eingestuft würden, wäre zu prüfen, ob Amtshaftungsansprüche gegenüber dem Bund bestehen.

---

[23] Eisenbahn-Bundesamt Abteilung 4 Finanzierung: AVP 2004 – Handbuch zur Antrags- und Verwendungsprüfung, S. 511
[24] So auch: Eisenbahn-Bundesamt Abteilung 4 Finanzierung: AVP 2004 – Handbuch zur Antrags- und Verwendungsprüfung, S. 511
[25] Eisenbahn-Bundesamt Abteilung 4 Finanzierung: AVP 2004 – Handbuch zur Antrags- und Verwendungsprüfung, S. 511

d) Kosten der Fertigstellungs- und Entwicklungspflege

Die Kosten der Fertigstellungs- und Entwicklungspflege sind als Bestandteil der Investition auch im vollen Umfang förderfähig. [26]

Dabei handelt es sich um Maßnahmen, die dazu dienen, den Erfolg von landschaftspflegerischen Entwicklungsmaßnahmen, die der Kompensation von Eingriffen im Rahmen der Baumaßnahmen dienen, sicherzustellen. Im Rahmen dieser Maßnahmen werden über einen längeren Zeitraum die Herstellung und Entwicklung der neu angelegten Biotopstrukturen gegen Störungen geschützt und deren Entwicklung durch gezielte Pflege unterstützt. [27]

Diese Maßnahmen sind als Bestandteil der Investition im Sinne des § 8 Abs. 1 BSchwAG und nicht als Unterhaltungs- und Instandsetzungsmaßnahme, d.h. als Aufwand, im Sinne des § 8 Abs. 4 BSchwAG zu qualifizieren. Die Definitionen des BSchwAG sind für Baumaßnahmen angelegt und können deshalb nicht wörtlich auf die zwar als Bestandteil der Baumaßnahme aber dennoch gesondert zu betrachtenden Naturschutzmaßnahmen angewandt werden.
Die Festschreibung der Fertigstellungs- und Entwicklungspflege ist Bestandteil eines jeden Planfeststellungsbeschlusses. Im Gegensatz zu den Baumaßnahmen bedarf es bei den Naturschutzmaßnahmen einer bestimmten Fertigstellungs- und Entwicklungspflege, da diese Maßnahmen nicht zwangsläufig mit der eigentli-

---

[26] Eisenbahn-Bundesamt Abteilung 4 Finanzierung: AVP 2004 – Handbuch zur Antrags- und Verwendungsprüfung, S. 512 f.; allgemein: Bunzel, Kompensationsverpflichtung und Pflegemaßnahmen bei Eingriffen in Natur und Landschaft – Empirische Erfahrungen und rechtliche Bewertung, in: NuR 2004, S. 15 [18].
[27] Bunzel, Kompensationsverpflichtung und Pflegemaßnahmen bei Eingriffen in Natur und Landschaft – Empirische Erfahrungen und rechtliche Bewertung, in: NuR 2004, S. 15 [16].

chen Durchführung der Ausgleichs- und Ersatzmaßnahme, meist dem Pflanzen von Sträuchern, Bäumen etc.) beendet sind. [28]

Vielmehr bedürfen sie, wie jedes Lebewesen, einer gewissen Anfangspflege, damit sie sich ab einem späteren Stadium selbst entwickeln können. Diese Fertigstellungs- und Entwicklungspflege ist nicht mit der Unterhaltung und Instandsetzung nach § 8 Abs. 4 BSchwAG zu vergleichen, da sie im Gegensatz zur Unterhaltung und Instandsetzung in der Investition impliziert ist. Nach den einschlägigen DIN (18916, 18917 und 18918) umfasst die Fertigstellungspflege alle Leistungen nach der Pflanzarbeit, die zur Erzielung eines abnahmefähigen Zustandes von Pflanzungen erforderlich sind. [29]

Die nachfolgende Entwicklungspflege dient dem Erreichen eines funktionsfähigen Zustandes und erfolgt nach der Abnahme. Das Eisenbahn-Bundesamt veranschlagt für diese Maßnahmen in der Regel einen 3-Jahres-Zeitraum. [30]
Mit der Formulierung „in der Regel" wird klargestellt, dass der Zeitraum bei bestimmten Maßnahmen niedriger bei anderen Maßnahmen jedoch weit höher liegen kann, es kommt daher immer auf den Einzelfall an. [31]

---

[28] Bunzel, Kompensationsverpflichtung und Pflegemaßnahmen bei Eingriffen in Natur und Landschaft – Empirische Erfahrungen und rechtliche Bewertung, in: NuR 2004, S. 15 [16].
[29] Eisenbahn-Bundesamt Abteilung 4 Finanzierung: AVP 2004 – Handbuch zur Antrags- und Verwendungsprüfung, S. 512 f.
[30] Eisenbahn-Bundesamt Abteilung 4 Finanzierung: AVP 2004 – Handbuch zur Antrags- und Verwendungsprüfung, S. 513.
[31] Birk, Die Kostenerstattung bei naturschutzrechtlichen Eingriffsregelungen unter besonderer Berücksichtigung des Erschließungsbeitrags, in: VBlBW 1998, S: 81 [83]; Bunzel, Kompensationsverpflichtung und Pflegemaßnahmen bei Eingriffen in Natur und Landschaft – Empirische Erfahrungen und rechtliche Bewertung, in: NuR 2004, S. 15 [18].

Die in Abgrenzung zu bringende Unterhaltung und Instandsetzung fällt aufgrund des Betriebs und der damit verbundenen zeitlichen „Abnutzung" der Infrastrukturanlagen an, sie ist letztlich notwendig damit die Infrastruktur in einem betriebsfähigen Zustand gehalten wird. Ein funktionsfähiger Zustand ist jedoch bei den notwendigen Unterhaltungs- und Instandsetzungsmaßnahmen bereits erreicht und muss nicht erst, wie bei Fertigstellungs- und Entwicklungspflege, hergestellt werden.

Vor diesem Hintergrund ist die Fertigstellungs- und Entwicklungspflege wegen ihres originären Bestandteils im Rahmen der Kompensationsmaßnahmen ebenfalls als Bestandteil der Investition anzusehen. [32]

Durch die Fertigstellungs- und Entwicklungspflege wird erst der Zustand herbeigeführt, der als Kompensation im Rahmen des Planfeststellungsbeschlusses festgelegt wurde. Dabei können die Maßnahmenzeiträume variieren, so dass die Zeiträume über aber auch unter drei Jahren liegen können. Maßgeblich ist dabei immer eine Einzelfallbetrachtung, ein Durchschnittswert kann daher nicht gebildet werden.[33]

Aufgrund der in Bezug genommenen Beispiele der Straßenrichtlinien und von Haßmann, wäre es zur Verwaltungsvereinfachung wünschenswert, wenn allgemeingültige Fallgruppen gebildet werden würden.[34]

---

[32] So letztlich auch: Eisenbahn-Bundesamt Abteilung 4 Finanzierung: AVP 2004 – Handbuch zur Antrags- und Verwendungsprüfung, S. 512 f.
[33] Bunzel, Kompensationsverpflichtung und Pflegemaßnahmen bei Eingriffen in Natur und Landschaft – Empirische Erfahrungen und rechtliche Bewertung, in: NuR 2004, S. 15 [18].
[34] Haßmann, Anforderungen an Sicherung, Pflege und Kontrolle von landschaftspflegerischen Maßnahmen an Straßen, Inform. D. Naturschutz Niedersachsen, Nr. 3/2000 S. 129, 5.3 und Anhang 9, S. 132; RAS – LP2, Ausgabe 1993, 3.2; Allgemeines Rundschreiben Straßenbau Nr. 3/2000,Seite 13, 5.3.

In Fällen, in denen die „Erhaltung eines Biotops" wie unter D. II. 1. dargestellt ausnahmsweise die planfestgestellte LBP - Maßnahme darstellt, ist für den festgesetzten Zeitraum die Pflegemaßnahme förderfähig.

e) Kosten der Erhaltungspflege

Die Kosten der Erhaltungspflege sind nicht förderfähig im Sinne des § 8 Abs. 1 BSchwAG, da sie den Maßnahmen der Unterhaltung und Instandsetzung nach § 8 Abs. 4 BSchwAG zuzurechnen sind. Maßnahmen der Erhaltungspflege dienen nämlich nicht der Herstellung und Entwicklung, sondern dem Erhalt bestehender Biotopstrukturen.[35]

Sie haben einen konservierenden Charakter, so dass sie als Maßnahmen zum Ausgleich oder zur Kompensation nicht im Betracht kommen. Sie können daher nicht Bestandteil der Investition im Sinne des § 8 Abs. 1 BSchwAG sein. Aufgrund ihres konservierenden Charakters ist die Erhaltungspflege mit den Unterhaltungs- und Instandsetzungsmaßnahmen gleichzusetzen, da das Biotop bereits einen funktionsfähigen Zustand erreicht hat, der lediglich erhalten werden muss. Hierunter fallen auch die Pflegemaßnahmen am sogenannten Bahnbegleitgrün, die dem sicheren Bahnbetrieb dienen.

---

[35] Bunzel, Kompensationsverpflichtung und Pflegemaßnahmen bei Eingriffen in Natur und Landschaft – Empirische Erfahrungen und rechtliche Bewertung, in: NuR 2004, S. 15 [16].

Dr. Urs Kramer, Universität Marburg

Aktuelle Entwicklungen aus dem Eisenbahnrecht

Aktuelle Entwicklungen aus dem Eisenbahnrecht sollen auch in diesem Jahr am Ende der traditionellen Tübinger Fachtagung stehen. Gleichsam in einer Art „Rundumschlag" werden jetzt noch wenigstens schlaglichtartig einige der vielfältigen Entwicklungen des Eisenbahnrechts in den letzten 12 Monaten angesprochen, die im bisherigen Tagungsverlauf gar nicht oder jedenfalls nicht hinreichend zur Sprache gekommen sind. Ohne Anspruch auf Vollständigkeit sollen, inhaltlich nach Stichworten „vorsortiert", davon die wichtigsten, am Ende aber auch noch die kuriosesten kurz präsentiert werden. Dank gebührt dabei allen „Spendern", welche die nicht immer leichte Suche nach berichtenswerten Ereignissen auf vielfältige Weise durch ihr Zutun erleichtert haben.

I. Nationale Rechtsänderungen

Auf nationaler Ebene war im letzten Jahr bei der „Gesetzgebungsmaschinerie" eine nach mehreren Jahren der Stagnation fast schon ungewohnte Aktivität zu verzeichnen, die sicherlich auch durch das bereits laufende Vertragsverletzungsverfahren gemäß Art. 226 EG wegen der nicht rechtzeitigen Umsetzung des ersten EG-Eisenbahnpakets[1] beflügelt wurde. In wegen des unterschiedlichen Diskussionsbedarfs der Entwürfe nicht mehr numerischer Reihenfolge wurden von den Gesetzgebungsorganen verabschiedet: Zunächst das Vierte Gesetz zur Änderung eisenbahnrechtlicher Vorschriften (...) vom 27.12.2004,[2] das zu einer

---

[1] Dazu schon *Kramer*, in: *Ronellenfitsch/Schweinsberg*, Aktuelle Probleme des Eisenbahnrechts X, 2005, S. 230.
[2] BGBl. I S. 3833.

Änderung der §§ 5, 5a, 26 Allgemeines Eisenbahngesetz (AEG) im Hinblick auf gemeinschaftsrechtliche Vorgaben zur Interoperabilität der Infrastruktur, der Fahrzeuge und jeweils Teilen davon führte. Näher konkretisiert werden diese Vorschriften durch die auf sie gestützte „Verordnung über die Interoperabilität des konventionellen transeuropäischen Eisenbahnsystems".[3] Erst danach trat das Dritte Gesetz zur Änderung eisenbahnrechtlicher Vorschriften vom 27.04.2005[4] in Kraft. Es führte zu einer Änderung bzw. Neueinfügung der §§ 1 – 6, 8 – 9b, 11 – 14f, 23, 26, 28, 34 – 38 AEG und damit zu einer recht umfangreichen Umgestaltung des geltenden Eisenbahnrechts.[5] Dem schlossen sich mit dem Siebten Gesetz zur Änderung des Gesetzes gegen Wettbewerbsbeschränkungen vom 07.07.2005[6] mit einer Anpassung des § 12 VII AEG und dem Zweiten Gesetz zur Neuregelung des Energiewirtschaftsrechts vom 07.07.2005[7] zwei kleinere Veränderungen an. Das zuletzt genannte Gesetz führte zu einer veränderten Fassung des § 14 IV AEG, mit der die Bezeichnung der kurz zuvor ins Leben gerufenen „Regulierungsbehörde" an die der neuen Bundesnetzagentur angepasst wurde. Zuletzt ist noch vom Vierten Gesetz zur Änderung eisenbahnrechtlicher Vorschriften vom 03.08.2005[8] zu berichten, mit dem die §§ 5a, 14, 14c, 38 AEG geändert wurden.

Aus dieser Veränderung des Bundesrechts ergibt sich zwingend das Problem, ob und wann ihm die Landeseisenbahngesetze (LEG) angepasst werden, zumal viele ihrer Regelungen (etwa zum Anschlussrecht, das § 13 AEG nunmehr umfassend normiert; dazu noch unten) obsolet geworden sind. Zögerliche Reformbe-

---

[3] Konventioneller-Verkehr-Eisenbahn-Interoperabilitätsverordnung (KonVEIV) vom 03.01.2005, BGBl. I S. 26.
[4] BGBl. I S. 1138 ff.
[5] Vgl. dazu nur die Kommentierung der Neufassung des AEG von *Kramer*, in: *Kunz* (Hrsg.), Eisenbahnrecht (Loseblatt).
[6] BGBl. I S. 1954 ff.
[7] BGBl. I S. 1970.
[8] BGBl. I S. 2270.

strebungen gibt es offenbar in Hamburg, während andere Bundesländer noch gar nicht (wieder) aktiv geworden sind bzw. sogar der Auffassung sind, kein eigenes LEG zu brauchen. Auch die Verwaltungsabkommen der Bundesländer mit dem Bund in Person des Eisenbahn-Bundesamts (EBA) für die Übertragung der Aufsichtsaufgaben (über die Figur des so genannten Landesbeauftragten für die Bahnaufsicht [LfB] harren vielerorts ihrer Anpassung.[9]

Neu und für den Bahnalltag durchaus bedeutsam ist die Gesetzesänderung, mit der das Sprayen von Graffiti als Straftat nach § 303 StGB geahndet werden kann. Nachdem der Bundesrat auf seiner Sitzung am 08.07.2005 nicht den Vermittlungsausschuss angerufen hat, kann das Gesetz nach Art. 78, 77 II GG in Kraft treten.[10]

II. Rechtsänderungen auf europäischer Ebene

Der nationale Gesetzgebungszug ist gerade zum Halten gekommen, da nimmt sein europäischer Anschluss schon wieder Fahrt auf: Die EU-Kommission hat unlängst das Dritte Eisenbahnpaket auf den Weg gebracht (dazu in Teilen noch unten bei 11.). Außerdem wurde unlängst eine EU-Eisenbahn-Arbeitszeitrichtlinie verabschiedet, die die Arbeitszeiten des Fahrpersonals regelt.[11]

Darüber hinaus hat die EU-Kommission am 20.07.2005 einen geänderten Vorschlag für eine europäische „Verordnung über öffentliche Verkehrsdienste auf Schiene und Straße" als Nachfolgeregelung zur Verordnung (EWG) 1191/69 beschlossen. Darin werden allgemein verbindliche Wettbewerbsregeln für die

---

[9] Unlängst konnte das EBA zumindest mit Schleswig-Holstein ein „runderneuertes" LfB-Abkommen schließen.
[10] Zum Normtext BT-Drs. 15/5313; zum Bundesratsbeschluss Plenarprotokoll 813 S. 282 B. Zur bisher h.M. zur Nichteinschlägigkeit des § 303 StGB a.F. bei Graffiti *OLG Dresden*, NJW 2004, 2843 f.
[11] Dazu näher BAHN-REPORT 5/2005, S. 14.

Vergabe von allen ÖPNV-Leistungen aufgestellt. Der Vorschlag geht von einem Vorrang der schon geltenden europäischen Vergaberichtlinien aus und enthält für den noch nicht geregelten Bereich (insbesondere die Finanzierung so genannter gemeinwirtschaftlicher Verkehrsdienste) eine grundsätzliche Pflicht zur Ausschreibung. Gegenüber früheren Vorschlägen haben die Aufgabenträger jetzt aber mehr Wahlmöglichkeiten: Sie können ÖPNV-Leistungen auch selbst oder durch ein eigenes Unternehmen erbringen („Eigenproduktion") oder sie unter bestimmten Voraussetzungen im Weg der Direktvergabe ohne vorheriges Ausschreibungsverfahren an Private vergeben. Diese Entscheidung muss dann aber transparent sein. Ziel des Vorschlags ist in jedem Fall die weitere Öffnung des Markts für Personenverkehrsdienste.[12] Der Kommissionsvorschlag fand in Deutschland allerdings zunächst wenig Beifall, weil er als mittelstandsfeindlich angesehen und mit der Gefahr des Lohndumpings in Verbindung gebracht wurde. Das leitet über zum nächsten Thema:

III. Vergaberecht

In den schon länger schwelenden Streit um die Gemeinschaftsrechtskonformität der großen Verkehrsverträge der Bundesländer mit der DB Regio AG ist offenbar Bewegung gekommen: So ist die EU-Kommission dem Vernehmen nach bereit, das gegen die Bundesrepublik Deutschland eingeleitete Vertragsverletzungsverfahren nach Art. 226 EG zu beenden, wenn sich die Bundesländer auf einen – bezeichnenderweise von der DB AG erarbeiteten – Kompromiss einlassen. Dieser sieht vor, dass die Vergabe von SPNV-Leistungen künftig in fünf Schritten außerhalb eines förmlichen Vergabeverfahrens erfolgt. Zunächst soll der beabsichtigte Abschluss eines Verkehrsvertrags (also nicht die Vergabe ein-

---

[12] Der Volltext des Vorschlags findet sich im Internet unter *europa.eu.int/comm/transport/rail/passenger/doc/com_2005_0319_de.pdf*.

zelner Strecken) europaweit bekannt gemacht werden. Nach einer angemessenen Frist werden die eingegangenen Interessenbekundungen der Unternehmen geprüft. Ergibt die Auswahl mehrere geeignete Bewerber, werden mit diesen weitere formlose, aber transparente und nichtdiskriminierende Verhandlungen geführt, bis ein bevorzugter Bieter ermittelt ist. Mit ihm wird dann der konkrete Verkehrsvertrag ausgehandelt, dessen Abschluss wieder europaweit bekannt gemacht wird. Zumindest das geltende europäische Vergaberecht wäre damit wohl gewahrt, denn die Richtlinie 92/50/EG verlangt für Eisenbahnverkehrsleistungen bislang nur die Bekanntmachung ihrer Vergabe. Dass das deutsche Vergaberecht (über dessen Anwendbarkeit allerdings die Gerichte im Eisenbahnsektor bekanntermaßen unterschiedlich geurteilt haben[13]) etwa im Hinblick auf die Gewährung von Rechtsschutz (den der jetzige Vorschlag nicht vorsieht) viel strenger ist, interessiert die EU-Kommission nicht. Ob sich dieser Ausweg durchsetzt, hängt nun unter anderem von der Reaktion der dazu gerade befragten Bundesländer ab.

Offenbar bereits für diese Linie entschieden hat sich der schleswig-holsteinische Verkehrsminister. Er beabsichtigt nach eigener Ankündigung, bei der Vergabe von SPNV-Leistungen im östlichen Landesteil mögliche Anbieter nicht mehr über eine förmliche Ausschreibung, sondern nur noch durch ein Interessenbekundungsverfahren zu ermitteln. Auf heftige Kritik stieß die Ankündigung bei der dortigen Opposition, die eine Beeinträchtigung des freien Wettbewerbs befürchtet.[14]

Während, wie oben erwähnt, einige LEG immer mehr veralten, werden die ÖPNV-Gesetze der Länder offenbar lieber und schneller auf den aktuellen Stand

---

[13] Dazu nur als „Highlight" *Oberlandesgericht (OLG) Brandenburg*, NZBau 2003, 688 ff.; dagegen *Pietzcker*, NZBau 2003 661 ff.; *Thieme/Schlüter*, NVwZ 2004, 162 ff.
[14] Pressemeldung des Ministeriums für Wissenschaft, Wirtschaft und Verkehr vom 10.06.2005.

gebracht: Neben Niedersachsen,[15] Nordrhein-Westfalen,[16] Sachsen-Anhalt und Brandenburg[17] hat auch Hessen in letzter Zeit sein Gesetz „renoviert" und dabei vor allem die Bedeutung der Ausschreibung von Verkehrsleistungen betont.[18] Gegen die in diesem Kontext propagierte „Ausschreibungsoffensive" erhob sich in der Folgezeit bei den betroffenen lokalen und regionalen Unternehmen jedoch eine regelrechte „Revolte".[19] Rechtlich umstritten war die Vergabe von Verkehrsleistungen im SPNV, bei denen das Eisenbahnverkehrsunternehmen (EVU) nicht mehr selbst für die Fahrzeuggestellung zuständig ist, sondern durch die Ausschreibungsbedingungen verpflichtet wird, für die betreffenden Zugleistungen auf einen vom Auftraggeber gestelltem Fahrzeugpool zurückzugreifen, der damit die Nachteile kleinerer Wettbewerber ohne einen großen Fahrzeugpark im Rücken ausgleichen will. Die Vergabekammer Lüneburg und das Oberlandesgericht (OLG) Celle haben diesen Weg gebilligt und ausgeführt, wettbewerbsrechtlich sei die „Pool-Vergabe" nicht zu beanstanden; insbesondere bürde sie dem Bieter mangels Unklarheiten kein ungewöhnliches Wagnis i.S.d. § 8 Nr. 1 VOL/A auf.[20] Auch die Forderung eines SPNV-Aufgabenträgers in den Ausschreibungsunterlagen, der Bieter müsse die Vorschriften des Landes-Tariftreuegesetzes einhalten, wurde in einem Vergaberechtsverfahren im Hinblick auf §§ 97 I, II, IV, 114 I GWB i.V.m. §§ 7 Nr. 4, 8 Nr. 1 II VOL/A für zulässig erachtet.[21]

---

[15] Vgl. zum Gesetzentwurf LT-Drs. 15/1335.
[16] Dazu näher BAHN-REPORT 2/2005, S. 15.
[17] Zu diesen beiden Gesetzen BAHN-REPORT 6/2004, S. 17.
[18] Vgl. näher Presseinformation des Hessischen Ministeriums für Wirtschaft, Verkehr und Landesentwicklung vom 05.11.2004; BAHN-REPORT 1/2005, S. 12 f.
[19] Dazu nur Frankfurter Rundschau vom 08.11.2004, S. 15, und vom 09.11.2004, S. 13.
[20] *Vergabekammer (VK) Lüneburg*, Beschluss vom 18.06.2004 – Az.: 203-VgK-29/2004; *OLG Celle*, Beschluss vom 02.09.2004 – Az.: 13 Verg 11/04.
[21] So *VK Münster*, Beschluss vom 24.09.2004 – Az.: VK 24/04.

IV. Planungsrecht

Erneut diskutiert wird im Moment im Bundesrat (bis zur geplanten kompletten Vereinheitlichung und Vereinfachung des Planungsrechts zur Steigerung der Investitionsfreude am Standort Deutschland) die nochmalige Verlängerung der Geltungsdauer des bis zum 31.12.2005 befristeten Verkehrswegeplanungsbeschleunigungsgesetzes. Das Bundesverwaltungsgericht (BVerwG) hat die damit verbundene Verkürzung des Rechtswegs erneut als verfassungsrechtlich unbedenklich erachtet.[22]

Ständigen Veränderungen unterworfen sind auch die Planungen über die künftigen Verkehrswegeinvestitionen des Bundes. Mal wird gespart und gestrichen, mal ein zusätzliches Förderprogramm aufgelegt.[23] Neben der Unsicherheit, was genau wann geplant und gebaut wird, führen die Verzögerungen bei der Mittelbereitstellung auch immer wieder zu Kostensteigerungen und zur Nichtverwendung von Mitteln.[24] Abhilfe sollen hier u. a. so genannten Finanzierungsvereinbarungen des Bundes mit den Eisenbahninfrastrukturunternehmen (EIU) mit klaren Regeln und Pönalien schaffen.[25]

V. Widmungsrecht

Die so genannte Nachnutzung von zu entwidmenden Bahnflächen ist immer noch in vieler Munde,[26] so dass hier in nächster Zeit noch einige Verwaltungs- und Gerichtsverfahren zu erwarten sind. Ob zur Lösung der dabei auftretenden Probleme allerdings die zur Regelung der „Freistellung von Bahnbetriebszwecken" geschaffene Norm des § 23 AEG n.F. immer eine große Hilfe ist, bleibt

---

[22] So *BVerwG*, NVwZ 2004, 722 ff., auch zu gemeinschaftsrechtlichen „Angriffspunkten".
[23] S. etwa Süddeutsche Zeitung vom 28.10.2004: „Eine Milliarde Euro mehr für die Bahn".
[24] Vgl. dazu etwa den Bericht des BMVBW zu TOP 2 der 57. Sitzung des Bundestagsausschusses für Verkehr, Bau- und Wohnungswesen vom 27.10.2004.
[25] Dazu BAHN-REPORT 6/2004, S. 13.

zumindest deshalb abzuwarten, weil die Vorschrift doch einige dogmatische Fragezeichen bestehen lässt.[27]

Einen weiteren Problemfall in diesem Zusammenhang verdeutlich das derzeit laufende Verfahren zur Entwidmung von Teilen der Bahnstrecke Rheine – Quakenbrück.[28] Von dieser einst durchgehenden Bahnlinie soll ein kurzes Teilstück auf Wunsch der örtlich betroffenen Gemeinde entwidmet werden, weil dort ein an der Trasse gelegenes Unternehmen sein Betriebsgelände über die ehemaligen Gleisanlagen hinweg erweitern möchte. Die anderen, sehr viel „bahnfreundlicher" eingestellten Kommunen entlang der Strecke wurden an dem Verfahren nicht beteiligt, verlieren durch die Entwidmung aber gleichwohl „ihre" Option auf eine durchgehende Bahnlinie zu den Nordseehäfen. Deshalb versuchen sie nunmehr, ihr Beteiligungsrecht im Verfahren zu erstreiten, zumal ihnen das Raumordnungs- und Landesplanungsrecht (als bestenfalls einem Mitglied unter vielen in den dort vorgesehenen Beschlussgremien) insoweit auch keinen hinreichenden Schutz vermitteln kann. Das Problem ist somit, dass ihr unter Umständen bestehendes Verkehrsbedürfnis bei der Entwidmung des in der anderen Gemeinde liegenden Streckenstücks keine Berücksichtigung findet.

Soweit bekannt erstmals hat das EBA als zuständige Behörde eine zuvor verfügte Entwidmung nach § 48 HVwVfG zurückgenommen, weil und nachdem sich herausgestellt hat, dass sie rechtswidrig war. Im konkreten Fall wurde erst nach dem Erlass der Verfügung bekannt, dass für den entwidmeten Teil einer (in der Folgezeit auf einen neuen Betreiber übertragenen) Bahnstrecke bereits Trassenbestellungen vorlagen, also noch das einer Entwidmung entgegenstehende öf-

---

[26] Vgl. dazu nur den Tagungsbericht in DVBl. 2005, 358.
[27] Dazu *Kramer*, in: *Kühlwetter/Brauner*, Die Eisenbahnen im Recht 2005, S. 48; *ders.* (o. Fußn. 5), § 23 AEG m. Erl.
[28] Da die entsprechende Entwidmung noch vor dem 29.04.2005 verfügt wurde, findet hier gemäß § 38 VI AEG § 23 AEG n.F. noch keine Anwendung. Aber auch mit ihm ergäbe sich keine andere Lösung.

fentliche Verkehrsbedürfnis bestand. Daraufhin nahm das EBA seinen Ursprungsbescheid zurück.

VI. DB-Konzern

Eine interessante Idee, die dogmatisch jedoch nicht überzeugend zu begründen ist, stellt der Ansatz dar, die DB AG trotz ihrer Privatisierung nach Art. 87e III GG weiterhin der Grundrechtsbindung zu unterstellen.[29]

Das Oberverwaltungsgericht (OVG) Münster hat die Verantwortlichkeit der DB AG für Tauben in einer Bahnunterführung und damit die Polizeipflichtigkeit des Unternehmens für das Anbringen eines Netzes gegen deren Nisten und Brüten verneint.[30]

Das OLG Düsseldorf hat eine Entscheidung des Bundeskartellamts bestätigt, mit der der DB AG untersagt worden war, sich an einer Busgesellschaft in Saarlouis zu beteiligen, weil dadurch eine marktbeherrschende Stellung der DB-Tochter „Stadtverkehr" im Buslinienverkehr begründet worden wäre.[31]

In einem gemäß § 17a GVG durch alle Instanzen geführten Streit über den richtigen Rechtsweg bei Streitigkeiten im Zusammenhang mit der durch ein EIU veranlassten Änderung einer Telekommunikationsleitung hat der Bundesgerichtshof (BGH) den öffentlich-rechtlichen Charakter des Verfahrensgegenstands betont, weil die streitentscheidenden Normen der §§ 55 f. TKG 1996 (jetzt § 74 f. TKG) dem öffentlichen Recht angehörten.[32]

Nach einem Urteil des OVG Koblenz ist die DB AG gemäß § 3 II BGSG (jetzt BPG) verpflichtet, die Kosten des Bundesgrenzschutzes für die Erfüllung bahn-

---

[29] Dafür dezidiert *Jochum*, NVwZ 2005, 779 ff.
[30] *OVG Münster*, DÖV 2005, 528.
[31] *OLG Düsseldorf*, Urteil vom 04.05.2005 – Az.: VI Kart 19/04 (V).
[32] *BGH*, DVBl. 2005, 846 ff. = DÖV 2005, 612 ff.; vgl. zudem *BGH*, NVwZ 2005, 487 f., zum Begriff der „Anlagen" in den Stromkreuzungsrichtlinien 1956.

polizeilicher Aufgaben auf der Basis einer gesonderten Verordnung[33] zu erstatten.[34] Der Bundesgrenzschutz wurde im Übrigen nach anfänglichem Widerstand des Bundesrats mit Kanzlermehrheit im Bundestag durch ein Gesetz in „Bundespolizei" umbenannt.[35]

VII. Eisenbahn-Bundesamt

Die DB AG darf ohne vorherige Genehmigung durch die zuständige Kommune keine Baumfällarbeiten an ihren Strecken durchführen. Das geht aus einem Urteil des OVG Münster in einem Rechtsstreit zwischen der DB Netz AG und der Stadt Köln hervor. Das Gericht urteilte, der Vollzug von Natur- und Landschaftsschutzrecht, zu dem auch Baumschutzsatzungen zählen, falle wie insgesamt die Anwendung von Landesrecht nicht in die Zuständigkeit des EBA, das im konkreten Fall die Fällarbeiten im Gegensatz zur Stadt nicht verboten hatte. Vielmehr unterlägen sowohl bundeseigene als auch private Eisenbahnunternehmen insoweit der Aufsicht der Kreise und kreisfreien Städte. Über den konkreten Fall hinaus hat das OVG damit verallgemeinerungsfähig die zum Teil heftig angegriffene Rechtsauffassung des EBA bestätigt, dass ihm keine Zuständigkeit für die Anwendung von landesrechtlichen Vorschriften zukomme.[36]

---

[33] Verordnung zur Festsetzung des Ausgleichs für die Erfüllung bahnpolizeilicher Aufgaben des Bundesgrenzschutzes vom 06.12.2000, BGBl. I S. 1683. Sie verpflichte die DB AG zur Zahlung von 20,83 % des jährlich dafür nötigen Gesamtaufwands des Bundesgrenzschutzes (jetzt der Bundespolizei).
[34] *OVG Koblenz*, DVBl., 2005, 132. Die DB AG hat gegen das Urteil Revision eingelegt und für den Fall eines Unterliegens vor dem BVerwG bereits die Umlegung der Kosten auf die Fahrpreise angekündigt. Konkret gestritten wird um rund 64 Mio. Euro für die Bahnpolizeiarbeit in 2002.
[35] Gesetz zur Umbenennung des Bundesgrenzschutzes in Bundespolizei vom 21.06.2005, BGBl. I S. 1818.
[36] Vgl. *OVG Münster*, Urteil vom 08.06.2005 – 8 A 262/05; zur Vorinstanz *VG Köln*, Urteil vom 03.11.2004 – Az.: 14 K 9757/02;

VIII. Eisenbahninfrastruktur

Nur ein kurzer Blick sei dem Eisenbahnkreuzungsrecht gewidmet. Neben verschiedenen (hier nicht näher erörterten) Einzelfragen[37] wurde wieder einmal das Problem des Rechtsschutzbedürfnisses einer auf das Kreuzungsrecht gestützten Klage aufgeworfen, wenn das an sich vor der Klageerhebung nach § 6 EKrG vorgeschriebene „Kreuzungsrechtsverfahren" beim BMVBW bzw. bei der zuständigen Landesbehörde „ausgelassen" wurde. Die Rechtsprechung lässt hier auch weiterhin ohne überzeugende Begründung eine „weiche Gangart" zu.[38] Bewegung kommt unterdessen offenbar in die schon länger erhobene Forderung nach einer Regionalisierung von bestimmten Teilen der Eisenbahninfrastruktur: Im Nachgang einer Tagung des Verbands Deutscher Verkehrsunternehmen zu diesem Themenkomplex wurde das Modell des hessischen Wetteraukreises offiziell vorgestellt. In Kooperation mit der DB Netz AG sollen dort im Jahr 2007 mehrere ertragsstärkere, aber auch einige „schwächere" Bahnlinien an den Landkreis verpachtet werden, der sie fortan betreibt und unterhält. Die Verantwortlichen erhoffen sich davon kürzere Entscheidungswege, Einsparungen durch die Planung vor Ort und die Quersubventionierung schwächerer (eine ist derzeit sogar stillgelegt) durch stärkere Linien.[39]

Im Hinblick auf die Einführung der neuen Sicherungs- und Steuerungstechnik GSM-R hat das Landgericht (LG) Berlin (nebenbei) entschieden, der Vorschrift des § 4 I 1 AEG über die Betriebspflicht komme keine drittschützende Wirkung zu, weil sie nur die im Allgemeininteresse liegende Verpflichtung zum (sicheren) Betrieb aufstelle, deren Erfüllung ordnungsrechtlich von der Eisenbahnauf-

---

[37] Vgl. dazu *BVerwG*, DVBl. 2004, 388 f. = NVwZ 2004, 479 ff.; *OVG Magdeburg*, DÖV 2003, 309.
[38] So zuletzt *OVG Brandenburg*, DÖV 2003, 557; insgesamt kritisch *Kramer*, NVwZ 2002, 1476 ff.
[39] Vgl. dazu Frankfurter Neue Presse vom 13.05.2005.

sicht überwacht werde. Unmittelbare Rechte Dritter (etwa eines EVU gegenüber einem EIU) habe der Gesetzgeber damit aber erkennbar nicht begründen wollen).[40]

Die gerade erwähnte Betriebspflicht soll nach der jüngsten Wende im Streit um die zu trauriger Berühmtheit gelangte Hunsrückstrecke[41] nun doch § 11 II 3 AEG entsprechend bis zum Abschluss des Stilllegungsverfahrens bestehen. So hat jedenfalls im Hauptsacheverfahren in erster Instanz das Verwaltungsgericht (VG) Koblenz für Recht erkannt.[42]

Noch ein weiterer Streit rankt sich um das Themengebiet „Streckenstilllegung": Während es nach den ersten Ausschreibungen im Rahmen des § 11 Ia AEG seit der letzten Gesetzesnovelle durchaus zweifelhaft erscheint, ob der in § 11 Ia 4, 5 AEG neu eingefügte Terminus, dass der Ertragswert einer Infrastruktur bei ihrem Verkaufspreis bzw. Pachtzins angemessen bzw. maßgeblich zu berücksichtigen ist, eine Änderung der Praxis bewirkt,[43] hat das EBA eine andere Stilllegungsvoraussetzung mit neuem Leben erfüllt: Soweit ersichtlich erstmals hat es in einem Verfahren die Darlegung der Unzumutbarkeit des Weiterbetriebs durch das EIU verneint. Begründet wird das damit, dass, wenn bei einem bestehenden SPNV-Verkehrsvertrag mit einem Zweistundentakt bis 2011 mehr als die Kosten der Infrastruktur gedeckt seien, der Weiterbetrieb zumutbar sei. Nachdem auch der Widerspruch gegen die deshalb gemäß § 11 IV AEG verweigerte Ertei-

---

[40] So *LG Berlin*, Urteil vom 23.11.2004 – Az.: 16 O 472/04. Vgl. zur parallelen Rechtslage im Hinblick auf die nicht drittschützende Wirkung der Vorschriften über die Eisenbahnaufsicht *Kramer* (o. Fußn. 5), § 5a Erl. 3
[41] Zur Vorgeschichte mit ihren vielen Irrungen und Wirrungen *Kramer* (o. Fußn. 1), S. 235 f.
[42] *VG Koblenz*, Urteil vom 28.02.2005 – Az.: 8 K 3787/03.KO. Dazu Allgemeine Zeitung (Mainz) vom 23.03.2005.
[43] Die seither unter
www.db.de/site/bahn/de/geschaefte/infrastruktur__schiene/fahrweg/abgabe__infrastruktur/abgabe__infrastruktur.html veröffentlichten Angebote lassen jedenfalls keine Änderung der bisherigen „Preispolitik" der DB Netz AG, die der Gesetzgeber mit der Änderung des Normtextes erreichen wollte, erkennen.

lung der Stilllegungsgenehmigung erfolglos war, ist jetzt dazu eine Verpflichtungsklage beim VG Weimar anhängig.[44]

IX. Netzzugang

Nachdem das EBA einem EIU untersagt hatte, einem EVU den begehrten Netzzugang erst nach Begleichung offener Zahlungsforderungen zu gewähren, hat das VG Köln diese Sicht der Dinge im Eilrechtsschutzverfahren mitgetragen und § 14 AEG trotz Zahlungsrückstands für voll anwendbar erachtet, da der mit der Zugangsverweigerung (bzw. einer Kündigung des bestehenden Nutzungsvertrags) verbundene Druck auf den Besteller nicht im öffentlichen Interesse liege und das EIU seine Geldforderung auch anderweitig (zivilrechtlich) durchsetzen könne.[45] Dagegen hat das EBA keine Einwände gegen ein „Vorkasseverfahren", wenn die geforderten „Finanzgarantien" angemessen und nicht diskriminierend sind.[46]

Das VG Köln hat mehreren Eilanträgen der DB Netz AG gegen sofort vollziehbare Entscheidungen des EBA zur Trassenvergabe im Fahrplan 2005/06 stattgegeben. Die DB Netz AG hatte Fernzügen der DB AG unter anderem bei der Nutzung des Hamburger Hbf. und der Strecke Hamburg – Westerland den Vorrang vor geplanten Nahverkehrszügen der zum Connex-Konzern gehörenden Nord-Ostsee-Bahn GmbH eingeräumt. Daraufhin verpflichtete das EBA in den als Musterverfahren aufgegriffenen Fällen die DB Netz AG jedoch, nach den Vorgaben der zum damaligen Zeitpunkt bereits beschlossenen, an sich aber erst für den Jahresfahrplan 2006/07 anwendbaren neuen Eisenbahninfrastruktur-Benutzungsverordnung (EIBV) zu entscheiden. Dem widersprach das VG: Die bisher angewandten Netzzugangskriterien dürften in der Endphase der Fahrpla-

---

[44] Vgl. dazu Thüringer Allgemeine vom 14.01.2005.
[45] *VG Köln*, Beschluss vom 14.04.2005 – Az.: 11 L 363/05.

nerstellung 2005/06 nicht verändert werden. Die vorzeitige Anwendung der neuen EIBV zu Gunsten einzelner Unternehmen stehe im Widerspruch zum Willen des Verordnungsgebers und verletzte zudem das Gleichbehandlungsgebot, das eine Änderung von Vergabekriterien zugunsten einzelner Unternehmen nach Abschluss von Anmeldefristen verbiete. Einer unmittelbaren Anwendung der EU-Richtlinie 2001/14/EG, welche die EIBV mit dreijähriger Verspätung in nationales Recht umsetzt, trat das VG mit dem Argument entgegen, sie sei zu unbestimmt, um direkte Geltung in Deutschland beanspruchen zu können.[47]

Zur Frage, ob die von der DB Netz AG bundesweit verpflichtend von allen EVU quasi als Netzzugangskriterium geforderte Einführung der Sicherungstechnik GSM-R wettbewerbs- bzw. kartellrechtswidrig ist, hat das LG Berlin entschieden, es bestehe weder aus eisenbahn- noch aus wettbewerbsrechtlicher Sicht ein Anspruch der EVU auf Beibehaltung des bisherigen analogen Zugfunks. Im Übrigen liege auch keine Diskriminierung einzelner Zugangsberechtigter vor, da alle EVU und Halter die neue Technik auf ihren Fahrzeugen einrichten müssten.[48]

Als eisenbahnrechtswidrig hat die EBA hingegen in einem Bescheid so genannte gesonderte Grenzlastberechnungsentgelte der DB Netz AG angesehen. Die Berechnung der vom eingesetzten Triebfahrzeug abhängigen Grenzlast sei bereits mit dem normalen Trassenentgelt abgegolten. Hinzu komme, dass das größte deutsche EIU über so genannte Grenzlasttabellen verfüge, die aber – und das sei diskriminierend – nur die Fahrzeuge der EVU aus dem DB-Konzern enthielten, von denen keine solchen Entgelte erhoben würden.[49]

---

[46] Dazu BAHN-REPORT 2/2005, S. 15.
[47] *VG Köln*, Beschluss vom 20.06.2005 – Az.: 11 L 882/05.
[48] *LG Berlin*, IR 2005, 16 ff. (*Ruge*); kritisch *Uhlenhut*, IR 2005, 65 f.
[49] S. dazu die Pressemeldung des EBA vom 31.03.2005.

Ebenfalls beanstandet wurden in einem Bescheid des EBA „Sonderzugzuschläge" der DB Netz AG in Höhe von 10 % bei der Anmeldung von Sondertrassen. Die Aufsichtsbehörde monierte, die Einführung des Zuschlags sei den Bestellern nicht fristgerecht bekannt gemacht worden. Außerdem sei gerade der zu stärkende Schienengüterverkehr auf die Möglichkeit schneller und kostengünstiger Trassen angewiesen. Die DB Netz AG verwies in ihrem Widerspruch unter anderem auf höhere Kosten bei der Konstruktion der Sonderzugtrassen.[50]

Hinsichtlich der Benutzungsentgelte haben zum wiederholten Mal Gerichte festgestellt, dass die von der DB AG angewandten Berechnungssysteme wettbewerbswidrig und damit nichtig sind, weil sie regelmäßig dem DB-Konzern angehörende EVU als Großabnehmer gegenüber kleineren Wettbewerbern unangemessen bevorzugten. Hinsichtlich der Trassenpreissysteme (TPS) hat das LG Berlin dieses zuvor schon bis zum BGH[51] ausgesprochene Verdikt bestätigt.[52] Aber auch bei den Bahnstrompreissystemen (BPS) 2003 bzw. 2004 musste die DB Energie GmbH Niederlagen einstecken: In zwei (noch nicht rechtskräftig abgeschlossenen) Verfahren[53] hat das LG Frankfurt/Main festgestellt, die BPS seien kartell- und eisenbahnrechtswidrig, weil ausschließlich die damalige DB Cargo AG in den Genuss eines Mengenrabatts von 14 % gelangt sei. Nach der jüngsten AEG-Novelle gehört der Bahnstrom jedoch nicht mehr zur Infrastruktur und unterliegt daher auch nicht mehr dem Diskriminierungsverbot des § 14 AEG. Er fällt jetzt unter das EnWG, dessen neue §§ 3a und 110 auch den Fahrstrom im Schienenverkehr der dortigen Regulierung unterstellen.

Doch damit nicht genug: Im Zusammenhang mit den Auseinandersetzungen um das TPS '98 hatte sich ein Fahrgastverband zudem zur ersten gerichtlichen Nie-

---

[50] Vgl. dazu näher BAHN-REPORT 2/2005, S. 14 f.
[51] Dazu schon *Kramer* (o. Fußn. 1), S. 233.
[52] *LG Berlin*, Urteil vom 09.08.2005 – Az.: 102 O 19/05 Kart.

derlage der DB Netz AG geäußert. Daraufhin überzog diese ihn wegen der Formulierung der Überschrift in dieser Pressemitteilung mit einer Unterlassungs- und Widerrufsklage, die das EIU vor dem LG Berlin jedoch verlor.[54]

Im Zusammenhang mit dem Anschlussrecht nach § 13 AEG hat sich durch die Streichung des Merkmals „öffentliche" (Eisenbahn) im Normtext zwar das im letzten Jahr vorgestellte Problem des Anwendungsbereichs der AEG- und der entsprechenden LEG-Bestimmungen[55] erledigt (es gilt jetzt immer § 13 AEG), doch bleiben „Folgeprobleme" gerade des damaligen Hamburger Falles aktuell: Gestritten wird dort derzeit um die konkrete Wiederbefahrbarmachung des (inzwischen an einen Dritten veräußerten, aber noch nicht übereigneten) Anschlussgleises. In einem anderen Verfahren (durchaus mit Präzedenzcharakter) geht es um die Kosten der Anschlussweiche bei deren künftiger Steuerung durch ein neues ESTW. „Knackpunkt" ist hier der im Gesetz genannte Begriff der „billigen Anschlussbedingungen".[56]

X. Fahrzeugzulassung

Zumindest kurz hingewiesen werden soll auf die im Internet verfügbare neue Verwaltungsvorschrift des EBA vom 01.09.2004 zum Verfahren der Fahrzeugzulassung nach § 32 EBO. Die zu diesem Themenkomplex ergangene Rechtsprechung – insbesondere zur Frage der Abnahmepflicht umgebauter Fahrzeuge[57] – wird dabei aufgegriffen. Einen Monat nach dem Erlass dieser ermessens-

---

[53] *LG Frankfurt/Main*, Urteil vom 15.12.2004 – Az.: 3-08 O 72/04 – und Urteil vom 06.07.2005 – Az.: 3-8 O 25/04. Zu diesem Komplex ferner *Uhlenhut*, IR 2005, 59 ff.
[54] *LG Berlin*, Urteil vom 07.12.2004 – Az.: 27 O 599/04; näher zu dem Fall *Uhlenhut*, ERI 2005, 244.
[55] Vgl. dazu *Kramer* (o. Fußn. 1), S. 234.
[56] Dazu näher *Kramer* (oben Fußn. 5), § 13 I Erl. 2.
[57] Dazu näher *Kramer*, in: *Ronellenfitsch/Schweinsberg*, Aktuelle Probleme des Eisenbahnrechts IX, 2004, S. 182 f.

lenkenden internen Vorschrift wurde beim EBA dann zusätzlich ein neues Fachreferat („35") zur Aufsicht über Eisenbahnfahrzeuge eingerichtet.[58]

XI. Fahrpreiserstattung/Schadenersatz

Mittlerweile sind erste Inhalte eines noch unveröffentlichten Gutachtens für das Bundesverkehrsministerium über die Verbesserung der Kundenrechte im Schienenverkehr bekannt geworden: Trotz Bedenken des Auftraggebers raten die Gutachter zu einer allgemeingültigen gesetzlichen statt der bisherigen freiwilligen Regelung einzelner Unternehmen. Ihr Vorschlag sieht vor, dass Kunden im Nah- und Fernverkehr ab einer Verspätung von 60 Minuten 60 %, ab einer Verspätung von 90 Minuten 90 % des Fahrpreises erstattet wird. Als unzureichend wird auch in der Politik (oder zumindest in Teilen davon) die derzeitige Rechtslage angesehen. Daher hat noch die alte Landesregierung Nordrhein-Westfalens eine Gesetzesinitiative gestartet, mit der der Haftungsausschluss in § 17 Eisenbahn-Verkehrsordnung gestrichen und den Fahrgästen ein gesetzlicher (statt des bisher nur auf Allgemeine Geschäftsbedingungen [AGB] gestützten) Anspruch auf Schadenersatz bei Zugverspätungen und Zugausfällen eingeräumt werden. Im SPNV soll der Anspruch sich allerdings auf die Kosten der Rückfahrt beschränken und überhaupt nur bestehen, wenn das EVU sich nicht exkulpiert.[59] Verstärkt wird dieser Reformdruck (wieder einmal) durch das Gemeinschaftsrecht, denn das schon erwähnte dritte EU-Eisenbahnpaket enthält Vorgaben zur Änderung des Eisenbahntransportrechts mit geschriebenen Rechten der Fahrgäs-

---

[58] Pressemitteilung des EBA vom 04.10.2004.
[59] Gesetzesantrag Nordrhein-Westfalen 10.11.2004, BR-Drs. 903/04. Der Antrag „hängt" immer noch im Bundesrat. Vgl. dazu etwa Frankfurter Rundschau vom 19.01.2005, S. 9. Die Bundesregierung setzt hingegen offenbar mehr auf freiwillige Einrichtungen wie die Schlichtungsstelle Mobilität. S. hierzu ihre Antwort auf eine Kleine Anfrage im Bundestag, BT-Drs. 15/4617.

te zumindest für den grenzüberschreitenden Verkehr.[60] Dort gibt es bislang (ähnlich wie nach der „Kundencharta der DB Reise & Touristik AG im nationalen Fernverkehr) nur auf freiwilliger Basis eine Haftung der Bahngesellschaften, die bei von ihnen zu vertretenden größeren Verspätungen Reisegutscheine ausstellen.

Nicht mehr mit Reisegutscheinen zu besänftigen waren einige Reisende in ICE-Zügen, die nach technischen Defekten zum Teil über mehrere Stunden „gefangen" waren, bis der jeweilige Zug abgeschleppt werden konnte. Sie haben Strafanzeige wegen Körperverletzung, Freiheitsberaubung und unterlassener Hilfeleistung gegen die DB AG gestellt und das Unternehmen überdies auf Schadenersatz verklagt.[61]

Wenn sich während einer ICE-Fahrt auf Grund eines technischen Defekts der gesamte Inhalt des Toilettentanks auf der Kleidung eines Fahrgasts verteilt, ist das kein Unfall und kein Fall höherer Gewalt (der mit Erfrischungstüchern und zwei Getränkegutscheinen auszugleichen ist), sondern wegen des Zwangs, mehrere Stunden mit verschmutzter und stinkender Kleidung im Zug zu sitzen, eine vom EVU zu vertretende fahrlässige Körperverletzung.[62]

Ein vom Zugführer verweigerter Ausstieg von Reisenden auf freier Strecke, der zum Verlust des Anschlussflugs führt, begründet eine Schadenersatzpflicht des EVU. Auch ein fehlender Bahnsteig und die Verletzungsgefahr beim Ausstieg ohne Bahnsteig sind insoweit nach Ansicht des Amtsgerichts Augsburg kein hinreichender Grund dafür, die Reisenden am Verlassen des Zuges „auf eigene

---

[60] Dazu näher *Freise*, TranspR 2004, 972 ff.
[61] Dazu BAHN-REPORT 5/2004, S. 16.
[62] Vor dem *Amtsgericht (AG) München* einigten sich die Parteien in einem Vergleich auf 400 Euro Schmerzensgeld und Reisegutscheine in Höhe von 200 Euro. Vgl. BAHN-REPORT 4/2005, S. 13 f.

Faust" zu hindern (jedenfalls, solange keine „Massenflucht" aus dem Zug droht).[63]

Auch nach der Entscheidung des BGH zur grundsätzlichen (Gefährdungs-) Haftung des EIU nach § 1 I HPflG für Schäden an Fahrzeugen, die durch auf den Gleisen liegende Hindernisse verursacht werden,[64] gibt es noch Rechtsstreitigkeiten zu dieser Problematik. Am auffälligsten war das bei zwei parallel verhandelten Verfahren vor dem LG Weiden, das an einem Tag (in unterschiedlicher Besetzung) in einem Fall dem klagenden EVU Recht gab und in anderem die Klage abwies.[65]

Auch im Kontext des § 1 HPflG urteilte das OLG Hamm, es stelle einen Fall höherer Gewalt i.S.d. Abs. 2 der Norm dar, wenn eine auf dem Bahnsteig stehende Person durch die von einem ICE weggeschleuderte Leiche eines Selbstmörders verletzt werde. Trotz der rund 900 Suizide auf Bahngleisen im Jahr handele es sich um ein von außen auf den Bahnbetrieb einwirkendes (also nicht zu dem von seinem Risiko umfassten Bereich gehörendes – der Bahnbetrieb wird nur als Mittel zum Zweck benutzt –) und für das EIU außergewöhnliches Ereignis, das zudem mit wirtschaftlich erträglichen Mitteln nicht abzuwehren sei.[66]

Das LG Hannover hat die Schmerzensgeldklage von 24 Feuerwehrleuten, die bei dem Zugunglück in Bad Münder im Jahr 2002 im Einsatz waren, gegen die DB AG abgewiesen. Die Feuerwehrleute waren mit aus den beschädigten Güterwagen austretenden Krebs erregenden Stoffen in Berührung gekommen. Das

---

[63] So jedenfalls *AG Augsburg*, Urteil vom 27.10.2004 – Az.: 74 C 2094/04. Dazu Süddeutsche Zeitung vom 06.11.2004. Das Urteil hatte allerdings offenbar in der Berufungsinstanz keinen Bestand.
[64] Vgl. dazu schon *Kramer* (oben Fußn. 1), S. 244; ferner *Kunz*, Der Eisenbahningenieur, 7/2004, 66.
[65] Dazu Oberpfalznetz vom 26.11.2004 *(www.zeitung.org/onetz/645190-118,1,0.html)*.
[66] *OLG Hamm*, NJW-RR 2005, 393 f.

LG verneinte jedoch eine erhebliche gesundheitliche Beeinträchtigung; die bloße Angst, an Krebs zu erkranken, reiche dafür nicht aus.[67] Dazu passt thematisch das nächste Urteil:

XII. Verschiedenes

Verantwortlich für nicht von Dritten verursachte Mängel bei einem Gefahrguttransport ist nach einem Urteil des VG Köln der Transportverantwortliche, was beim Befüllen von Kesselwagen hinsichtlich der Verschlusseinrichtungen nicht das EVU, sondern der Befüller ist, der zuletzt die Verschlüsse benutzt und sie deshalb auch überwachen muss.[68]

Das LG Hanau hat die Klage der Railion Deutschland AG gegen ein EVU abgewiesen, für das sie leere Wagen unter anderem von und zu Werkstätten transportiert. Entsprechend der Bestellung zu „ermäßigten Leerlauffrachten" hatte sie zunächst zu diesen geringeren Entgelten abgerechnet. Anschließend verlangte sie jedoch die Differenz zu den höheren „allgemeinen Leerlauffrachten" und klagte sie auch ein, da es an einem „angemessenen Verhältnis" zu den Lastfahrten im Sinne ihrer AGB fehle. Das LG hielt bereits für zweifelhaft, ob das Tarifwerk der Railion als AGB einer Inhaltskontrolle nach §§ 305 ff. BGB standhalten würde, denn die Möglichkeit einer Nachberechnung mache die Kosten für den Kunden unkalkulierbar. Jedenfalls nähmen die AGB aber die Fahrten von und zu Werkstätten uneingeschränkt von dem Erfordernis eines „angemessenen Verhältnisses" zwischen Leer- und Lastfahrten aus. Für eine Nachberechnung sei deshalb kein Raum.[69]

Konflikte gab es im letzten Jahr auch im Zusammenhang mit dem Abriss von Bahnanlagen. So wurde heftig darum gekämpft, ob der Pächter eines denkmal-

---

[67] Dazu BAHN-REPORT 3/2005, S. 17.
[68] *VG Köln*, Urteil vom 14.01.2005 – Az.: 25 K 4020/04.

geschützten Lokschuppens am Genehmigungsverfahren zu dessen Abbruch zu beteiligen war – das VG Koblenz verneinte das, deswegen die Möglichkeit einer Verletzung in eigenen Rechten und folglich auch die Befugnis zur Klage gegen die erteilte Genehmigung.[70]

Die DB Netz AG verlangte darüber hinaus von einer Privatbahn den Abriss einer Bahnbrücke, die ihre eigene Strecke überquert und deren Ausbau im Weg steht. Sie berief sich dazu – nachdem der Rechtsstreit wegen Unzuständigkeit vom LG gemäß § 17a GVG hierher verwiesen worden war – vor dem VG Lüneburg auf einen Vertrag von 1910 über die wechselseitigen Pflichten der beiden Bahnbetreiber. Das VG wies hingegen auf den (Plan-) Vorrang des noch durchzuführenden Planfeststellungsverfahrens für den Ausbau der DB-Strecke hin und die Klage deswegen ab.[71]

Aber nicht nur Destruktives gibt es in diesem Zusammenhang zu vermelden: Die Evangelische Landeskirche Berlin hat vor dem dortigen LG Klage gegen die DB AG auf Wiederinbetriebnahme der seit Mitte der 1950er-Jahre teilungsbedingt stillgelegten S-Bahn-Strecke Babelsberg – Zehlendorf erhoben. Andernfalls begehrt die Kirche die Rückgabe von Grundstücken oder Schadenersatz in Millionenhöhe. Sie beruft sich dabei auf einen mit der Preußischen Staatsbahn geschlossenen Vertrag, in dem sie sich zur Zurverfügungstellung benötigter Grundstücke und zur Mitfanzierung des Streckenbaus verpflichtete, wenn im Gegenzug die im Volksmund deshalb „Leichenbahn" genannte Strecke die Anbindung des Friedhofs Stahnsdorf gewährleiste. Der sicher weniger aus ver-

---

[69] *LG Hanau*, Urteil vom 28.07.2005 – Az.: 5 O 31/05.
[70] Vgl. dazu Rhein-Zeitung vom 08.11.2004 und vom 02.08.2005; BAHN-REPORT 5/2005, S. 69.
[71] Dazu Hamburger Abendblatt vom 13.06.2005.

kehrs- denn aus finanzpolitischen Motiven angestrengte Prozess harrt noch seines (salomonischen?) Urteils.[72]

Die DB AG muss einem Landkreis die Kosten erstatten, die diesem für erfolglose Vertragsverhandlungen über die Sanierung eines verseuchten Bahngeländes entstanden sind, denn sie gehören nach einem Urteil des VGH Mannheim zu den vom Veranlasser zu bezahlenden Amtshandlungen.[73]

Während in Paris im Zusammenhang mit dem Brand in einem Schlafwagen Ende 2002 noch gegen die DB AG wegen fahrlässiger Tötung, Körperverletzung und Sachbeschädigung ermittelt wird,[74] sind zu anderen Bahnunfällen unterdessen die strafrechtlichen Folgen festgesetzt worden: Zwei Jahre nach dem Zugunglück in Schrozberg mit sechs Toten sind zwei frühere Fahrdienstleiter zu Bewährungs- und Geldstrafen verurteilt worden. Das LG Ellwangen befand die Angeklagten der fahrlässigen Tötung und Körperverletzung für schuldig. Gegen einen Fahrdienstleiter verhängte es eine Bewährungsstrafe von einem Jahr und sechs Monaten. Er wurde zudem wegen fahrlässiger Gefährdung des Bahnverkehrs (§ 315a StGB) verurteilt. Der andere Fahrdienstleiter erhielt eine Geldstrafe in Höhe von 4.800 Euro.[75]

Ein Lokführer, der ohne Anmeldung bei der Betriebszentrale in ein Gleis eingefahren war und dadurch einen Zugzusammenstoß verursacht hatte, wurde vom AG Berlin wegen fahrlässiger Körperverletzung und fahrlässiger Gefährdung des Bahnverkehrs zu einer Geldstrafe von 3.000 Euro verurteilt.[76]

---

[72] Vgl. zu diesem Verfahren Potsdamer Neueste Nachrichten vom 14.01.2005; Die Tageszeitung vom 15.01.2005.
[73] *VGH Mannheim*, Urteil vom 10.02.2005 – Az.: 2 S 2488/03.
[74] Dazu BAHN-REPORT 2/2005, S. 15.
[75] Vgl. BAHN-REPORT 5/2005, S. 15. Der Untersuchungsbericht des EBA zu diesem Unfall findet sich im Internet: *www.eisenbahn-bundesamt.de/Service/files/ 91_Untersuchungsbericht_Schrozberg.pdf*.
[76] Vgl. BAHN-REPORT 1/2005, S. 15.

Im Zusammenhang mit dem bereits oben erwähnten Zugunglück in Bad Münder erhielt der Lokführer des den Unfall verursachenden Güterzugs einen Strafbefehl über sechs Monate Haft auf Bewährung wegen fahrlässiger Körperverletzung, gefährlichen Eingriffs in den Bahnverkehr (§ 315 StGB) und mehrerer Umweltdelikte. Er hatte auf Grund einer defekten Bremsleitung bereits zuvor an einem Signal nicht rechtzeitig anhalten können, war dann aber ohne erneute Bremsprobe weitergefahren und mangels Bremswirkung dann mit einem Gegenzug kollidiert.[77]

Das OLG Karlsruhe hat entschieden, dass auch ein Schild mit dem Hinweis „Bei Schnee und Eis wird nicht geräumt und gestreut" die DB AG als Betreiberin eines Parkplatzes auf dem Bahnhofsvorplatz nicht von ihrer Streupflicht befreit. Ein zahlender Benutzer müsse den Platz gefahrlos betreten und auch wieder verlassen können.[78]

Einer vorhabenbezogenen Verbandsfeststellungsklage nach § 13 I 1 Behindertengleichstellungsgesetz gegen eine Entscheidung im Planfeststellungsverfahren kommt weder eine aufschiebende Wirkung nach § 80 I VwGO zu (sie ist nicht auf die Aufhebung eines Verwaltungsakts gerichtet), noch kann insoweit Rechtsschutz nach § 123 VwGO begehrt werden (der klagende Interessenverband kann keine Verletzung eigener Rechte geltend machen).[79] In der Hauptsache entschied das Gericht dann, dass es vor der Erhebung einer Verbandsfeststellungsklage, die sich gegen einen eisenbahnrechtlichen Planfeststellungsbeschluss oder eine Plangenehmigung richtet, zwar keines Vorverfahrens bedürfe, in der Sache gewährleiste § 2 III 1 Eisenbahn-Bau- und Betriebsordnung (EBO) aber Barrierefreiheit nicht allgemein im Anwendungsbereich der EBO und losgelöst von deren einzelnen Vorschriften im Sinn eines umfassenden Gebots der

---

[77] Hannoversche Allgemeine Zeitung vom 15.02.2005.
[78] *OLG Karlsruhe*, MDR 2005, 449 f.

Herstellung von Barrierefreiheit für Bahnanlagen und Fahrzeuge. Deshalb ergebe sich aus dieser Vorschrift in Verbindung mit anderen Vorschriften der EBO auch keine Pflicht eines EIU, Zugänge zu Bahnsteigen barrierefrei herzustellen oder einen barrierefreien Zugang zu erhalten. Vielmehr habe es der Gesetzgeber den EIU überlassen, über die Frage eines barrierefreien Zugangs zu Bahnanlagen im Einzelfall abwägend zu entscheiden und dabei den nach typisierenden Merkmalen ermittelten Bedarf, die Herstellungskosten und die Erreichbarkeit anderer barrierefreier Bahnanlagen zu berücksichtigen.[80]

Unterdessen wurden die Sanktionen bei Verstößen gegen die Straßenverkehrsordnung an Bahnübergängen deutlich verschärft: Eine Missachtung der Wartepflicht bei rotem Blinklicht oder sich schließender Schranke „kostet" künftig 150 Euro und ein einmonatiges Fahrverbot, das Umfahren von Schranken 450 (bisher 50) Euro und drei Monate Sperre für Pkw bzw. 225 (statt 10) Euro für Radfahrer und Fußgänger.

XIII. Kurioses

Der Handelskonzern Metro AG hat bei dem Bestreben, seinen Namen aus ÖPNV-Angeboten fernzuhalten, eine weitere Niederlage erlitten. Nachdem ein Verfahren gegen die Berliner Verkehrsbetriebe und deren „Metrobusse" bereits im Vorjahr zu Lasten des Konzerns ausgegangen war, urteilte nunmehr das LG Hamburg, die Münchner Verkehrsgesellschaft (MVG) dürfe ihren „MVG-MetroBus" weiter so nennen, weil der Begriff „Metro" nicht geschützt sei und zudem keine Verwechslungsgefahr mit den Supermärkten bestehe.[81]

---

[79] *VGH Mannheim*, DÖV 2005, 304 ff.
[80] *VGH Mannheim*, IR 2005, 161.
[81] Pressemeldung der MVG vom 27.01.2005 zu dem am gleichen Tag verkündeten Urteil des *LG Hamburg*.

Schon bevor sie ihre Arbeit im Eisenbahnbereich aufnimmt (s. § 38 VII Nr. 2 AEG), hat die Bundesnetzagentur[82] ihre Fühler in diese Richtung ausgestreckt und nach Beschwerden der DB AG sowie vieler geprellter Kunden dem Schweizer Unternehmen First Early Bird untersagt, die Telefonnummer 11875 zu betreiben. Die Telefonnummer wurde bundesweit in Telefonbüchern als örtliche „Bahnhofsauskunft" eingetragen und kostete rund 2,20 Euro pro Minute. Qualifizierte Informationen gab es jedoch nicht.[83]

Eine Änderung der bisher landauf, landab geübten Praxis der Verkehrsunternehmen, beim Vergessen einer Zeitkarte nicht das volle erhöhte Beförderungsentgelt (von derzeit 40 Euro), sondern nur eine Bearbeitungsgebühr von sieben Euro zu verlangen, könnte durch ein Urteil des AG Frankfurt/Main künftig infrage gestellt werden. Das Zivilgericht entschied, eine (neue) Regelung in den Beförderungsbedingungen eines Unternehmens, durch die auch vergessliche Inhaber übertragbarer Zeitkarten zu „normalen Schwarzfahrern" und mit der höheren Vertragsstrafe belegt würden, sei rechtlich nicht zu beanstanden, denn dem Risiko des Vergessens stehe der Vorteil der Übertragbarkeit der Zeitkarte gegenüber.[84]

Der Architekt des künftigen Berliner Hauptbahnhofs, Meinhard von Gerkan, hat die DB AG wegen Urheberrechtsverletzung verklagt. Entgegen den Planungen des Architekten war die Decken- und Beleuchtungskonstruktion der unterirdischen Bahnhofshalle aus Kostengründen vereinfacht worden. Nach Ansicht des Klägers wird dadurch der beabsichtigte Raumeindruck zerstört. Zudem hat die DB die geplante Gleisüberdachung verkürzt, was nach Ansicht des Architekten zu einer Zunahme der Lärmbelästigung und einer Verschlechterung des Schut-

---

[82] Sie ist Im Internet nunmehr unter *www.bundesnetzagentur.de* zu finden.
[83] Vgl. die Pressemeldung der DB AG vom 18.08.2005.
[84] *AG Frankfurt/Main*, Urteil v. 11.07.2004 – Az.: 30 C 710/04-24. Dazu Frankfurter Rundschau vom 12.07.2004, S. 28, und vom 08.11.2004, S. 14.

zes der Wartenden vor Regen führt. Ein Urteil ist in dieser Sache noch nicht ergangen.

Im Kontext des Beamtenrechts hat das BVerwG entschieden, dass verbeamtete (und an die DB AG „ausgeliehene") Lokführer nicht per Dienstanweisung zur Grobreinigung ihrer Züge in Form des Einsammelns von Zeitungen, Dosen und Flachen herangezogen werden können, weil das nicht zu ihren status- und laufbahnmäßigen Aufgaben gehöre. Geringerwertige Tätigkeiten dürften ihnen nur vorübergehend, nicht aber wie hier dauerhaft übertragen werden.[85]

Bei der Umsetzung von ihr zugewiesenen Beamten muss die DB AG nach einem weiteren Urteil des BVerwG die ihr aus Art. 143a I 3 GG obliegende Fürsorgepflicht beachten (notfalls muss das Bundeseisenbahnvermögen deren Beachtung mittels der Rechtsaufsicht nach § 13 DBGrG sicherstellen). In seltenen besonderen Härtefällen kann eine Umsetzung danach selbst dann unzulässig sein, wenn die DB AG oder eine ihrer „Töchter" keinen geeigneten Alternativarbeitsplatz zur Verfügung hat.[86]

Im Streit um die so genannte Frankenversorgung der auf schweizerischem Gebiet eingesetzten deutschen Beamten der früheren DB hat das BVerwG das bereits im letzten Jahr vorgestellte Urteil der Vorinstanz,[87] dass es keinen Anspruch auf eine entsprechende Ruhegehaltsversorgung gebe, bestätigt.[88]

Der BGH schließlich hat im Kontext des Strafrechts entschieden, dass ein im Zuge der Bahnreform nach § 12 I DBGrG aus dienstlichen Gründen beurlaubter Bundesbahnbeamter, der mit der DB AG einen privatrechtlichen Anstellungs-

---

[85] *BVerwG*, Urteil vom 03.05.2005 – Az.: 2 C 11/04; vgl. NVwZ 2005, 429.
[86] *BVerwG*, NVwZ-RR 2005, 125 f.
[87] Dazu *Kramer* (o. Fußn. 1), S. 246 f.
[88] *BVerwG*, NVwZ 2004, 1256.

vertrag abgeschlossen hat und in dieser Funktion tätig wird, kein Amtsträger nach § 11 I Nr. 2 lit. a) StGB sei.[89]

Durch hemmungsloses Bewässern seiner Felder hat ein Landwirt Mitte Juni 2005 in Westfrankreich die TGV-Strecke zwischen Angers und Nantes vorübergehend lahmgelegt. Erst ein dreimaliger und zunehmend massiverer Polizeieinsatz gegen die von ihm aufgestellte Sprinkleranlage sorgte dafür, dass er nicht weiter die Oberleitung der Bahn (mit-) bewässerte und so für dauernde Kurzschlüsse sorgte. Ob strafrechtliche Konsequenzen für den uneinsichtigen Landmann folgten, wurde nicht berichtet.[90]

Zum Thema „Landwirte" passt auch die Entscheidung des OLG Oldenburg, das im Rahmen eines Schadenersatzanspruchs feststellte, die Umwandlung von zwei unbeschrankten Bahnübergängen an Privatwegen in Bahnübergänge mit abschließbaren Hecktoren stelle regelmäßig keinen rechtswidrigen Eingriff in den eingerichteten und ausgeübten Gewerbebetrieb eines Landwirts, der diese Wege benutzen muss, dar.[91]

Teilnehmer historischer Dampfzüge haben keinen Anspruch auf Pünktlichkeit, wie das AG München in einem Prozess um 14,40 Euro entschieden hat, die der Kläger (ein Rechtsanwalt) wegen des Verpassens eines Anschlusstermins ersetzt haben wollte. Das Gericht urteilte, Hauptgegenstand der vereinbarten Dienstleistung sei nicht die pünktliche Ankunft, sondern der Erlebnischarakter der Fahrt.[92]

Für große Aufregung sorgte im Frühsommer die „Lidl-Aktion" der DB AG, bei der man stark verbilligte Fahrkarten in den Märkten des Discounters erwerben konnte. Nachdem Anträgen von Reisebüros auf Erlass von einstweiligen Verfü-

---

[89] *BGH*, BGHSt 49, 214 ff.
[90] Vgl. dazu insgesamt eine Meldung unter *www.drehscheibe-online.de* am 15.06.2005.
[91] *OLG Oldenburg*, NJW-RR 2005, 614 f.
[92] *AG München*, Urteil vom 21.09.2004 – Az.: 112 C 17925/04.

gungen gegen diese „Dumpingangebote" kein Erfolg beschieden war,[93] könnte dem Unternehmen allerdings im Nachgang der Aktion wegen einer Klage der Zentrale zur Bekämpfung unlauteren Wettbewerbs noch ein wettbewerbsrechtlicher Strick daraus gedreht werden, dass nicht genügend Schnäppchentickets in den einzelnen Geschäften zur Verfügung standen (an den meisten Orten wurde die in der Werbung für mehrere Tage angekündigte Aktion wegen Ausverkaufs schon nach wenigen Stunden beendet).[94]

Möglicherweise auch eine Frage des (Netz-) Zugangs verbindet sich mit einem Streit um Werbung im Bahnhof. Nachdem die DB AG (bzw. deren Tochter Deutsche Eisenbahn-Reklame GmbH) bereits früher Werbung für ihr nicht genehme Obdachlosenorganisationen aus den Bahnhöfen verbannt hatte, wurde sie jetzt von einer früheren Zugbegleiterin verklagt. Diese betreibt in Leipzig eine „Mietbuszentrale" und warb dafür bundesweit in Bahnhöfen mit dem Slogan „Deutschlandweit für 9 Euro". Schon nach kurzer Zeit wurden ihre Plakate trotz eines laufenden Vertrags abgehängt, da sie – so die offizielle Begründung – sexistisch seien (eines der Plakate zeigte eine Dame von hinten in Spitzenunterwäsche) und zudem gegen die Interessen der DB AG (!) verstießen.[95] Nach einer Pressemitteilung der Klägerin wurde dieser Streit durch einen Vergleich vor dem LG Düsseldorf beigelegt. Doch unterdessen hat die im Busverkehr aktive DB-Tochter „Bayern-Express" eine einstweilige Verfügung gegen die MBZ Mietbuszentrale AG erwirkt, weil es sich um nach dem Personenbeförderungsgesetz genehmigungspflichtige Linienfahrten handele. Doch das junge Unter-

---

[93] Dazu BAHN-REPORT 4/2005, S. 16.
[94] Vgl. Berliner Morgenpost vom 05.07.2005. Das diesbezügliche Verfahren vor dem *LG Stuttgart* läuft nach einer AFP-Meldung vom 25.08.2005 noch. Ein Urteil wird bis zum Jahresende erwartet.
[95] Vgl. dazu Chemnitzer Morgenpost vom 30.06.2005.

nehmen ruht trotzdem nicht und bietet jetzt 9-Euro-Übernachtungen mit Buszubringer an.[96]

Zum guten Schluss

Nach diesem kursorischen und hoffentlich interessanten Überblick über die „Highlights" des Eisenbahnrechts in den letzten zwölf Monaten kann man ohne Übertreibung feststellen, dass in diesem Rechtsgebiet immer noch viel „Musik" ist. Hoffen wir, dass es auch künftig nicht nur Dissonanzen, sondern ebenfalls (dogmatisch) harmonische und schöne Töne sind, die wir an dieser oder an anderer Stelle zu hören bekommen!

---

[96] So die Pressemitteilung der MBZ Mietbuszentrale AG in Leipzig vom 05.09.2005.

Aus unserem Verlagsprogramm:

Planungs-, Verkehrs- und Technikrecht

Steffen Haidinger
Fachplanungsrechtlich veranlasste Vergabehemmnisse
Eine Untersuchung zum Verhältnis von Fachplanungs- und Vergaberecht
Hamburg 2006 / 384 Seiten / ISBN 3-8300-2525-4

Alice Fee Gerlach
Geltungsdauer von Planfeststellungsbeschlüssen
Hamburg 2005 / 282 Seiten / ISBN 3-8300-2153-4

Tina Bergmann
Die Vergabe öffentlicher Aufträge und das In-house-Geschäft
Hamburg 2005 / 312 Seiten / ISBN 3-8300-1732-4

Ingo Wetter
Hochstifte als mittelalterliche Verkehrszentren
Regalien und Regaliennutzung am Beispiel von Augsburg und Konstanz
Hamburg 2005 / 366 Seiten / ISBN 3-8300-1679-4

Dirk Gaupp
Der Netzzugang im Eisenbahnwesen
Eine Untersuchung der rechtlichen Rahmenbedingungen des Zugangs zum Schienennetz für dritte Anbieter von Eisenbahnverkehrsleistungen in der Bundesrepublik Deutschland und der Schweizerischen Eidgenossenschaft unter Berücksichtigung der rechtlichen Grundlagen der Liberalisierung des Eisenbahnverkehrs in der Europäischen Union
Hamburg 2004 / 404 Seiten / ISBN 3-8300-1310-8

Antje Kanngießer
Mediation zur Konfliktlösung bei Planfeststellungsverfahren
Grenzen und Perspektiven
Hamburg 2004 / 336 Seiten / ISBN 3-8300-1218-7

VERLAG DR. KOVAČ
FACHVERLAG FÜR WISSENSCHAFTLICHE LITERATUR

Postfach 57 01 42 · 22770 Hamburg · www.verlagdrkovac.de · info@verlagdrkovac.de

Einfach Wohlfahrtsmarken helfen!